명예론

많은 재물보다 명예를 택할 것이요 은이나 금보다 은총을 더욱 택할 것이니라

명예론

아이나 지음

Justice : The great equilibrium

한국저작권정보

서문

 이 책은 명예주의, 즉 '유위험 의사결정 체계'에 대한 원론을 다룬 책입니다. 이 책은 사상(思想)에 관한 내용을 논합니다. 사상의 힘은 우리들 개인과 사회속에서 아주 강력히 작동하고 있습니다. 심지어 전쟁으로 상대를 파멸시키더라도 사상의 우월성을 입증해 보이려던 역사가 있습니다. 사회의 체계는 그에 속한 구성원 모두의 가치와 행복을 주무르기 때문입니다. 그렇게 살아남은 자본주의와 민주주의는 가장 우월해 보이지만, 절대로 이상적이지 않습니다. 우리 주변을 둘러보면, 분명 수많은 갈등과 고통을 목격할 수 있기 때문입니다.

 민주주의의 시대에서 살아가는 우리들은 현재의 체계를 당연하게 수용하고 있습니다. 하지만 지식인들은 이미 민주주의의 문제점에 대해 알고 있으며 이상적이지 못한 체제로 인정하고 있습니다.

 현재의 시대에 만연하게 퍼져 있는 부정의한 혼란들은 근본적으로 진리가 없는 의사결정의 결과로 인해 초래됩니다. 사회의 문제를 해결할 수 있는 유일한 방법은 오로지 우리들의 의사결정 속에 있기 때문입니다.

 민주주의가 지닌 무위험 의사결정 체계, 즉 '무위험 투표권'은 대부분의 경우 정치대리인 선출의 함수로서 제한적인 기능만을 담당하고 있습니다. 이 과정 속에서도 결론에 영향을 미치는 변수는 세계의 정의 또는 진리가 아니라, 사회의 특정 집단이 이득을 보는 형식으로 나타납니다. 그럴 수밖에 없는 이유는, 현재 민주주의가 도출한 결론에는 큰 문제점이 있기 때문입니다. 간단한 선거조차도, 우리들은 수많은 전략적행동을 목격합니다. 임의의 영향력은 힘이 있다는 이유로 늘 결론의 변수에 '의지의 개입'을 더합니다.

하지만, '유위험 의사결정 체계' 안에서 도출되는 결론에는, 그 결과가 변하지 않는 어떠한 진리를 품고 있습니다. 자신의 위험을 걸고 보상을 얻어가는 특별한 방식은 개인들이 스스로 진리를 추구하게끔 만듭니다. 그 결과는 마치 자본자산시장에 존재하는 주식가격의 결정 원리 와도 같아, 어떠한 개인이 특정 기업 주식의 거래에 참여하는 영향력과는 관계없이 그 기업의 주가가 자연스럽게 결정되는 것처럼, 우리의 의사결정도 의지의 개입이 아닌 사회최적의 필연으로서 결정됩니다. 결과적으로, 위험이 반영된 의결양식은 사전적으로 그 결론을 뒤바꿀 필요가 없는 균형의 상태를 추구하게 됩니다.

더욱이, 우리가 올바른 의결의 결론을 내릴 수 있게 되면서, 인간이 대상에 부여하는 가치의 힘은 우리를 더욱 큰 물질의 풍요로 인도합니다. 간단히 말하면, 명예주의 사상의 세계가 민주 · 자본주의보다 개인의 행복과 정치의 합일뿐만 아니라 경제적 생산에 있어서도 더욱 우월함을 보입니다.

각 장의 대략적 요약은 다음과 같습니다.

1장 '가치와 소득'에서는 인간이 부여하는 가치에는 소득과 부를 초월하는 어떠한 가치량이 세계에 실존하고 있으며, 그것을 반영하지 못한 의사결정 체계의 한계와 극복에 대해 논합니다. 가치결정식의 한계로 인해, 개인간의 거래는 사회에 이롭지 않은 영향력으로 나타날 수 있으며, 이에 대해 진리를 필요로 하는 어떠한 합의도 이룰 수 없는 민주주의식 의결시스템의 개선 필요성이 존재합니다.

2장 '의결권'에서는 '무위험 의결권'의 본질과 한계를 설명하고, '유위험 의결권'의 자연적인 형태를 제시합니다. 또한 유위험 의결권에 우리가 가치를 부여할 수 있는 이유에 대해 설명합니다.

3장 '의사결정'에서는 유위험 의결권으로서 이루는 구체적인 의결 방법을 설명합니다. 새로운 의사결정 시스템, '가격적 의사결정 체계'는 '위험'과 '보상'이 주어지는 의결 시스템입니다. 이 의결 방식으로 인해 국민들은 국가의 주인으로서 모든 의사결정을 직접 마주할 수 있게 됩니다. 그 논의에 입각하여 우리들의 갈등은 세계정의에 따라 만장일치의 목도 하에 완전히 종식될 수 있음을 보입니다.

4장 '이상사회'는 모든 의결이 종결되고, 결정을 뒤엎을 필요가 없는 완전한 균형의 세계에 대해 논합니다. 그러한 균형에 이르지 못한 현재의 불완전성은 세계에 초과손익이 요동치게 만듭니다. 초과손익은 고통으로 나타나고 그러한 모든 사회문제의 근본적인 원인은, '자신'은 '타인'과는 다르게 특별하다는 인식, '자의식의 과잉'에 의해 나타나고 있음을 설명합니다. 유위험 의사결정 체계는 이런 문제를 극복하고 우리가 이상사회로 나아갈 수 있음을 말합니다.

5장. '명예법인'에서는 각자의 극단적인 이기심으로 인해, 사회에 이로움이 생산될 수 있음을 보입니다. 그렇게 사회의 이로움을 위해 체계적으로 활동하는 법인, 명예법인의 존재 원리와 사회와의 작용을 구체적으로 설명합니다. 이미 현재의 세계에 '정당'의 형식으로 구현되어 있던 이 논리는 유위험 의사결정 체계의 도입으로 인해 한단계 더 나아갈 수 있습니다.

6장. '명예주의 하 거시경제 균형'에서는 명예주의의 도입과 함께 간단한 조건 아래에서 우리들의 총생산량이 한계비용 극복으로 인해 자연스레 증가할 수 있음을 설명합니다. 한계비용을 극복해내는 원리는 간단합니다. 사회를 향한 가치 공헌에는 소득뿐만 아니라, 특별한 가치량이 존재하여 우리들의 행동 동력으로 작용할 수 있기 때문입니다. 그렇게 증가된 생산량은 우리 세계의 물가와 실업률을 낮추며 실질소득을 높이고 사회의 고통을 줄여 나갑니다. 거시적으로 이러한 원리는, 유위험 의결권에 부여된 특별한 성질들에 의해, 자연스럽고 연속적인 흐름으로 설명할 수 있습니다.

위의 내용들은 대부분 사칙연산만으로도 이해할 수 있도록 설계하였으며, 심도 있는 논의는 심화학습에서 따로 다루었습니다.

우리들의 경제적 사회사상은 시대를 타고 발전해왔습니다. 국부론이 이끈 자유방임주의부터, 자본론이 결집한 공산주의, 나아가 신자유주의까지 시대가 흘러왔지만 여전히 세계는 안정을 찾지 못하고 있습니다. 그 다음의 발걸음으로, 명예주의 사상은 이 책에서 증명하는 사상의 우월성에 의해 이후의 시대를 주도할 수 있습니다.

세계에 발생하는 수많은 불균형의 사례들과 정치대리인들의 만용들이 다시 나타날 때마다, 그런 초과손익들을 극복하는 명예주의 사상은 기존 체제의 완전한 대안으로서 마주하게 됩니다.

목차

1장

가치와 소득

우리에게 있어 가치는 소득과 부를 넘어선다. 예를 들면 사람과의 관계, 건강과 행복, 관념과 신념들은 금전을 넘어서는 영역에 존재한다. 우리들의 삶과 행동을 경제의 원리만으로 설명해 낼 수는 없다. 소득과 부를 향한 이끌림보다 강한 **어떠한 힘**이 우리의 내면에 존재한다.

우리가 가치를 완전히 이해할 수 있게 된다면, 모두는 고통에서 해방될 수 있다. 가치량의 사회적 최적이 결정되고, 누구도 불합리한 초과손익의 내상이 되지 못한다. 자신과 타인에 대한 이야기 속에서 우리 모두는 이를 이해해야 할 의무가 있다. '나'의 가치가 소중한 것처럼, 타인의 가치 또한 소중하다. 그럼에도 불구하고, 불완전한 사회에서 '나'와 타인의 가치는 보장받지 못하고, 세계의 정의(正義)는 우리를 구원해 주지 못한다. 이 모든 근본적인 원인은 가치에 대한 우리의 이해가 온전하지 못한 것에 기인한다.

A. 물질

물질, 즉 소득과 부는 가치의 일부로서 존재한다. 소득은 경제활동 참가로 인한 대가로 얻은 보상이다. 많은 사람들이 더 많은 소득을 얻기 위해 노력하고 그 결과로 타인에게 판매할 생산물을 창조한다.

상품을 구입할 때는 가격과 누릴 효용을 비교한다. 내가 원할 때, 언제든 소비거래에 참여하여 효용을 얻을 수 있다. 생산자와 소비자는 자유로운 의사결정의 상태에서 거래에 참가한다. 거래를 원치 않으면 참가하지 않으면 된다. 이 의미는 다시 말하면, 거래의 성사는 참가자 모두가 거래를 하지 않은 이전의 상태보다 더 우월한 상태를 얻었다고 볼 수 있다.

예를 들어 커피 한 잔을 사 먹는 거래로부터 커피회사는 경제적인 수익을, 소비자는 커피 소비 효용을 얻는다. 내가 카페인을 싫어한다면 안 먹으면 된다. 내가 싫어하는 것을 피할 수 있고, 적절한 대가로 원하는 것을 얻을 수 있다면 '자유'가 있다고 한다. 나와 상대방의 자유로운 경제활동으로 거래가 이루어지면 생산자와 소비자 모두 만족을 얻는다.

생산자는 경제적인 '이익'을 목적으로 경제에 참여하며 재화 및 서비스를 공급한 대가로 소득을 얻을 수 있고 소비자는 상품 및 서비스를 구매하여 '**효용**'을 누리기 위하여 경제에 참여한다. 자본주의의 완벽한 보상 시스템은 경제적 거래에 참가하는 당사자들에게 그 거래 참여 이전보다 더 많은 행복이 있을 것이라고 말한다.

경제적 거래가 발생하고 나면 반드시 가격에 의한 소득 결정이 이루어진다. 이는 인과적인 것으로 거래가 있고 나서 소득이 측정된다. 직관적으로 생각할 때 소비자는 효용의 행복을 위해 거래에 참여한다. 이처럼 소비자의 경우는 거래와 행복의 관계를 이해하기 쉬우나, 생산자의 입장에서 바라보는 거래의 증거인 소득도 행복이 되는가?

B. 물질과 행복

직관적으로 우리는 '소득이 반드시 행복이 되지 않는다'는 것을 안다. 물론 소득은 많을수록 행복에 긍정적인 영향이 있다. 그러나 소득을 얻는 대신 포기해야 하는 가치가 있다면 행복을 보장할 수 없다. 예를 들어, 이전보다 큰 소득이 생기더라도 돈을 버는 데 시간을 쓰다가 연인을 잃거나, 다른 성취의 기회를 잃을 수 있다.

개인적인 가치판단에서 좀 더 나아가서, 앞서 말한 커피 판매로 얻은 수익이 나중에 일회용 컵 쓰레기 더미가 되어 환경적 사회문제로서 나와 타인에게 불행을 줄 수도 있다. 개인 간의 자유로운 거래가, 거래에 참여하지 않았던 타인들에게도, 초과 불행이라는 고통을 남긴다.

이처럼 개인단위를 넘어서 사회 자체를 조망하는 관점으로 바라봤을 때, 누군가의 소득이 타인에게는 불행을 전해 주는 운명을 지닌 이야기들이 많다.

그러한 이야기들의 몇 가지 사례가 있다. 공공선택이론에서 말하는 지대 추구행위는 정치 관료들이 주어진 권력을 응용하여 자신들의 사익을 추구하며 공동체의 자원을 낭비하는 이야기를 말한다. 정치적 대리인이 창조적인 가치의 생산을 해내지 못하는 이상, 대리인의 초과 이익은 사회의 손해가 될 수 있다.

또 다른 사례로, 기업 공단에서 자신들의 생산비 절감을 위해 공해를 고려하지 않고 유독한 가스와 미세먼지들을 배출하며 생산하는 경우, 그 기업의 생산자는 이익을 얻고 그 기업의 소비자는 싼 가격에 상품을 소비할 수 있다. 그러나 사회의 행복은 고통을 얻으며 크게 감소하고 말 것이다.

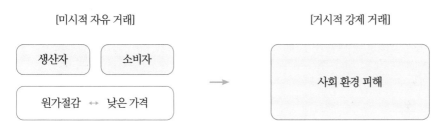

그림 1-1. 요동치는 초과손익

[미시적 자유 거래]

생산자 소비자

원가절감 ↔ 낮은 가격

[거시적 강제 거래]

사회 환경 피해

이러한 거래를 한 당사자들은 이익을 얻는다. 그러나 그에 대한 사회적 반대급부[1]는 지불되지 못하고 사회의 문제로 남겨진다. 선진화된 국가 시스템은 이를 측정하고 환경세 같은 정책을 도입하여 비용의 지불을 유도하지만 이는 증상의 일시적인 조치일 뿐, 근본적인 문제를 해결할 수는 없다.

C. 부의 완전보상 불가능성

이러한 노력으로 초과손익의 주동자에게 사회적 피해에 상당하는 비용의 지불을 부과하여도, 그 보상은 완전하지 않다. 현재의 우리 사회 체계는 초과적인 가치 손실량의 계량을 단일의 금전적 요인으로 보상 가능하다고 보며 모든 현상과 개념을 획일적 경제논리로 나타낼 수 있다는 오류를 범하고 만다.

이는 마치 불특정 다수한테 건강의 훼손이라는 피해를 발생시키고 치료비만 보상해 주며 나의 책임을 다했다고 주장하는 격과 같다. 물론 이 시대의 가치는 오로지 경제 논리만 존재한다고 보기 때문에 더욱 큰 돈으로 피해 보상의 모든

---

1   현상에 대응하는 대가.

것을 끝낼 수도 있지만, 많은 경우에서 그러지 못하는 경우도 있다. 사랑하는 가족의 고통을 유발시키거나 건강을 앗아가는 사건은 대부분 경제 부의 보상만으로 납득되지 못한다. 어떠한 금액으로도 형사적 합의를 안하는 경우를 쉽게 찾아 볼 수 있다. 또 다른 사례로, 누군가 부정의한 차별을 받을 때, 그런 문제는 경제의 논리로 해결해 낼 수 없다.

우리들이 갖는 주관적 가치의 대가를 금전을 통해 신축적으로 메꿀 수 있다는 생각은 오만하다. 가치는 그 자체로 물질의 범위를 넘어선 영역에 존재한다.

물론 소득과 부는 가치의 한 축으로서 명백히 존재한다. 많은 소득을 받고 큰 부를 이루는 것을 거부할 이유가 없고, 대부분의 사람들도 그렇게 되기를 원한다. 그러나 자유를 가장한 채 사회와 얽힌 강제의 거래들은 그러한 소득을 받을 만한 가치가 없다.

D. 가치의 이면(裏面)

'가치가 있다' 함은 작게는 사람들이 '**간절히**' 원하는 어떠한 것, 크게는 **인간 사회의 생산대상**이라고 생각하자. 물론 간절함이 깃들지 않아도 가치가 있는 종류의 생산물들은 존재한다. 누리면 좋지만, 없어도 아쉽지는 않은 상품들, 간절함이 나타나지 않는 행복이란, 예를 들어 사치자원, 음악, 예술, 기술과 기타 생산물 등이 있다. 그러나, 결국 이상사회의 관점에서 보았을 때, 이들의 부존재는 간절함으로 나타나게 될 뿐이다. 현대에 살고 있는 자들에게 음악이 없는 삶이 주어지는 것과 같은 시각에서, 그 부존재의 어색함은 필연적인 것이 된다.

특히, 음악과 예술, 기술과 식량 같은 가치의 종류들은 서로가 대체될 수 없는 특별한 성질을 지닌다. 가치의 대체불가능성은 우리 욕망의 파티션으로 작용한다.

대체불가능성이란 간절함과 관련된다. 대체가 쉬울수록, 대상에 대한 간절함은 낮아진다. 간단한 사례를 생각해 봐도 연인의 사랑과 친구의 우정은 대체될 수 없다. 그렇게 그 각각이 모두 의미 있으며 소중해진다.

E. 사회적 가치

개인이 자신만의 가치 서열 체계를 내면에서 소유할 수 있는 것처럼, 사회또한 관습의 도덕률과 정치적 의사결정의 결과로 지배사상을 소유한다.

지배사상에 대한 수용은 세계의 작은 부분인 우리가 각자 선택한다. 누구는 수용하고, 누구는 저항한다. 그중 무엇이 옳은가? 관념의 다원성(多元性)[2]은 각 관념의 우월성을 쉽게 비교해 낼 수 없다고 말한다.

각자가 채택한 관념과 사상은, 서로 얽혀 **대체불가능성**이 나타날 때까지 분리와 통합을 거친다. 그렇게 개념화된 정보들은 관념의 뿌리 갈래가 된다. 그중 어떠한 생각들은 서로 융화되지 못하고, 심지어 서로가 공존하지 못하는 대립각이 나타나기도 한다. 특히, 정치적으로 대립하는 세력들 간에 상대의 개념 체계를 받아들이지 못하는 모습을 보면, 대체불가능성을 넘어 양립 불가능을

---

2 관념이란 인간이 읽는 정보를 의미한다. 동일한 현상에 대해서도, 인간은 동일한 정보를 서로 다른 방식으로 가공하고 디코딩(decoding)한다. 다양한 해석 속에서, 어떠한 현상에 대해 옳고 그름을 가를 수 있는 유일한 도구는 세계의 진리에 존재한다.

논한다.

양립불가능성의 논의에 의해 모두의 가치를 만족시키는 정치적 의결이란 존재하지 않을 수 있다. 그러한 의결의 결론에 진리가 없다면, 분명 누구보다 제일 간절하고 사회 최선이었다고 생각하는 의결 패소자에게 납득불가능성이라는 한계를 내비친다.

세계의 자원은 희소하고 세상의 부를 분배하는 과정에서 누군가의 복지는, 누군가에겐 복지의 부재로 인한 절망이 될 수도 있다. 우리들의 사회 합의에서는 모두의 행복을 고려하기 불가능한 경우도 있다.

수많은 주장이 난무하는 회의의 장에서 효율적인 합의에 도달할 수 있는 유일한 방법은 바로 **사회적 가치를 극대화**하는 것이다. 이는 명확히 세어낼 수 있는 단 하나의 우월함으로, 사회의 구성원들에게 옳고 그름의 기준을 부여할 수 있게 만든다. 사회적 가치의 극대화가 개인적 가치의 극대화보다 우월한 이유는, 사회는 개인들에게 체계적으로 영향을 미치지만, 개인이 사회에 미칠 수 있는 영향은 모두를 향한 것이 아닌 특수를 위한 것이기 때문이다.

가치극대화는 사회가 지닌 간절함의 최소를 뜻한다. 우리는 직관적으로 간절함의 해소를 통해 행복을 얻을 수 있다는 것을 안다. 사회의 역할은 사회적 가치의 극대화를 이루는 것이다.

F. 행복

행복은 간절함의 해소로서 나타난다. 행복의 상태는 영원하지 않다. 만족을 누리고 나면, 이내 다른 욕망을 바라본다. 이는 보상의 긍정 유인과 같다. 긍정과 부정으로 가르는 양립 불가능의 지혜로서, 인간이 얻을 수 있는 보상은 **행복**과 **고통**이 존재한다.

하나의 자의식이 닿을 수 있는 가장 이상(理想)적인 상태가 있다고 가정하자. 이상을 하나의 점이라고 보면, 그에 닿지 못한 우리들은 주변의 궤도에 위상(位相)을 지닌 채 머무른다. 이상적인 상태에서, 더욱 누릴 만한 행복은 이제 나타나지 않지만, 영원의 균형으로서 안정을 찾는다. 내면의 보상체계는, 자신을 이상의 궤도로 향하게 하며 간절함의 위상을 낮추고 행복을 복사(輻射)[3]한다. 반대로, 종종 자의식은 이상에서 멀어지며 높아지는 위상과 함께 고통을 얻기도 한다.

G. 숨겨진 간절함

간절함이란, 물질의 욕망으로서 **효용**으로 존재하고, 물질 외부의 욕망으로서 **소요**[4]로 존재한다. 간절함이 깃들어 있을 때, 우리는 '가치가 있다'고 한다.

적절한 거래[5]가 이루어지고 나면, 간절함은 효용과 소요로 치환되어 소비되고, 그 크기는 낮아진다. 사회적으로 집합한 모든 개인들의 간절함이 최소가 될 때, 사회의 가치가 극대화된다. 하지만, 이때의 간절함이란 '현재'만을 포함하지 않는다.

3　물체로부터 열이나 전자기파가 사방으로 방출됨. 또는 그 열이나 전자기파.

4　'소요가 있다'는 의미는, 예를 들면 여성의 권리 향상을 원하는 유권자에게는 여성권익 정치정당에 대한 지지력이 있다고 이해할 수 있다. 이는 경제의 논리로는 해결할 수 없는 특별한 가치량을 암시한다.

5　소요의 거래란, 예를 들면 행사한 의결권으로서 여성권익의 향상을 법적, 정책적으로 얻고, 정당에 지지력을 제공한 거래로 볼 수 있다.

사회의 가치극대화에 필요한 간절함의 최소화란, 시대에 국한되지 않는다. 개인들에게는 시대의 구분이 의미가 있으나, 사회 자체는 시대의 끝으로 여기는 이상사회를 향한다.

　즉 시대에 따라 간절함은 숨겨져 드러나지 않을 수 있는데, 이는 간절함의 무(無)상태와는 다르다. 예를 들면, 평범한 소득을 얻고 있는 우리는 출근 중에 길을 지나가다가 100달러를 주우면 행운으로 취급하며 행복을 느낄 수 있다. 이 경우에 나타나는 간절함은 어디에 있는가?

　행운에 의하여 행복을 느낄 수 있는 근본적인 이유는 인지하지 못하던 간절함이 충족되었기 때문이다. 길을 지나가다가 100달러를 줍고 싶은 간절함은 우연성에 대한 기대의 부재로 인지하지 못한다. 그러나 부를 최대한 달성하고자 하는 우리의 욕망에 기인하는 간절함을 그 순간 인지하지 못한다고 하여 없다고 취급할 수 없는 것과 같다. 인지의 부재로 기대하지 못하던 간절함의 충족 또한 행복이 된다. 그리고 그러지 못할 가치의 공급은 행운으로 취급되지도 않는다.

　또 다른 사례로, 중세의 시대엔 항공과 철도, 세계의 실시간 소통과 같은 혁신을 누릴 수 없었다. 과연 그 시대에도 현대 문명의 이기(利器)들이 존재했다면, 시대의 정신들은 이기들을 무시하고, 그 문명의 산물들로 부족함을 느끼지 않을 수 있는가?

　부족에 대한 인식은, 그것을 누린 경험이 있어야 정확히 느낄 수 있다. 그렇기에 우리는 부존재를 쉽게 인식하지 못한다. 하지만 인식하지 못한다고 하여 존재하지 않는 것이 아니다.

　장소에 따라, 시대에 따라 간절함의 형태는 다양하다. 인류가 내딛는 모든 장소와 모든 시대에서, 숨겨져 있던 욕망들이 고려된, '간절함의 최소화'만이 사회적으로 가치가 있다. 간절함이란, 그 모든 것을 포함하여 정의된다.

H. 미래의 간절함

물질의 간절함은, 우리가 형성한 부(富)의 논리로서 시대의 한계를 극복할 수 있다. 미래에 큰 돈을 벌 수 있을 것이란 기대는 자본자산의 형태로 존재한다. 미래가 고려된 수많은 투자의사결정 속에서 우리는 물질적 이상으로 한 걸음 나아갈 수 있다.

그러나, 현재 드러난 관념적 간절함의 해소 도구, 정치적 의사결정에서는 미래가 고려된 보상체계가 존재하지 않는다. 이는 아주 치명적이어서 지금까지 그랬던 것처럼, 현재에도, 미래에도 세계에 초과손익이 요동치게 한다.

하지만 세계에 균형을 찾아주는 명확한 정치적 의사결정 장치가 도입되고 나면, 우리는 미래의 소요를 반영한 새로운 보상체계를 실현할 수 있다. 모든 것이 보상된다면 지속될 수 없는 세계의 불균형은 사라지고 모두에게 평안을 전한다. **균형의 힘**은 누구도 초과손익에 노출되지 않도록 우리를 구원한다.

I. 신축성과 효율성이 부족한 보상체계

자유로운 경제적 거래는 전체의 행복과 이상을 신경 쓰지 않는다. 심지어는, 자신이 참여한 거래가 사회에 해롭다는 것을 알고 있더라도, 자신의 이익을 위하여 정치적 로비를 하면서까지 사실을 숨기고 거래를 자유로 포장하고 있음을 우리의 역사와 현재가 증명한다.

이에 대한 억제력은 오로지 정부의 행정력에 기인한다. 로비로 인한 부패, 무능력과 자원의 부족, 공공가치 실현에 대한 동기 유인의 부족, 업무로서 나타나는 태만과 도덕적 해이 같은 장애물들을 모두 극복해야 하면서도, 결국 시스템의 한계로 올바른 균형의 제시를 하지 못한 채, 사회의 부정의를 방관한다.

업무적으로 단지 피로감을 느낄 뿐인 정치의 대리인들은 과연 실시간으로 일어나는 세계의 부정의(不正義)에 대해 그 주인들이 느끼는 부당함을 신축적으로 재단하고 올바른 재무기획을 통해 효율적으로 사회가치 극대화를 달성할 수 있는가?

신축적이라는 말은 어떤 변화 수준에 즉각적이고 적절히 대응한다는 의미이며 **효율적**이라는 말은 적절한 수량만큼의 보상, 즉 '최선의 안건을 선택한다'는 의미와 같다.

기본적인 간절함의 소요량[6] 측정부터 민주 · 자본주의 시스템은 한계를 보인다. 물질로서는 모든 것을 보상해 내지 못한다. 완전 보상이 불가능한 시대에서, 우리는 임의로 발생하는 거래로부터 자신들의 의미 있는 개념들을 지켜내지 못한다. 경제적으로 구원받지 못하는 영역에 있는 다양한 고통들은 언제나 합의 불가능한 상태로 존재한다.

그 결과, 우리는 수많은 구체적인 사례들을 경험한다. 예를 들어, 우리는 오염되는 환경으로부터 건강을 지켜낼 수 없고, 다양한 차별로부터 인권을 지켜낼 수 없다. 또한 비효율적이고 기이한 일부 법과 제도로부터 불공정과 난해함을 겪으며, 생각 차이로 인한 혐오로부터 서로의 감정을 소모한다. 그리고, 정치대리인의 무능과 악의로부터 사회적 가치를 지켜낼 수 없으며, 사회가치 극대화의 실패로 인한 사회비용으로부터 자신이 이루었을 이상적인 발전과 더욱 누릴 수 있던 가치량은 없던 것으로 사라지고 만다.

---

6 후에 설명하겠지만, 소요를 지닌 개인들은 지지하고자 하는 의결권의 수로서 안건에 의결하며, 그렇게 모인 사회적 의결권의 집합량을 소요량이라고 한다. 민주주의에서는 이에 대한 측정이 당연히 불가능하다.

J. 사회의 가치결정식 결함

우리들의 사회는 다양한 갈등에 노출되어 있으며 수많은 문제들은 제때, 적절하게 해결되지 못한다. 그 모든 갈등과 문제를 경제의 부만으로는 완전 설명할 수 없다. 물질적 보상으로서 우리들의 국소적인 갈등이 일부 극복 가능하다고 하더라도, '누가', '얼마만큼' 부담하는지에 대한 정치 정의의 측면은 언제나 설명될 수 없다.

그 모든 것의 원인, 근본적인 가치결정식의 결함은 거래의 완전성[7]을 보장하지 못하게 한다. 이를 극복하기 위해 모두가 합리적으로 납득할 수 있는 올바른 거래체계의 확립은 반드시 필요하다.

거래체계란 근본적인 가치 간의 교환을 정의한 것이다. 공산주의에서는 헌신으로 생산해서 필요로 분배하자는 거래를 원칙으로 정의하였으며, 자본주의에서는 개인들의 자발적인 거래가 경제 최적점에 도달할 수 있다고 보았기에 가격에 의한 자유로운 거래를 원칙으로 삼았다. 그러나 시장실패에 직면한 이후 나타난 큰 정부 이론은 정부의 개입으로 거래의 반대급부 유도를 직접 결정지으면서 사회적 최적[8]에 도달할 수 있다며, 개입된 거래를 통해 물질부를 재분배하는 것을 이상적으로 여겼다.

이상적인 거래체계란 적어도 임의로 나타난 가치 거래가 신축적이고 효율적으로 보상되어 반대급부가 적절한 양과 적절한 시기에 지급될 수 있어야 한다.

---

7 거래의 완전성에서 '거래'란 단순히 물질의 거래만을 의미하지 않는다. 타인을 괴롭히고, 시스템의 허점을 이용한 이익을 얻는 등 모든 가능성은 거래의 방식으로 표현할 수 있다. 거래의 완전성이 달성되지 못한다면, 누군가는 괴롭힘을 당하고 누군가는 부정의한 이익을 얻는다. 그에 대한 부정적인 피드백을 얻지 못하기 때문이다.

8 이 개념은 사회적으로 분배나 효용 따위가 가장 적당한 상태를 의미한다.

하지만 현재의 사회체계는 세상의 모든 가치판단을 오직 수동적인 행정체계에만 의존하는 미흡한 시스템이다. 수동적인 체계란 인간의 **의도적인 개입**을 통해 발현되는 의지의 실현으로, 자의식적 의지의 개입과 해석이 필요하지 않은 능동적 시스템과는 대비된다.

〈수동적 체계〉	〈능동적 체계〉
계획성 임의성, 판단력	자연성 물리 법칙, 가격, 균형

수동적 시스템이 이상적이라고 불릴 만한 최소조건은 모든 행정관료들이 언제나 시의적절하고 공정하게 가치판단을 내릴 수 있을 때 가능하다. 하지만 하나의 인간은 모든 판단이 완벽할 수 없고 그 선택의 결론은 때때로 오류를 포함한다.

K. 외부성의 외부

한편, 자유로운 경제적 거래는 분명히 사회적으로 이로움을 증가시켜 주는 경우도 있다. 예를 들어, 양봉업자의 벌꿀 생산계획은 우연히 그 옆에서 과수원을 하던 업자에게 생산성 증대라는 새로운 문제에 강제로 직면하게 한다. 사회의 경제생산량은 증가하고 국민들은 더 많은 산출물 가치를 누린다.

이런 문제를 외부효과[9]라고 하며, 누군가의 경제적 활동이 의도하지 않게,

---

9 시장실패의 사례로서, 긍정적 외부성과 부정적 외부성이 존재한다. 긍정적인 효과는 사회 최적의 거래량보다 덜 발생하고, 부정적인 효과는 사회 최적의 거래량보다 더 많이 발생한다는 문제가 있다. 사회적 최적과 다른 거래량이라는 의미는, 자원 분배의 효율성이 낮은 것을 의미한다.

우연히 타인에게 영향을 주는 경우를 다룬다. 외부효과의 특성은 **보상의 부재**에 대한 중요성을 더욱 강조하고 있다.

이 말을 다시 생각해 보면, 보상이 적절히 제공될 경우, 사회에 더욱 이로울 수 있는 거래들이 한없이 존재할 수 있음을 암시한다.

따라서 세상에는 아직 미충족 가치량들이 넘쳐 난다. 물질로 해소 가능한 효용이 존재할 수 있으며, 해소 불가능한 가치도 존재할 수 있다. 우연히 드러난 외부성 이외에도 드러나지 않은 가치량들은 더욱 거대할 수 있다. 그 엄청난 크기에 비하여, 국가 세율에 상당하는 경제 규모로도 부족하여 완전 충족을 못 하고 있는 개인과 사회의 가치 소요는 외부성의 완전한 해결 수준조차 가렵다.

그림 1-2. 경제를 넘어서는 가치량

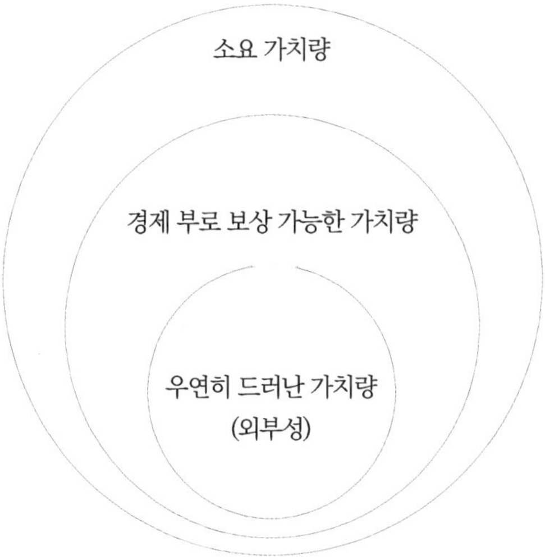

소요 가치량

경제 부로 보상 가능한 가치량

우연히 드러난 가치량
(외부성)

우연히 드러난 가치량은 앞서 말한 양봉업자의 사례를 예로 들 수 있다. 외부성은 정부의 적절한 개입을 통해 경제적 비용의 부과나 보조금의 지급으로서 극복할 수 있다고 말한다.

경제적 부로 보상 가능한 가치량의 존재에는 우연치 않은 미래의 논리가 고려되며 환경 및 복지, 교육 등의 개념들이 포함된다. 국가의 자원이 투입되어 달성 가능한 이러한 사업들은 비록 효율성과 신축성을 이루지 못했더라도, 존재할 수 있다. 문제는 '어디'에 '얼마만큼', '누가'에 대한 문제가 존재하며, 그러한 문제의 존재 자체가 그다음 너머를 가늠케 한다.

그다음 영역인 소요 가치량에 해당되는 사례로는 정의와 평등, 인권, 공정한 법률, 자연과학과 기술, 문화 등 수많은 거시적 관념들과, 우리들이 개성으로서 지닌 대체 불가능한 가치[10]들이 존재한다.

평등의 관념은 경제적 부로 보상될 수 없다. 문명의 발달과정에서 필수적으로 등장하던 신분제는 만민평등사상의 영향 아래 무너지고 만인이 공평한 한 표라는 민주주의를 이룰 수 있게 되었다. 평등을 경제 부로 보상할 수 있다면, 민주주의는 무너질 수밖에 없다.

개인 단위에서 보더라도, 만약 누군가가 자신에게서 기회의 평등을 **빼앗아** 간다면, 경제적 부로 대응할 수 있겠는가? 신분제의 철폐 사례와 같이, 누군가가 나의 대체 불가능한 가치를 빼앗아 간다면 오로지 자연의 원리와 같은 **힘으로의 항변**만이 존재하게 된다. 자신의 가치를 빼앗아 갈 기회를 노리는 자들에게 신축적이고 효율적으로 그 이상의 가치를 잃게 할 **위험**의 존재를 느끼게 해

---

10 간단한 사례로, 여성 권리 향상을 위한 노력은 경제적 거래가 아닌 사회의 의사결정을 통해서만 이루어질 수 있다.

주어야 한다.

소요 가치량에 대한 또 다른 사례로, 비록 큰돈을 벌 수 있음에도 인간을 대상으로 하는 윤리 외적 생명공학 연구를 허용하지 않는 개념은 인권을 기본으로 하는 가치량이다. 이 사례는 가치가 생산량과 가격의 평면에서 설명될 수 없음을 근본적으로 보여준다.

개인들이 갖는 가치는 자신을 위하지만은 않는다. 가족을 향하여, 공동체를 향하여, 그 외 세계의 큰 영향력에 대한 체계성을 이해할수록, 더 큰 범주를 포용하는 간절함이 나타나게 된다. 각자의 소요들은 자신들의 문제가 더욱 시급하다고 외치며, 회의의 장에는 수많은 주장이 난무한다. 그렇게 우리들은 정치적 이념을 품에 안고, 회의에 모여 한정된 자원을 가지고 의사결정으로서 대립하고 있다.

그런 회의의 장에서, 우리들은 금전적 화폐를 들고 의결하는가? 사회의 관념이 드러난 대체불가능성의 소요는 가격기구로 거래되지 못한다. 우리들의 정치적 의사결정 기준은 물질을 넘어서는 영역에 존재하고 있었다. 그렇게 사회의 힘은 인간의 소요를 강제로 거래되게 만든다. 거래가 된다는 의미는 특별하다. 거래가 있고 나면, 완전한 보상을 위하여 인과적으로 분배의 대가를 수반해야 한다.

L. 대체불가능성에 대한 보상

그렇다면 대체 불가능한 소요의 정당한 거래 대가는 무엇이란 말인가? 물질의 화폐는 가격기구로서, 소요 가치에 대한 거래를 이루어낼 수 없음을 앞서 살펴보았다.

정당한 대가가 무엇인지 이해하기 위하여, 기본적이고 필수적인 소요를 대표하는 우리의 성장과 분배를 탐구해 보자. 각자가 주장하는 논리는 우수하다. 국가의 성장에 따른 파이 크기를 키우는 것과, 파이를 나누어 먹는 것에는 양립 불가능한 대척점이 존재한다.

국가 경제의 성장을 주요 목표로 지닌 자는 국가 경제의 분배를 먼저 주장하는 상대로부터 **정치적인 힘**을 이용하여 그들의 가치를 빼앗거나 나의 가치를 지켜낼 수 있다.

사회에서 힘이란 결국 **의결권**이다. 의결권에 의해서만 나의 가치를 공격하는 상대로부터 방어할 수 있고 내가 원하는 가치를 남들에게서 가져올 수 있다. 나의 가치를 훼손시키는 세력에게는 의결권 감소를 통한 힘의 약화를, 나의 가치를 증가시켜 주는 세력에게는 의결권 상승을 통한 힘의 강화를 시켜 주어, 나의 선호체계를 사회 속에서 이룰 수 있게 해 주는 방식은 이미 정치대리인 및 정당정치를 통해 불완전하지만 현시대에 구현되어 있다. 물질을 넘어서는 외부 가치량을 얻어 올 유일한 방법은 사회의 힘이다.

힘의 논리는 남들의 대체 불가능한 소요들이 무엇이든, 강자의 논리에 따라 거래되게 만든다. 의사결정의 과정에서 양립 불가능한 의견의 대립은 언제 어디서나 확인할 수 있고, 그들이 정한 의결 양식과 의결권의 형태에 따라 결과는 실현된다. 이 방식에 친숙한 우리들은 정치적 지지력을 대가로 대체 불가능한 가치들을 거래하고 있었다.

M. 이타심

한편, 어떤 거래는 **경제적 소득 외의 유인**으로 인해 이루어지기도 한다. 사회의 행복도를 높이려는 목적으로 활동하는 거래의 공급자들은 스스로 타인들에게 가치가 있는 거래를 제공하지만 그에 합당한 생산물 대가를 받지 못한다.

예를 들어 자원봉사자, 환경단체, 여러 공익 시민단체, 공정한 세상을 위해 노력하는 운동 세력들이 존재한다. 이들은 세상이 필요로 하는 활동이나 이타적 활동들을 공급하지만, 대부분 계속되는 수입 구조가 없고 돈을 버는 것이 목표가 아니기도 하다. 이러한 의도에 영향을 받은 수동적 수혜자들은 좋은 자연환경이나 공정한 법률과 같은 사회적인 간접 자본들을 누리게 된다. 적절한 보상이 없는 체계에서도, 그들 스스로 세계에 이롭다고 정의 내린 이타성의 공급은 이루어진다.

그러나 소득 보상이 없음에도 사회 잉여를 향상시키고자 하는 행동은 우리는 어떻게 보는가? 이타심으로 인해 사회는 더욱 좋아지나, 이 경우 공급자의 행동 유인을 단언할 수 없다. 그럼에도 불구하고 스스로 거래에 참여하였고 그 **노력의 기회비용을 넘어서는 동기**가 있다.

이런 거래의 공급자들은 자신의 사적인 가치의 반영을 위해서 행동한다. 하지만 이에 대한 체계적인 보상 시스템은 현재 존재하지 않는다. 이 공급은 **우연적이며 지속 가능하지 않다**. 대가의 논리가 생략된 이타심의 공급자들의 역할은 '현재의' 간절함이 존재하는 곳에서만 작동할 수 있다는 한계점을 맞는다.

N. 선취적 보상주의

그런 한계점은 정부의 역할에서도 나타난다. 오직 현재 시점에서 드러난 문제의 해결에만 관심을 갖게 된다. 대리인의 임기가 정해졌다면, 장기적인 목표보다는 단기적인 목표를 추구할 동기만 존재한다. 드러난 문제 해결의 수요에만 집중한다면 의사결정의 결론은 매번 뒤바뀔 수 있다.

그러나 현실은 공급이 수요를 창출하기도 하며, 기업의 경우 미래를 위하여 연구 개발 활동에 투자한다. 그렇게 현재의 상태만 바라보고 나면, 우리는 고통 속의 평온이라는 단기 균형에 자리하게 된다.

예를 들어 중세, 근세 시대의 유럽에서 위생의 개념은 사회체계에서 전혀 존재하지 않았다. 그 시대를 살아가는 자들에게 당연한 개념이었으며 도시에 악취와 오물이 만연해도 정작 목욕 한 번, 세수 한 번 하기를 꺼려 했다. 실제로 루이 14세 국왕은 평생에 걸쳐 목욕을 두 번만 했다고 한다. 그들의 세상에서 위생을 의식하고 몸을 깨끗하게 하는 것에 대한 간절함은 존재하지 않았기 때문에 국가 시스템은 이를 해결할 필요성이 나타나지 않았다. 크림전쟁으로 부각된 위생개념 확장으로 인한 19세기 이후 수도시설의 보편적 도입 전까지 상수도 같은 간접 자본들의 건설 중요도는 낮았다. 이 관념의 가치는 아주 긴 역사가 흐를 동안 숨겨진 상태로 존재하였다.

그러나, 그 긴 역사를 통틀어서 단 한 명의 위인조차 위생의 중요성을 몰랐을까? 현대시대의 기업 생태에서는 단 한 명만 신사업에 대한 포트폴리오를 깨닫는다고 해도, 물질의 부를 목표로 자본과 기업을 일으킨다. 이처럼 미래를 고려한 보상 동기가 자극된다면 우리들의 시대는 더욱 나아갈 수 있다.

반면에 적절한 보상이 제공되지 못하는 시스템에서는 시행착오와 시대의 비용, 역사의 시간을 소모하고 나서야 가치가 공급되고 만다.

이런 사례는 위생에만 존재하는 것이 아니다. 과거 역사에서 수많은 사례를 논할 수 있겠지만, 이 현상은 과거에만 국한된 것이 아닌 현대를 살아가는 이들에게도 나타난다. 역사가 그랬던 것처럼 지금 드러나지 않는 간절함도 마찬가지로 우리 시대의 대중들이 인식하지 못한다. 그러나 주변을 둘러보면, 누군가는 부정의한 초과수익을 얻고 기뻐하고, 누군가는 부정의한 초과손실을 얻고 절망에 괴로워한다. 과연 인식하지 못하는 것인가? 안 하는 것인가?

O. 숨겨진 간절함 2

아직 발견되지 못한 가치량은 무궁무진하게 많다. 왕정(王政)의 시대에서 민주주의를 상상할 수 없던 것처럼, 세상에 없다고 공급되지 않던 수많은 관념의 가치량을 이제는 누릴 수 있어야 한다. 우리는 놀라운 발전을 이루었지만, 사실 더욱 위대할 수 있었을지도 모른다. 적절한 보상체계가 존재하였다면, 관념과 정치의 영역뿐만 아니라, 현재의 미흡한 경제의 보상으로는 이루지 못하던 수많은 자연의 비밀과 기술의 수혜마저도 더욱 누릴 수 있었다.

P. 보상에 기반한 사회 선의(善意)

비소득유인에 더해 공익을 위하여 체계적으로 활동하는 경우가 있다. 정치 정당과 정부의 산하 기관들부터, 복지센터, 민간이 주도하는 다양한 잉여의 공급들은 나름 체계적으로 지속되고 있다. 물론 정부에 가까울수록 세금으로부터 기원하는 소득이 발생할 수 있기에 진정한 의미의 비소득유인[11]은 존재하지 않을 수 있다.

그렇다고 하더라도, 그들 중 능력 있는 누군가는 더 큰 기대수익을 주는 다른 소득의 기회를 포기하고 자신의 신념에 따라 시스템에 참여한다. 더 큰 소득보다는 약간의 소득과 자신의 사적인 가치의 반영이 그들의 행동을 이끈다.

이와 같은 논리로 일반적인 우리들도 어떤 소득을 벌 기회에 있어서 사회적인 가치를 고려한다. 타인의 피해를 야기하지만 법적인 처벌은 따르지 않는 수단으로 돈을 벌고 싶어 하는 유인은 대체로 존재하지 않는다. 가끔씩 그럴 수 있는 사람들을 두고, 그들에게 손가락질하며 도덕과 품성에 대해 비난한다.

사회의 이로움을 향한 개인들의 선택은 특별하다. 사회 선의는 마치 사회가 부여한 관념의 질서로 보이지만, 사실 우리 내면의 욕망에서 출발한다. 오로지 소득만이 인간의 행동 유인은 아니다. 소득을 향한 이끌림에 더해 특별한 가치를 추구한다. 우리는 가족을 위해 선물을 준비하고, 공동체의 번영을 위해 봉사하며 이웃이나 국가의 위기에는 싸움을 준비한다. 그중 사회에 큰 가치를 공헌한 자들을 우리는 명예롭다고 부르며 칭송한다.

Q. 명예

사회 가치 기여분 중 소득을 제외한 부분에 대한 정의가 필요하다. 이를 **명예**라고 하자. 이를 통해 가치에 대한 정의도 내릴 수 있게 되었다. 이 정의에 의해,

---

11 인간의 가치를 향한 행동 동기에는 물질과 명예가 있지만, 둘이 동시에 발현될 수도 있다. 이 개념은 명예와 물질을 모두 포함한 증권이 존재할 수 있음을 설명한다.

가치가 있다 함은 소득에 더해 명예롭다고 여기는 부분이다.

명예는 새로운 시대에서 개인들의 주관적 소요를 반영한 의결권에 의하여 명확히 측정할 수 있으므로, 이를 통해 우리는 가치와 소득을 연결할 수 있다.

명예의 작용은 세계 정의에 따라 효율적이고 신축적으로 보상되며, 우리들의 수많은 이야기와 갈등의 종지부를 찍는다. 앞으로 설명할 명예의 작용은 경이와 같아, 의사결정을 위한 회의에서 우리는 필연적인 **만장일치의 합일**[12]을 목도한다. 또한 모든 의사결정이 완결되어 불변의 결론을 보일 **완전한 균형의 세계**는 불완전한 현세계에서 탐구되는 진리 추종의 기준이 되어 세계 정의(正義)가 된다. 보상의 완전성으로 나타난 새로운 세상의 새로운 **공급자**[13]는 우리를 진정으로 자유케 만들며, 그렇게 드높아진 인간의 **명예욕**은 물질의 풍요를 선물한다.

이와는 대비되게 현시대의 민주·자본주의 시스템에서는 정부가 주관하는 비신축적 보상제도 외에는 그 보상을 어떻게 측정해야 하는지 또 누가 받아야 하는지 결정할 수 없다. 그렇게 진리를 보지 못하고 기술(記述)을 필연으로 착각한다. 민주적 투표권으로 행하는 의사결정의 결론은 늘 변동하여, 정권은 안정되지 못한다. 그렇게 세계는 갈등과 다툼을 반복한다.

앞으로도 이러한 결과밖에 나올 수 없는 이유는 바로 시스템이 지닌 가치결정식에 대한 근본적인 한계 때문이다. 그들은 가치를 오직 물질로서만 바라보았지만, 이 세상에서 **가치는 소득과 명예의 합**으로 나타난다.

12　3장 '의사결정'에서 자세히 설명한다.

13　5장 '명예법인'에서 자세히 설명한다.

R. 가치결정식

현재의 민주 · 자본주의는 명예의 보상이 없기에 물질적 생산이 소득을 결정한다. 그리고 경제적 부와 소득만을 가치로 여긴다. 정부의 임의적인 판단 없이는, 세상에 어떤 이로운 명예적 기여를 하여도 보상을 체계적으로 얻을 수 있는 방법이 없다. 물론, 세계를 향한 불명예의 보상도 당연히 이루어질 수 없다.

가치결정식	
민주 · 자본주의	명예주의
가치 = 경제 부	가치 = 경제 부 + **명예**

가치결정식의 차이에 의한 효과는 쉽게 찾을 수 있다. 생산한 만큼 소득을 가져가는 것은 당연하다. 민주 · 자본주의하에서 합리적이고 영원한 개념이지만, 한때 자본주의와 쌍벽을 이뤘던 공산주의 시스템에서는 전혀 당연한 개념이 아니다.

공산주의는 필요에 의한 분배가 소득을 결정한다. 이는 치명적인 시스템 결함이 있어서 많은 사람들에게 가난과 불행을 안겨주었다. 생산에 대응되지 못한 분배는 보상의 완전성을 충족하지 못하여 헌신을 위한 생산 동기는 저하되었다.

'경제적인 행동'을 할 유인이 없기에 하지 않았고 결과는 처참했다. **이처럼 가치결정식 정의에 대한 차이가 구성원 모두에게 큰 영향을 미친다.** 민주 · 자본주의 또한 가치결정식에 대한 근본적인 한계가 있기 때문에 소득 외 영역의 기여에 대한 보상 여부에서 노력에 대한 보상이 없던 공산주의처럼 아쉬운 부분이 있을 수밖에 없다.

자본주의 세계의 우리가 공산주의식 분배를 이해할 수 없듯, 명예주의의 세계에서 오직 '경제 부'만이 존재하는 세계는 이해할 수 없다. 사회의 형태는 그들이 지닌 가치 결정식의 형태에 따라 우월을 논할 수 있다.

S. 시대 균형

사회의 우월은 어떻게 정의되는가? 인간이 품고 있는 **간절함의 크기**는 사회의 시선에서 어떠한 미개도로 표현된다. 간절함이 더욱 유발될수록, 미개도(未開度)는 높아진다. 시대를 초월한 어떤 존재에게 인생의 여정으로서 살아갈 원하는 시대를 선택하라고 한다면, 생존과 번영을 위하여 더욱 미개도가 낮은 시대를 선택하는 것이 옳다. 식수도 지키지 못하는 높은 간절함의 사회보다는 배는 굶지 않는 사회가 우월하다.

사회의 우월에 대해 자세히 논하기 위해 좀 더 탐구하여 보자. 사회 간 경제적 우월은 어떻게 결정되는가? GDP[14]라는 개념은 이 우월을 가리기 위한 대표적인 지표로 활용되고 있다. 일반적으로 생산량은 곧 소비량과 같다고 가정된다. 즉, 소비되어 효용이 발생하고, 세계의 간절함은 낮아진다. 그렇게 물질의 위상에서 사회의 우월은 논의될 수 있다.

혹자는, 행복의 척도는 물질이 아니라고 말한다. 풍요를 이루지 못한 원시적 사회의 행복도가 더욱 높을 수 있다고 말한다. 모두가 서로를 아끼는 확장된 자의식으로서, 사회가 갈등 없이 관념의 평화와 균형을 이룩하였다면 그 말대로,

---

14 한 나라의 영역 내에서 가계, 기업, 정부 등 모든 경제주체가 일정기간 동안 생산한 재화 및 서비스의 부가가치를 시장가격으로 평가하여 합산한 것.

원시적 사회가 물질의 미개도는 높더라도 관념의 미개도는 낮을 수 있다. 그 모든 가치들은 종합되어 하나의 간절함의 축으로 정리될 수 있다.

가치에 대한 올바른 식이 완성되고 나면, 사회가 품은 식의 양상에 따라 자연적으로 정해지는 미개도가 주어진다. 그럼에도 불구하고, 이상적 상태를 보지 못하는 어리석은 시대의 정신들은 늘 현재가 최선인 줄 알며 자신의 시대에 머무른다. 기술(記述)을 진리로 착각한다. 그렇게 **비이상적 시대 균형**이 이루어진다.

그림 1-3. 시대 균형

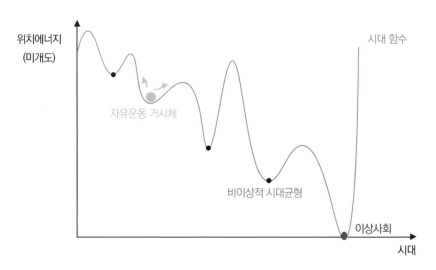

비이상적 시대 균형에 빠진 우리는 올바른 사상(思想)을 할 수 없다. 현재의 사회 상태에서 이상으로 뻗어갈 수 있는 하나의 직선, 이상도(理想道)는 우리가 이상에서의 균형을 인지할 수 있을 때 나타난다. 누구도 초과손익을 누릴 수 없는 세계에서 우리 모두는 최선을 이룰 것이다. 그러기 위해서, 우리는 자신과 타인의 진정한 정의가 무엇인지 고민해 보아야 한다. 사회는 자신과 타인에 대한 이야기이기 때문이다.

T. 가치 결정의 원리

가치가 있다면 선(善)이 되는가? 창조된 가치는 우리들에게 행복을 제공한다. 하지만, 물질만능주의에 사로잡혀 가치를 오직 물질로 여긴다면, 선이 되지 못한다.

예를 들어, 어느 한 마을의 주변에서 해로운 미세먼지를 뿜는 공장단지들이 있다고 가정하자. 이는 인근 주민들에게 막대한 건강 비용을 유발한다.

그러한 회사의 주인들은 자신들의 공장단지 생산비용을 낮추기 위하여, 주변 주민들에게 그 비용을 잠재적 건강의 비용으로 전가한다. 하지만, 이에 대해 피해를 입은 마을 주민들도 가만히 보고만 있지는 않는다. 경우 없는 부정의에 대한 강력한 저항으로, 이를 해결하려 의학적 증거를 수집하고 그 인과관계를 증명하며 법원에서의 긴 싸움을 준비하려 큰돈을 쓰는 사이, 기존에 있던 공장단지의 주주들은 가진 주식들을 비싸게 팔고 떠난 후 잊고 만다.

이러한 거래가 발생하는 근본적인 이유는, 공장의 구주주들이 거래의 결과로 가치를 얻기 때문이다. 우리들의 행동은 '거래'로 나타난다. 구주주들은 이기심으로서 거래에 참여하였다.

이기심은 인간의 명확한 동력이다. 이기심은 자기 자신의 이익만을 고려하는 것으로 행동의 결과가 스스로의 이익을 증진시키도록 한다. 더 큰 돈을 벌기 위하여, 더 좋은 학교에 가기 위하여, 멋진 이성의 마음을 뺏으려 노력한다. 이 개념은 동력으로서 훌륭하나, 선과 악이 모두 내포되어 있다.

이기심의 결과로 세계에 초과손익이 발생하면, 초과손실을 겪은 타인들은 인간 행동의 또 다른 동기, '손실에 대한 저항력'을 얻는다. 상대가 나에게 경우 없이 영향을 미치는 만큼 나의 **저항심**은 강해진다. 우리는 복잡한 계산을 통하지 않고 이기심과 저항심의 균형점을 찾아낼 수 있다. 그곳에서 가치를 찾아낼 수 있다.

물질만 고려한 가치는 저항심을 즉각 반영해 낼 수 없다. 물질만능주의는 그렇게 올바름에 도달할 수 없다.

U. 개인의 간절함, 사회의 간절함

인간의 행동 원리는 쉽게 정의 내릴 수 없다. 그 행동 동력을 합리적으로 설명할 수 있는 것은 가치의 동인뿐이다. 가치는 간절함과 연결되지만, 우리의 넘치는 잉여력은 가치와는 관계없는 다양한 행동을 불러온다. 행동의 원리는, 가치에 잉여를 더해 나타난다.

예를 들면, 자기포기적 선택은 그러한 잉여를 잘 반영한다. 누구의 저항도 초래하지 않으면서, 이기심에 기반하지도 않는다. 또 다른 사례로, 이타심도 잉여의 일부로서 존재한다. 남에게 베푸는 선행 또한, 저항심도 이기심도 찾아볼 수 없다.

이타심을 잘 살펴보면, 개인적인 특성에서 비롯되며, 비일관성을 지닌다. 이타심에 대해 한없이 일관적일 수 있다면, 그는 필연적으로 가진 모든 것을 내려 놓아야만 할 것이다. 그럼에도 불구하고, 결국 그렇게 바꿀 수 있는 세상은 일시적일 뿐이다. 이타성은 그렇게 일시적인 기분에 따라 발휘되며, 반복 가능하지 않고, 비체계적으로 존재한다. 이런 특성이, 이타심을 가치에서 배제하게 되는 근본적인 이유가 된다.

간절함이 결여된 이타심이란 임의적이고 언제든지 공급이 중단되어도 이상하지 않다. 오늘은 자원봉사를 하러 온 학생이 내일 또 올지는 도저히 알 수가 없다. 소득이 존재하지 않는 곳에 경제적 합리성을 뒤로하고, 자신의 시간과 비용으로 사회의 문제 해결에 적극적으로 나설 이는 극히 소수이며 그들에게 조금이라도 무언가를 기대하는 바람은 실례일 뿐이다.

사회적 문제일수록, 자신들에게 중요성이 더욱 부각되는 의사결정일수록, 선택에 대한 영향력이 크고 책임감이 커질수록 우리의 행동 동력은 **간절함**에 기원한다. 전체의 가치와 행복을 저울질하는 의사결정에서 기회적 이타심은 서 있을 장소가 없다.

V. 정치에서 나타나는 이기심과 저항심의 격동

민주주의에서 저항심의 실현은 오로지 정부를 통해서만 가능하다. 그렇지만 과연 이기심이 옳은가, 아니면 저항심이 옳은가? 경우에 따라 수많은 가지를 보이며 나타날 결론들은 수동적 체계의 임의성에 기대어 오류를 포함한다. 그렇게 진리가 없는 결론은 누군가에게 납득될 수 없다.

예를 들면, 원자력 발전소의 건설 승인 여부를 논하는 회의에서 책임 관료는 판단을 내려야 한다. 한쪽에서는 원자력은 안전하며 에너지 효율성이 높다고 한다. 반대편에서는 원자력 발전소 사고의 사례를 보이며 위험을 부각하고 방사성 폐기물을 걱정한다. 과연 무엇이 최선인가?

여기에는 어디에 지어야 하는지 선택해야만 하는 문제, 그 결과로 초래될 주민들의 반대를 고려해야 한다. 또한 원자력 발전의 원리와 안전성에 대한 이해에 더해, 에너지 수요에 대한 판단 및 전기력 공급의 대체제를 골라보며 원자력 승인 여부를 판단한다. 그저 잘 배운 관료 하나가 결정짓기에는 복잡하고 반대의 매질 또한 매섭다. 그렇게 심사숙고하여 결론지었지만, 관료의 선택이 정말 사회 최선의 결론이었는지에 대한 판단은 사전에 보장될 수 없다.

그러나 이 모든 인과율에 대한 판단은 앞으로 필요치 않다. 이 세상에서 가장 정의롭고 누구의 부정도 필요치 않은 의사결정과정이 모든 관련된 정보들을 해석한 후 결과를 산출해 낸다. 소득과 부를 운명 짓던 아름다운 결정식은 명예의 교환에서마저 통할 수 있다. 그 결론은 사전에 사회 최선의 선택이었다고 보장될 수 있다.

W. 가치의 미흡한 이해로 초래되는 시장실패

이미 앞서 살펴본 외부성 논의에서, 보상이 신축적이고 효율적으로 제공되지 않는 개인의 사익 추구는 사회에 이롭지 않을 수 있음을 살펴보았다. 특히 명예의 영역에 대한 보상의 부재는, 우리의 현 체제 아래에서 영원히 끝나지 않을 갈등을 약속한다.

시장실패[15]는 비단 외부성 하나로 설명하기에는 부족하다. 또 다른 시장실패의 사례로, 공공재[16] 자원은 이용자들이 자신들의 효용을 숨기거나, 생산비 부

---

15 시장에서 자유롭게 거래를 방관하면 자원 분배 효율이 감소하는 현상.

16 공공재란 가격을 지불하지 않고도 이용할 수 있으며, 타인의 소비가 내 소비를 감소시키지 않

담을 회피하려는 특성을 보인다. 그 결과 공급이 적절히 이루어지지 못하거나, 사회 최적 수준보다 공공재의 공급을 줄이게 만든다. 자신의 이기심으로 인해, 공공재 생산비 부담에 대한 회피 성향[17]이 나타나며 공공재에 대한 자신의 선호를 축소하거나 침묵하고 관심을 갖지 않는다.

결론적으로, 민주주의하 정부도 공공재 생산의 완전한 주체가 되지 못한다. 그렇다고 민간에서 공공재를 바랄 수는 없다. 하지만 우리는 생각을 해 보아야 한다. 민간의 영역에서 공공재가 생산될 수 없다는 것은 가치 이해의 부족으로 인한 착각에 불과하다. 비록, 개인에게 제공할 수 없는 군사력 같은 기초 행정의 경우에는 필연적인 정부의 역할에 여지를 남겨 두고 있으나, **가치 창출에 관한 모든 것은 민간으로부터 이루어질 수 있다.**

공공재는 그 단어의 의미 자체로, 이미 가치를 지니고 있다. 이에 대해 주어지는 명확한 보상은, 기존 정부의 역할보다 더욱 효율적이고, 새로우며 다채로운 종류(種類)의 테마[18]를 세계에 적절히 제공한다. 이에 대한 구체적 논의로서, 5장 '명예법인'에서 자세히 설명한다.

이 외에도 시장실패의 또 다른 사례들, 독점 같은 불완전경쟁의 해소는 6장 '명예주의하 거시경제 균형'에서 설명하며, 정부의 비대칭성으로 인해 발생한 초과손익의 조정은 3장 '의사결정'의 방법으로서 해결할 수 있다.

는 재화를 의미한다.

17   공공재의 선호 표출 문제.

18   가치의 종류적 이름. 대체불가능성에 의한 파티션으로서, 우리들의 가치는 자연적인 테마의 분류를 이룰 수 있다.

X. 개인과 사회의 연결

　민주주의는 의사결정의 과정과 결론에서 많은 문제점을 보인다. 먼저, 민주주의적 의사결정으로는 개인들의 선호가 사회에 그대로 반영되지 못한다. 투표의 역설은 민주적 투표로 결정되는 의결 가능한 사회상태의 선호가 순환되어 우월을 가릴 수 없는 오류에 대해 말하고 있다. 구체적으로 살펴보자.

의결	의결 가능한 사회상태 A, B, C에 대한 개인별 선호
투표자 1	A 〉 B 〉 C
투표자 2	B 〉 C 〉 A
투표자 3	C 〉 A 〉 B

　다음과 같은 개인 선호 체계를 지닌 세 명으로 이루어진 사회는 세 대안 모두를 의결에 올리면 A, B, C 각각 한 표로 나타나 어떤 대안도 선택되지 않으므로, A와 B, B와 C, C와 A로 구분하여 투표할 수밖에 없다. 그 결과는 다음과 같다.

A와 B: A 채택	& C와 경합	결과:	C 채택
B와 C: B 채택	& A와 경합	결과:	A 채택
C와 A: C 채택	& B와 경합	결과:	B 채택

　그 결과 사회 선호는 다음과 같이 나타난다.

… 〉 A 〉 B 〉 C 〉 A 〉 …

X>Y이고, Y>Z이면, X>Z가 성립해야 하지만, 이 경우 Z>X의 현상이 나타난 것과 같아 사회구성원들의 사회 선호 집약은 불가능함을 알 수 있다. 또 다르게 해석하자면, 이 결과는 투표 순서에 따라 서로 다른 결과가 나타나게 됨을 의미한다. 이 의미는 민주적 의결은 의견 종합조차도 어렵다는 점이며 전략적 행동의 개입에 따라 결과가 바뀔 수도 있기 때문에, 자연적이지 않은 의도적인 조작을 통해 결론을 이끌어낼 수 있다. 실제로 정치대리인의 선출 의결에서, 후보단일화나 선거공작, 새 후보 등록, 지역공략 같은 선거전략적 행동을 많이 경험하지 않았는가?

이렇게 의결 결론의 전략적인 개입에서, 그리고 의결을 제외한 사회의 선택들을 주관하는 정치대리인의 임의적인 영향력에서, 민주주의 사회의 합의는 사실 의지의 개입으로 나타난다.

의사결정이 이상적이면 **전략적 행동**을 할 필요도 없고 의지의 개입을 배제하여 사회 최적으로 자연히 인도할 균형의 원리가 작동되어야 할 것이다. 민주적 의결에서 그 결과에 대한 합리적인 균형은 존재하지 않고, 그 결과가 사회 최선을 보장하지 않는다는 점은 **중위투표자 정리**에서 확인할 수 있다.

Y. 중위투표자 정리

정치 대립이 팽팽하게 이루어진 경우, 나머지 중도층의 선택에 따라 사회상태가 결정되고는 한다. 이 중위투표자는 그저 개인적인 단위에서 자신의 가치관이나 환경, 혹은 자유의지에 따라 의결을 행사한다. 지엽적이고 아둔한 개인의 기회주의적 선택은 반드시 사회 최선이 되라는 보장이 없다.

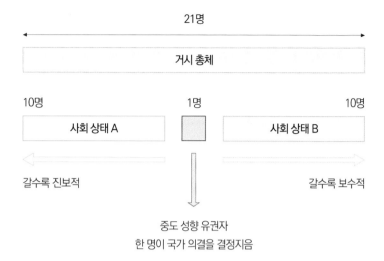

그림 1-4. 〈중위투표자 정리〉

21명

거시 총체

10명　　　　　　　　1명　　　　　　　10명

사회 상태 A　　　□　　　　사회 상태 B

← 갈수록 진보적　　　　　　　　갈수록 보수적 →

중도 성향 유권자
한 명이 국가 의결을 결정지음

Z. 정치 정의(正義)

　현 의결제도의 한계점은 어디서 오는가? 이 모든 문제의 근본적인 원인은 의결의 **무위험성**에 있다. 의사결정을 위하여 의결을 행사하는 것에는 반드시 위험이 수반되어야 한다.

　다수의 선택은 정의를 보장하지 않는다. 실제로, 역사와 세계는 늘 다수가 진리가 아닐 수 있음을 증명한다. 대표적으로 '지구가 돈다'는 당연한 사실은 다수에게 있어 거짓으로 여겨진 역사가 있다. 다수의 실패 사례는 실제로 당장 주변에서 작은 단위의 민주적 의결을 진행해 보더라도 바로 확인할 수 있는 사실이다. 만약 의결에서 패한 소수가 정의를 품고 있었다면, 의결 결과의 수용성 측면에서 순순히 받아들이겠는가? 납득 불가능한 패배는 사회의 갈등을 초래하고 비용을 유발시키게 된다.

AA. 점수투표제

한편, 선호의 종합에 관하여 투표의 역설도 발생하지 않고 사회구성원의 선호 강도가 아주 잘 반영되는 투표 시스템이 하나 존재하고 있기에 이에 대해 논하고자 한다. 점수투표제라고 불리는 이 의결 방식은, 모든 투표자에게 일정한 포인트를 부여하여 자신들의 선호도에 따라 의안으로 올라온 사회상태에 포인트들을 배분하여 종합하는 시스템이다.

그림 1-5. 사회 상태 X, Y, Z에 대하여...

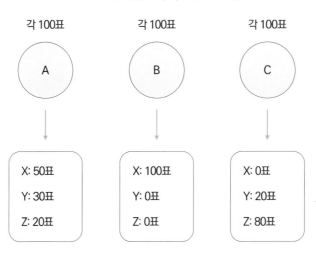

이 결과는 나름 합리적으로 보이고, 분명 개인의 선호가 사회 선호로 아주 잘 나타난다. 하지만, 위험이 반영되지 않은 이 의결은 자신의 선호가 아니라 불호하는 안건의 통과를 막기 위하여 점수를 특별히 배분하거나, 기타 **전략적 행동**이 가능하여 결과는 조작 가능해지고 사회 최적의 결과를 유도하지 못한다는 단점이 있다.

그렇지만 우리는 여기서 사회 선호의 집약이 가능하다는 점을 알게 되었다. 적어도 민주주의의 절대적인 한 표로는 이러한 기능을 구성하지 못한다. **다수표는 분명 단일표보다 합리적이다.**

AB. 간절함의 기원(起源)

의결에 위험이 반영된다면 전략적 행동은 나타나지 **않는다.** 그럴 수밖에 없는 이유는 효율성이라는 측면에서 단위 위험당 기대수익이라는 우월함을 논할 수 있게 되므로 개인들이 어떠한 전략을 취하든, 지배관계라는 진리 아래에 자연적인 균형이라는 결과는 하나로 존재하게 되기 때문이다.

따라서 점수투표제 형식의 다수표에 위험이 반영된 의결권에는 의결권자들의 간절함이 반영될 수 있다. 이제 논의해야 할 것은 이 의결권을 통한 의사결정이 사회의 가치극대화로 연결될 수 있는지 알아보는 것이다.

AC. 시스템 정치

그전에 먼저, 시스템에 따라, 사회적 선택을 내리는 주체의 차이를 이해할 필요가 있다. 민주주의 시스템은 정치대리인을 선출하고 그들이 사회의 중요한 선택을 결정한다. 대리인들은 개인으로서, 그들의 행동 경로는 완벽히 예측될 수 없다. 따라서 주인-대리인 문제가 발생한다. 주인들의 목표와 대리인들의 목표가 서로 다르기 때문에 발생하기도 하고, 합리적인 유인이 없기에 나타나기도 한다.

예를 들어, 주식회사에서는 임기가 정해진 경영대리인이 단기적인 성과를
취하기 위하여 장기적인 과업을 내려놓기도 하고, 임기 초에 회계적인 큰 손실

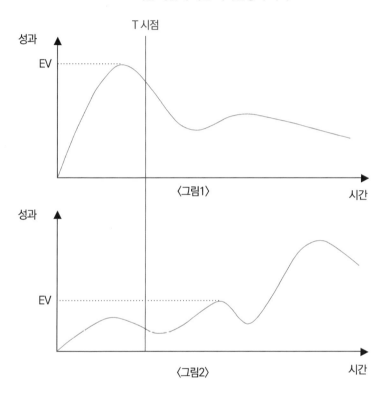

그림 1-6. **책임 마감에 따른 의사결정의 차이**

〈1〉과 〈2〉 어떤 것을 선택하는지에 따라 기업의 성과는 위와 같이 결정된다. 〈1〉의 최대 성
과인 EV는 〈2〉가 이룰 성장세에 비하면 초라하나, 의사결정자인 당신이 T 시점에 이 기업에
서 이탈할 것이라고 예상된다면, 두 의안 중 어떤 의사결정을 선택할 것인가?
이 문제는 당연히 공적 영역에서의 가치극대화 실패의 한 원인이 되기도 한다. 경제적 기업
에서는 스톡옵션이나 다양한 방지장치들을 마련하고 있지만, 민주 사회의 공적 영역에서는
그런 일이 신축적으로 일어나지 않는다. 그 결과, 단기적인 포퓰리즘이 주장되고, 국가의 부
채는 늘 발행된다.

을 인식하기도 하는 등 기업가치극대화라는 결과를 기대하지 못하는 행동들을 할 수 있다. 이를 막기 위하여 경영대리인들에게 주인들의 목표를 이루는 것이 자신들에게도 이익이 되게끔 유인 설계를 하기도 하는데, 그럼에도 그들은 개인이라는 한계를 뛰어넘지는 못한다.

궁극적으로 개인이 주도하는 사회적 가치 극대화란 허황된 이야기와 같다. **따라서 사회가치 극대화는 개인이 아닌, 시스템으로 이루어야 한다.** 개인 단위로 조작하는 유인 설계 따위는 미봉책에 불과하다.

시스템이 주도하는 사회적 선택은 세계 정의를 향한다. 힘의 행사에 있어서 우리는 모두 위험 앞의 평등을 경험한다. 위험과 보상의 논리는 우리들의 의결 결론에 자연성[19]을 부여한다.

AD. 유위험 의사결정

가장 이상적인 의결 시스템을 설계해 보자. 먼저 앞서 논의한 대로 개인들의 간절함을 아주 잘 반영해 줄 특별한 의결권이 필요하다.

그다음 가장 단순한 시스템을 그려보면 세계의 의결권자들은 각자 자신들이 생각하는 가치에 따라 자유롭게 의결을 행사하는 것을 그려볼 수 있다.

중요한 점은, 의결참여자들 모두는 자신이 지닌 권력의 행사에서 아주 강력한 위험을 경험한다는 것이다.

의결권의 행사에 위험이 있다는 의미는, 의결권의 편차가 존재한다는 의미

---

19   자연성은 진리에 닿은 의사결정을 앞에 두고, 항변할 수 없는 성질을 의미한다. 자세한 내용은, 3장 '의사결정'에서 다룬다.

와 동일하다. 그러나, 부의 편차를 당연하게 여기는 자본주의 사상의 논리를 빌려, 의결권의 편차가 중요한 것이 아니라, 가진 권력의 크기에 상관없이 행사하는 힘의 크기에 따라 발생하는 **위험의 존재 앞에 우리가 평등해야 한다.** 자신의 극한의 이기심을 위하여 더 큰 힘을 지닐수록, 힘의 행사는 위험이 고려되며 세계 정의를 추종할 수밖에 없다. 그렇게 각자들은 자신들의 공공사회적 기여 수준에 따라 보유의결권을 소유한다.

보유의결권의 수가 간절함을 담아내지 못한다고 하여도, 이는 사회 정의에 조금도 문제 되지 않는다. 세계의 정의는 당신의 보유의결권의 수가 얼마인지 알지 못한다. 그저, 위험과 기대수익의 원리에 의해 세계는 정의로운 만큼 당신의 편이 되어 줄 것이다. 이에 대한 자세한 논의로서, 3장 '의사결정'에서 후술한다. 시스템이 주도하는 질서는 그 결론에 개인 간의 차이를 두지 않는다.

위험이 있어도 이를 감수하고 의결을 행사[20]할 수 있을 때 비로소 간절하다고 볼 수 있다. 위험이 없다면, 그저 장난으로 투표하는 것과 진지한 간절함을 담아 의결을 행사하는 것의 차이를 분간할 수 없다.

---

20 이후 장에서 후술하겠지만 간절하지 않아도 행사될 수 있는 의결권이란, 투기적 요인으로 발생할 수 있다. 하지만, 그렇게 참여한 의결권도 결국 위험에 따라 그만큼 간절해진다. 투기적 요인은 그저 효율적 시장 가설의 설계를 위한 장치로, 세계의 정의에 편승한다.

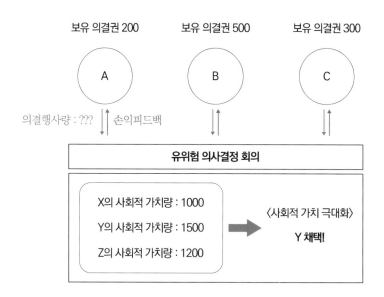

그림 1-7. 사회 상태 X, Y, Z에 대하여...

보유 의결권 200   보유 의결권 500   보유 의결권 300

A   B   C

의결행사량 : ???　손익피드백

유위험 의사결정 회의

X의 사회적 가치량 : 1000

Y의 사회적 가치량 : 1500

Z의 사회적 가치량 : 1200

〈사회적 가치 극대화〉

Y 채택!

> 위험 앞의 자기객관화를 통해 우리는 모든 현상을 명확한 사회적 가치량으로 세어낼 수 있게 된다. 그 결론엔 모두가 수긍할 수 밖에 없는 자연성이 새겨 진다. 이에 대한 자세한 원리는 3 챕터에서 후술한다. 그 과정에서 놀랍게도 임의적인 개인의 참여 거래량은 아무런 의미도 얻지 못한다. 사회적 가치량에는 임의성이 배제되어야만 하며, 명예주의의 합리적인 의사결정 시스템은 의결의 결론에서 임의성을 성공적으로 배제할 수 있기 때문이다.

    물론, 이러한 의결 시스템은 '미래'의 간절함을 논하지는 못한다. 이를 다룰 수 있는 명예의 기능은 '명예법인'에 존재한다. 세상에 이로움을 공급하고자 하는 목적으로 체계적인 활동을 이어 나가는 명예법인의 존재는 생산물들이 신축적이고 효율적으로 공급이 되듯, 새롭고 필요하며 필요할 가치들을 세계에 공급한다. 그들의 활동 보상에는 임의적 의지가 배제된 최고의 효율적인 선택만이 고려될 수 있다.

더는 사회의 가치 판단에서 정치대리인의 의견을 중요하게 여기지 않는다. 명예주의 시스템 아래에서 세상을 이롭게 이끌고 가는 자들은 명예로운 자들이 된다. 시스템으로 짜인 가치보상체계에서 개인들의 기회주의적 개입이나 우연성은 설 자리가 없을 것이다.

합리적으로 보상이 가능해지는 명예의 영역은 당연히 현재 그 역할을 맡고 있던 공무원들이나 기타 위원회들과 비교될 수 있다. 하지만, 체계적이고 극도의 이기심에 기반한 명예법인의 논리는 비용 대비 산출이라는 효율성의 측면에서, 공급량과 가치 범주의 측면에서 그들을 저열하게 한다. 명분을 잃고 갈 길을 잃은 조세는 그들을 대체하여 더 우월한 명예가 창출되었다는 **증표**로 도달할 수밖에 없다.

2장

의결권

사회의 의결권은 언제나 행사 시 위험을 가져야 한다. 일반적으로 이 개념은 주식회사의 주인권을 의미하여, 기업의 의사결정 과정에서 자신의 지분율만큼 회사에 영향을 미칠 수 있음을 의미한다.

'사회'의 의결권이란 말이 어색할 수 있으나, 민주주의 시대에서 모두가 각자 한 표를 행사할 수 있는 권리, 투표권이 이에 대응한다.

의결권은 의사결정에 참여할 수 있는 권리이기도 하다. 우리는 의사결정의 종류에 따라 성질이 서로 다른 의결권을 사용한다. 먼저, 개인과 사회로 구분 짓는 지혜로서, 개인들이 주로 행사하는 의결권에는 회사의 주식이 존재한다.

이 의결권은 거래[1]를 할 수 있다는 특별한 성질이 있다. 경제적인 가치도 존재하고, 법적으로 권리가 보장된 개별 주권은 단독의 수량으로도 의사결정에서 작용하고 거래될 수 있다. 이 주권들은 경우에 따라 시장에서 활발히 거래되고 있으며 모든 사람들은 투자금만 충분하다면 시장에서 주식들을 사 모을 수가 있다. 주식을 모을 수 있다는 말은 복수의 주식을 지닐 수 있다는 뜻이 되는데

---

1   주권의 가치는 계산될 수 있다. 시장에서 평가받은 기업의 시가총액을 발행주식총량으로 나누면 한 주당 적정값을 계산해 낼 수 있다.

가장 많은 주권을 모은 자는 최대주주로 불리고 기업에 큰 영향을 미치게 된다.

여기서 알 수 있는 '영향력'[2]이라는 힘은 바로 의결권 집합을 뜻하는 것이다. 기업들의 정관에는 총발행주식 수가 나타나기 때문에 총발행주식 수와 자신이 보유한 주식의 수를 비교하면 내가 이 기업에서 행사할 수 있는 영향력을 계산할 수 있다.

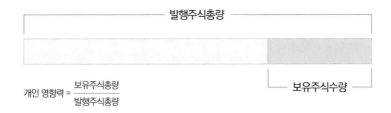

의결권의 종류에는 당연히 민주주의에서 쓰이는 투표권도 포함된다. 사회에서 사용되는 의결권은, 개인들이 사용하던 의결권과는 다르게 몇 가지 차이점을 보이고 있다.

개인의 의결권과 사회의 의결권의 차이는, 먼저 **위험**의 존재 유무로서 구분된다. 기업의 주식은 회사의 주인 된 권리를 나타낸다. 또한, 주식시장에서의 주식가격 변동성만 보아도, 이 주식에는 막대한 위험이 내포되어 있음을 알 수 있다. 반면, 민주적 사회의 투표권에는 위험이 반영되어 있지 않다. 그들은 타인들의 정의에 개입할 수 있는 막대한 영향력의 행사에서 어떠한 위험도 부담하지 않는다.

---

2 영향력은 가장 작은 '자의식의 단위'로서 표현된다. 시스템이란 환원적인 성질을 지닌 기본적인 객체 간의 작용으로 이루어지기 때문이다.

또한 **거래** 가능 여부에서도 차이를 보이고 있다. 회사의 주식은 당연히 거래가 가능하지만, 사회의 투표권은 거래될 수 없다.

영향력이란 곧 권력과도 같다. 권력은 의결권으로서 형성된다. 민주적 정치권력 또한, 국민들이 행사한 투표권의 집합을 그 원천으로 한다. 하지만, 이상하지 않은가? 사회적인 의결권의 거래는 불가능하지만, 사회의 권력에 대해서는 충분히 거래가 가능하다. 권력에 대한 거래는 정치정당의 사례에서 충분히 확인할 수 있다. 정당은 우리 사회를 더욱 이롭게 만들겠다는 '약속'만으로, 정치 권력을 얻어간다.

사회 권력의 거래는 가능하지만, 사회적 의결권의 거래는 불가능하다는 성질은 어떠한 본질을 왜곡하는 비자연성을 보이고 있다. 이 차이에서, 보상불가능성의 부정의(不正義)가 발생한다. '받아야 할 자들은 받아야 한다'는 정의(正義)는 보상의 완전성과 관련된 관념이며, 현재의 민주주의가 사상적으로 완전하지 못함을 보인다. 이런 민주주의는 정의롭지 못한 상태, 불균형을 극복할 수 없다.

이 장에서는 '무위험 의결권'의 한계를 논하고, 이를 극복한 '유위험 의결권'의 자연적인 형태를 제시한다.

A. 민주적 영향력이라는 허상

민주주의를 살아가는 우리들은 각자 한 표라는 동등한 권리를 가지며 국민이 국가의 주인이라는 의식이 자리 잡고 있다. 다수결에 의한 의사결정 방식을 통해 최대 다수의 최대 행복이라는 꿈을 꾸며 모두가 평등하게 권력을 나누어 가질 수 있다고 믿는다.

그러나 분명히 평등하게 서로가 영향력을 나누어 가진 듯하나, 현실은 그렇지 않다. 영향력이란 무엇인가? 자신의 의지를 외부에 관철시키는 힘이다. 모두가 영향력을 똑같이 나누어 갖는다면 모두가 서로에게 미치는 영향력도 같게 되며 이를 통해 실현하는 의결에서 관측되는 '나'라는 자의식의 영향력은, 대립하는 상대의 영향력과 정확히 상쇄되어, 서로에 대하여 행사할 수 있는 초과적인 힘이란 존재할 수 없게 된다.

우리들의 강렬한 염원은 영향력이 되지 못하고, 합의의 결론은 사회적 최적을 보장하지 않는 다수 타인들의 선택으로 이루어진다. 타인의 선택에 기대어 바라는 결과는 결국 자신의 힘으로는 아무것도 할 수 없다는 결과와 같다. 즉 모두가 동등한 의결권을 지닌다면, 모두는 아무 영향력도 지니지 않게 되는 것과 같다.

자신만이 지닌 선호의 체계들은 자아로서 존재한다. 하지만 자아로서 발현한 개성은 피력의 기회도 없이 부정당하고 우리들은 모두 겨우 진보나 보수 같은 강제적인 유형의 묶음으로 분류 당한다. **영향력은 더 고차원의 자의식[3] 수준에서 드러나게 된다.** 개체적 자의식들은 자신들의 선호가 다수에 속하는지 아닌지 선택할 수 없다.

또한, 각 개체들은 실존하지만, 당첨된 고차원 의지가 실현하는 결론이 당연히 개체의 선호에 부합하지 않을 수 있다. **개체군 사고[4]는 민주적 의사결정 방식**

---

3 고차원의 자의식: 투표권의 집합이자, 정치 세력을 의미한다.

4 개체군사고(population thinking)란, 유형적사고(typological thinking)의 반대 논리로서, 자연의 객체들은 거시적이고 유형적인 타입(type)으로서 구분되어 정의되는 것이 아닌, 그 각자가 모두 실존으로서 존재한다고 본다. 반면, 유형적사고는 자연의 객체들은 어떠한 유형에 속하여 있으며, 그 유형에서 일부 벗어난 돌연변이와 같은 객체들을 오류로 본다.

의 근본적인 한계를 보여준다. 당선된 정치인이 당신만을 위한 완벽한 기호를 세계에 적용해 줄 것이라고 생각하는가? 이러한 세계에서 각자의 영향력은 어떠한 식으로든 이루어지지 않을 것이다. 그렇다면 민주주의 시대에서 권력은 어디에 있는가?

B. 사회의 주인

사회의 부분으로 존재하는 개인들은 어떠한 권력도 누릴 수 없다. 권력의 행사에 의무와 위험이 따르지 않는 민주주의 원칙은 그 누구에게도 권력을 부여하지 않는 길을 선택했다. 개인 단위에서 나타나는 권력이란 매우 위험할 수 있다.

개체적으로 누구도 권력을 가질 수 없기에, 국민들은 사회의 진정한 주인이 되지 못한다. 누구도 자신과 얽히지 않은 사회의 문제를 자신의 문제처럼 다루고자 할 합리적인 유인이 없다. 그렇기에 우리들은 사회에서 발생하는 수많은 고통의 연속에서 그저 방관한다. 자신과는 상관없는 이야기인 것처럼, 사회를 자신과 분리한다. 왜 우리는 사회의 주인이 되지 못하는가?

'진정한 주인'이란 무엇일까? 내가 어떤 재산에 대한 실질적이고 완전한 소유주라고 가정해 보자. 이 재산은 가치가 높다고 평가되며 세심한 관리가 필요하다. 관리를 방치한다면 나는 재산적 피해를 입게 되며 그렇게 되지 않기 위하여 그 가치를 보존하려 노력한다.

이와는 대비되게 완전한 소유주가 아닌 경우를 상상해 보자. 어려서 놀기 좋아하던 나는 동네의 공원에 놀러 가서 시설을 즐기고 친구들과 재밌는 장난들을 친다. 공원은 국가의 소유이고 국가에는 국민이 주인이라는 규칙이 따르기에 이 공원은 내가 이용하는 동안 내가 주인임에 틀림없다. 심한 장난을 치다가 우리 꼬맹이들은 공원 시설을 일부 파괴하기도 한다. 파괴된 시설을 보면서 꼬맹이들은 안타까워하지만 자신의 소중한 장난감이 망가진 것처럼 상실감을 느끼지는 않는다. 본인의 집에 돌아가서 쉬다 보면 언젠가는 잊고 다시 새로운 공원을 찾아 떠나기 마련이다. 이 사례에서 과연 꼬맹이들은 공원에 대한 진정한 주인이라고 할 수 있는가?

무언가를 소유한다는 것은 수많은 권리의 집합으로서 존재한다. 특히, 우리는 인간으로서 자연히 누리는 권리들이 존재한다. 그러한 기초적인 권리조차 필연적으로 어떠한 의무가 수반된다. 예를 들어, 천부인권설에 따라 우리는 행복추구권 같은 다양한 이름의 권리들과, 사회계약설에 따라 국가로부터 안전보장권과 자연권 등의 수많은 이름의 권리들을 부여받았다. 그 결과, 우리는 기초적인 인권들을 얻었지만, 세무의 의무를 짊어지며 국가에 혈세(血稅)를 바친다.

C. 거짓된 사회의 주인

사회의 권리에는 그 크기에 맞는 무게의 대가가 따른다. 권리가 클수록, 의무는 중요 해진다. **정치 의사결정을 다루는 영역에서, 큰 영향력은 반드시 그 이상의 책임이 따라야 한다.** 영향력은 크나 책임은 지지 않는 자리는 독재와 다름이 없고, 폭군정과 마찬가지일 뿐이다. 누군가의 행복에 개입할 수 있는 사회 의사결정에서, 무책임하고 유희적인 의결권의 행사는 그저 폭력과 같다.

이와 마찬가지 논리로, 영향력을 논하는 사회의 작용 속에서 의무가 없는 권리는 무서운 흉기가 된다. 권력은 상대적이며, 기본적으로 제로섬게임[5]의 본질을 띠고 있기 때문이다.

민주주의는 국가에 행사할 수 있는 권리로 유일하게 투표권만을 제시한다. 시민권, 안전보장권 등 여러 권리 중에서 오직 투표권만이 진정한 주인의 징표라고 나설 수 있는 이유는 다른 것들과 달리 타인 간 갈등에 관한 힘의 우열로 의결을 이끌어낼 수 있기 때문이다. 다른 권리들은 사회의 모든 구성원들에게 이견이 나타날 수 없고 따라서 행사를 할 필요가 없다. 이러한 권리를 특별히 행사해야 할 수준의 국가 수준이라면 국가의 기본적인 역할도 하지 못하고 있는 사회이므로 스스로 주인 된 권리를 포기하는 것이 옳을 수도 있다.

따라서 국가에 행사할 권리는 오로지 투표권만 남게 되는데, 이 투표권의 행사에 있어서 의무는 나타나지 않는다. 하지만 국가라는 사회 권력을 논하기 위해서는 **권리에 의무**(책임)가 있어야 한다. 따라서 국가는 국민에게 사전적으로 다음과 같은 거래로서만 권리를 부여하여야 한다.

차) 권리[6]	xx	대) 의무	xx

이 거래가 뜻하는 바는, 사회 구성원들은 각자 권리라는 자산을 얻고, 그 대가로 의무라는 부채를 부담한 거래와 같다.

배타성이 별로 필요 없는 안전보장권 같은 권리에는 세무라는 의무가, 그것

---

5   의사결정은 결국 지분율의 게임이다. 지분율의 총합은 결국 필연적으로 1로서 결정된다.

6   이 회계처리는 거래를 보여준다. 그 의미는 권리를 얻고 의무를 부담하는 것을 표현하였다. 회계 원리의 개념을 알지 못하더라도, 거래의 상세한 서술을 같이 설명할 예정이므로, 이 내용을 어렵게 생각하지 않아도 된다.

을 넘어서는 '행사가 기대되는 권리'에는 '어떠한 책임'이 부과되어야 한다. 즉, 의무가 없는 것은 타인과의 사회 정치작용 속에서 권리가 되지 못한다. 권리는 있지만 의무가 없다면 그것은 사회에서 정의롭지 않다.

그러나 놀랍게도 민주주의하 투표권에서는 의무가 부과되지 않는다. 우리가 투표권을 행사하더라도 어떠한 책임도, 의무도 뒤따르지 않는다. 권리의 부여 단계에서 우리들은 기만을 당하고, 모두가 동일한 권력을 소유한 것으로 착각한다.

이는 치명적인 오류가 있어서 우리를 간절함에서 꺼내 주지 못한다. 더욱 이상적일 수 있는 환경을 상상하지 못하고 주어지는 것에만 만족할 수밖에 없는 운명과 함께한다. 의무의 크기가 없는 만큼, 사실 권리도 누리지 못하였다.

위험이 반영되지 못한 투표권은 아무것도 아니다. 그리고 아무것도 아니어야만, 실제로도 학급 인기 투표하듯 재미 삼아 투표에 나서는 사람들이 존재할 수 있는 것이다. 그래야만, 정치에 무지한 채 그 영향력을 무서워하지도 않고 함부로 의결을 행사할 수 있는 것이다. 그렇게 마치 자신과는 아무 상관도 없는 것처럼 정치에 완전 무관심할 수 있는 것이다.

그럼에도 투표의 결과는 존재하고 개인들에게 영향을 미칠 수 있으나, 이는 정의로운 의결권으로 실현된 영향력에 기인하지 않는다. 사전에 정리했듯이 민주적 의결의 결과는 사회적 최적을 보장하지 않고 의지의 개입과 임의성을 보인다. 그러한 의결의 결론은 당연히 사회의 주인이 아닌 임의적 의지가 결과를 형성한다.

하지만 민주적 의결의 안건은 결정되고, 대리인은 정해진다. 영향력은 안건이 채택되었다는 인식에서 나타나며, 유형(type)의 기준이 되어 버린 대리인들이 취한 권력에서 나타난다.

구체적으로 얘기하자면, 영향력은 '세계의 정의(正義)'가 실현하는 것이 아니라, 임의적 약속의 부산물일 뿐이다. '나'의 최선을 보장하지 못하는 의안을 선택한 것은 '나'가 선택할 수 있는 진리가 담긴 옵션이 아니다. 임의성이라는 영향력에 의해, 우리들의 합의는 진리가 아닌 '약속'이 마침표를 찍는다.

예를 들어, 만약 다수표가 아닌, 소수표가 안건 채택의 기준이라고 모두가 약속한 세계가 있다면 그러한 사회에서도 다수결의 결과와 같이 이상을 보장하지 못하는 결정이 나타나고 그 결정에 따라 구성원들은 사고하고 행동할 것이고, 이것이 의미하는 바는 쓰레기들이 모여서 산이 되어 그 산에 이름을 붙여준 것과 같이, 그저 안건이 채택되었다는 인식에서 그 안건을 실현할 행동양식이 불러일으켜지는 것뿐인 것이다. 이것이 투표로 나타난 결과가 미치는 영향력의 실체이며 세계의 정의가 인정할 수 있는 영향력이 아니다. 결론적으로 투표권으로는 사회의 정의로운 권력을 흉내조차 낼 방법이 없다. **사회의 진정한 의결권임을 피력하기 위해서는, '어떠한 책임'이 권리와 함께 부여되어야 한다.**

D. 권리에 내재된 위험

권리란 주인에게 특정한 효용을 제공한다는 증표와도 같다. 가장 근본적인 권리의 형태라고 볼 수 있는 화폐는 그 소유주에게 표시 액면만큼의 상품[7]이라는 효용을 제공할 수 있음을 나타낸다.

보유한 현금의 가치는 물가상승, 환율 같은 변수에 의해 변동할 수 있다. 현

---

7   그 상품을 누리는 자들이 주관적으로 느끼는 효용은 사람마다 다를 수 있다.

금을 그대로 보유한 자는 화폐로부터 얻어낼 효용의 변화가 나타날 수 있다. 예를 들어 100의 액면 화폐를 보유한 사람은 10가격의 사과 10개를 얻을 수 있었으나, 물가가 두 배로 상승한다면 100의 액면화폐로 실질적 효용을 담당하는 사과를 5개밖에 구입할 수 없게 된다.

이러한 원리는 통화에만 국한되지 않는다. 당신이 바나나 100개를 실물로 지니고 있다고 한다면, 시간이 지남에 따라 바나나의 시장 가격변동에 따른 손익에 노출되고, 상품의 보관 품질에 따라 바나나가 상하거나, 분실되어 감모손실도 발생할 수 있는 등, 이 같은 종류의 위험으로부터 절대로 벗어날 수 없다.

추가적 효용을 기대하게 하는 모든 권리는 반드시 불확실한 효용의 변동을 포함한다. 대가를 온전히 얻길 원한다면, 예상되는 가치 변동의 변수들에 대해 심도 있는 고민을 해 보아야 한다. 효용극대화를 위하여 대상의 가치 변동의 최소화라는 의무가 새롭게 발생하게 된다. 이러한 개념은 **위험**[8]**으로 불리며 미래의 불확실성에 기인한다.** 미래가 확실하다면 누구도 위험을 느끼지 못한다.

바나나의 대가를 온전히 받아내기 위해서는, 보관 및 품질관리에 대해 '어떠한 책임'이 필연적으로 수반된다. 보유한 화폐의 가치변동 불안을 해소하기 위하여, 당신의 영향력으로는 통제할 수 없는 변수들에 대해 위험관리 전략은 필수적이다. 이처럼 세상 만물 소유의 증표들은 어떠한 책임, 즉 **재무적 위험**에 노출된다.

물질에 가치가 있다면, 공정한 거래를 목적으로 서로 다른 물질 간의 상대적인 가치량 비교 체계를 수반한다. 쉽게 말하면, 효용을 누릴 수 있는 모든 것에

8 　재무적으로 위험은 변동성을 의미한다. 재무적 위험의 관념적 의미는 5장 '명예법인'에서 쉽게 이해할 수 있다.

대해, 가격을 매길 수 있다. 이렇게 명확히 측정되는 가격, 즉 가치량은 물질의 위상을 표현한다. 이로써 서로에 대한 가치량의 상대적인 차이를 가격을 통해 쉽게 이해할 수 있다. 이 가치량에 불확실성이 개입된다면, 재무적 위험의 조정이 필연적으로 수반되며, 그 위험의 크기는 명확히 측정[9]될 수 있다.

이와 마찬가지로, 관념적인 소요에 관한 가치량도, '의결권의 집합'에 의한 정치로서 상대적인 비교 체계를 도입할 수 있다. 쉽게 말하면, 의결권에도 명확한 재무적 위험의 크기를 표현할 수 있다. 사회의 권력, 의결권에 필수적으로 수반되던 어떠한 의무란 사실 재무적 위험을 의미하는 것이었다. 이는 인위적인 우리의 약속이 아닌, 유위험 의사결정 체계에서, 주어지는 권력의 크기만큼 **자연적으로** 설정되는 것이었다.

따라서 국가의 의결권에는 위험이 반영되어 있어야 한다. 위험이 없다면 그 주인들에게 기대하게 할 것이 무엇도 없다는 뜻과 같다. 의결권에는 위험이 반드시 존재해야 한다는 개념은 이미 현실 세계에서 아주 합리적으로 구현되어 있다.

그 사례로서, 바로 주식회사의 주주와 의결권이 있다. 주식회사의 주주는 직관적으로 봐도 당연히 합당한 회사의 진정한 주인이고, 상법이 그 소유권을 보장하며, 각 주주들의 주인의식은 강력하다. 주식회사의 주주들은 특정 수량의 주식을 가지고 있으며 이 주식들은 시장 평가에 의해 매우 민감하게 반응한다. 기업이 향후 얼마나 수익을 낼 것인지에 따라 주가는 요동치고 주주들은 강력한 주식가치 변동이라는 위험에 항상 노출되게 된다.

---

9   위험조정할인율에 대한 구체적인 논의는 재무학에서 모두 정리되어 있으며, 5챕터에서 간단히 설명한다.

위험이 없는 권리란, 놀이터의 시설물을 망가뜨리고 난 후, 진심으로 자신의 것이 아니라고 생각할 수 있는 허상과도 같다. **진정한 주인 된 권리란, 결국 위험에서 나온다.**

E. 무능한 민주주의: 무위험 의결권

하지만 현대 민주주의에서 투표권에는 어떠한 위험도 수반되어 있지 않다. 투표권을 행사하면서 어떠한 가치량 변동의 위험도 마주하지 않는다. 민주적 투표권은 위험에 대해 완고한 태도를 취한다. 그러한 것은 사회 의결에서 존재해서는 안 된다.

그럼에도 불구하고, 무위험 투표권이 사회 의결의 구색으로 사용되고 있는 현실에서, 의결권이 위험에 반응하지 않는다는 것은 무슨 의미를 갖는가? 위험은 변동성이고, 편차이다. 편차가 없다면, 이 복잡하고 까다로운 세상의 문제들 속에서 낼 수 있는 답이 겨우 흑백논리뿐이라는 것이다. 회색의 영역은 오로지 담당 관료의 판단으로 결정된다.

세상은 복잡하고 그중 최선의 판단이 요구되어야 하는 정치적 의사결정과정은 정치의 대리인이 주도한다. 하지만, 그들의 임의적인 판단이 부른 결과는 어느 누군가에게 납득될 수 없다. 대리 제도를 통한 주인들의 선의(善意)는 대리인들에게 의무가 아닌 권리로 변모되어 그 스스로의 격을 끌어내린다. 그렇게 잃어버린 신뢰는 언제나 저항에 시달린다. 정치적인 대통일의 이상은 실현되지 못하고, 믿지 못하는 대리인에 의지하는 의사결정은 반드시 한계에 부딪힌다.

정치대리인이 아닌 투표권으로 실현하는 의사결정의 한계 또한 명확하다.

간접민주주의[10]가 아닌 직접민주주의조차, 보상의 완전성이 확립되지 못한 세계에서는 동기의 부족으로 인해, 누구도 의결에 참여하여 복잡한 안건을 탐구할 합리적인 유인을 가질 수 없다. 또한 단일표라는 구조적 문제는 민주적 투표권으로 결정지을 수 있는 의사결정의 종류 범위마저 제한한다.

예를 들어, 국가 복지를 위한 A와 B의 분배비율(%)을 결정하는 의안에서 민주주의로 결정할 수 있는 방법은 없다. 1%부터 100%로 % 이하 소수점은 과감히 무시하고 소분 후 투표를 할 것인가?

위험이 없는 민주적 의결권으로는 어떠한 방식을 도입하든, 세계의 정의가 인정하는 균형 분배비율을 찾아낼 수 없다. 이 분배비율에 관한 민주적 투표는 이미 의견의 종합에서부터 이상적이지 못하나, 그 결과조차도 절대로 사회적인 선을 보여주지 못한다.

마찬가지 논의로, 민주투표권으로는 가치량 평가 의사결정을 하지 못한다. 가치량 평가란, 기업 시가총액의 결정처럼 자연적으로 이루어져야 한다. 하지만, 위험이 존재하지 않는 의사결정에서는 그 결론에 어떠한 **자연성[11]도 부여할 수 없다.**

A특성의 국민들에 대한 복지필요 금액을 산출하는 결정 또한 민주적인 의사결정 방식으로는 정할 수 없다. 0부터 무한까지 일일이 자연수를 나열하여 투표할 것인가? 위험이 없는 투표권으로 정한 결과가 과연 사회적 최적을 보장할

---

10 간접민주주의의 이상은, 사회적 최적을 보장하지 못하는 민주적 의결 결과를 대리인의 통찰과 지혜로 극복할 수 있는 것에 있다. 하지만, 정치대리인들은 사회 최적의 선택을 찾는 것보다, 그저 자신들의 당선 확률 극대화를 위한 다수의 입맛을 선택한다. 즉, 논리적으로 직접민주주의와 결론의 차이는 없으면서, '대리인 비용'을 추가로 요구하고 있다.

11 자연성이란 가격과도 같이, 주어진 진리에 어긋난 선택을 하는 자에게 스스로의 잘못으로 여기게 만든다.

수 있는가?

예를 들면, 독거노인들을 대상으로 하는 적정 복지 재원에 대한 의사결정은 다수결로 결정을 내릴 수가 없다. 의결참여자의 수와 재무 복지 재원은 서로 단위조차 결이 다르다. 그들이 필요로 하는 재원 소요량에 대한 판단도 그저 담당 관료의 임의성에 기댈 수밖에 없다. 상호 배타적 의안만 그저 행동 양식으로서 확인할 뿐인 무위험 투표권은, 단지 허상으로 가득하다.

민주적 의결의 한계는 이뿐만이 아니다. 거시적인 의사결정은 가치량 결정이나 분배비율의 설정만 존재하는 것도 아니고, 매 순간마다 실시간으로 수많은 의안들이 추가되고 있는 현실에서 그 모든 것을 국민들이 일일이 투표해 줄 수는 없는 구조이다.

국소적 안건에 대한 자발적인 의결환경의 조성은, 국가에 억지로 직접민주주의를 도입하더라도 불가능하다. 우리가 본래 알고 있듯, 위험도, 기대도 없는 타향적이고 국소적인 의결에 자신이 진정으로 공감하고, 자신의 일인 것처럼 다루듯이 살필 수는 없다.

주인들이 각자 스스로의 이권을 결정짓는 안건들에 대하여 본인들이 참여하지 않고 대리인을 내세우는 현실에서, 주인들은 그들의 이권을 결정짓는 의결들에 능동적으로 참여할 필요조차 나타나지 않는다. 간접민주주의를 채택하였더라도, 원한다면 주인들은 직접 의결에 개입할 수 있을 것이나, 그러지 않는다. 대리인들의 무능과 악의에 의해 발생할 피해의 기댓값보다 매 순간의 안건들에 대한 의결을 고민하고 투표하러 나가는 행위의 대가가 더 비싸다고 본다.

마주하는 정치적 무력감과 함께, 실현하는 결과에 진리가 없음을 느끼고 나면 자신과 상관도 없는 수많은 분야의 정치테마에 영향력을 행사할 어떠한 합리적 유인도 있을 수 없다. **자신과 국가를 그렇게 분리하면서 필연적으로 깨닫는**

사실은, 스스로가 국가의 주인이 아님을 잘 알고 있다는 점이다.

F. 부정의(不正義)한 세계의 대안

민주정에서는 사회적 의사결정에 대한 즉각적이고 효율적인 답을 국민들이 직접적으로 내어놓질 못하므로, 정치대리인을 필요악으로서 도입할 수밖에 없다. 그러나 그 결과는 언제나 무책임한 듯이 세계에 부정의(不正義)와 갈등을 심는다. 그렇게 내리는 결론은 손쉽게 바뀌는 집권 정당의 성향처럼 변동한다.

대리인의 초과영향력은 필연적으로 사회에 다양한 비용을 발생시키고 자원을 갉아먹으며 사회가 이상(理想)으로 향하는 길을 막아선다. 이상에 닿지 못한 죄업은 그만큼 사회가치손실로서 주인들이 직접 책임을 부담한다.

하지만, 우월한 대안이 준비되는 신세계 질서에서는 이상사회에 닿기 위한 균형 잡힌 의결의 결론을 얻을 수 있다. 결론을 뒤엎을 필요가 없는 선택은 비가역성[12]을 내포한다. 미개한 사회로 되돌아가지 않도록 하는 자연의 원리가 작동한다.

임의적이고 형편없는 정치대리인이 아닌, 세계 정의라는 진리가 <u>스스로</u> 당신을 돕도록 하여야 한다. 우리 각자의 이기심으로 인해, 국민은 국가의 주인이 될 수 있다.

---

12   비가역성(非可逆性)이란 어떠한 대상이 반응 시 초기 상태로 되돌아가기 힘든 성질을 의미한다.

G. 민주적 국가의 주인이라는 착각

그러지 못하는 민주주의에서는, 국가의 주인들은 자신들의 문제 해결에 있어서 정기적이고 수동적인 이벤트 외에, 할 수 있는 것이 없다. 즉 민주주의의 무위험 한 표, 다수결 투표 방식은 주인들이 스스로 문제를 해결할 능력도 의지도 보여주지 못한다.

그림 2-1. 절대적인 무위험 의결권

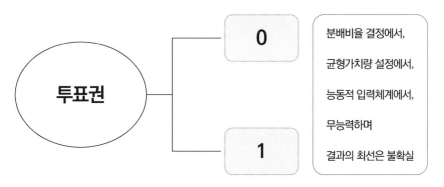

이처럼 무위험 의결권으로 할 수 있는 의결 방식이 많지는 않으나, 결국 신뢰하며 선출한 대리인이 자신의 결정과 같았다고 사후 합리화를 시도해 볼 수도 있다. 더욱 이상적일 수 있었던 수많던 가치극대화 결론들이 전부 기회비용으로 희생된 후에도, 그런 비용이 있었는 줄 모를 수도 있다. 더욱 우월하던 결론을 맞이하지 못하고, 현재의 상태를 자신이 최선으로 이룬 결론이라고 자기합리화 한다.

하지만, 세상은 더욱 비참하여, 신뢰하며 선출한 대리인이 자신의 결정대로 행동하지 못한다고 힐난한다. 정치에 무관심했지만 정치인들은 죄인으로 여긴다. 정치대리인 실패를 보며, 자신은 그를 뽑지 않았다고, 자신이 투표했던 타 후보가 당선되었어야 했다고 혀를 찬다. 이 모든 것은 결국 민주 시스템의 뿌리 깊은 결함에 기반한다.

H. 민주주의: 비이상적 시대 균형

0, 1로 표현되는 투표권들의 집합 정보들이, 컴퓨터가 반도체에 간히고 흐르는 아무것도 아니던 그 작은 전자적 존재와 부존재의 정보들을 집대성하여 놀라운 결과물들을 보여줄 수 있듯이, 어떠한 이상적인 결과물을 보여줄 수 있을 것이란 기대를 해 볼 수도 있다.

현재의 세계도 일단은 그런 식으로 운영되고 있으며 비이상적이라고 해도, 여태까지 존재한 다른 체계에 비하면 크게 불편하지도 않고 그럭저럭 살 만할 수도 있다. 물론 역사의 흐름 속에서도 이런 사고체계는 어디서든 볼 수 있었다. 예를 들면 "우리는 불을 가지고 이용할 수 있게 되어 다른 만물을 지배할 수 있음에 감사드려야 합니다", "국왕님이 성군이셔서 행복하다네", "도시에 냄새가 좀 나긴 하지만 씻지 말고, 하이힐을 신으면 살 만해", "컴퓨터를 개인이 써서 뭐 해?" 같은 시대의 정신들은 자신들의 세대에서는 너무도 느리게 흘러가는 시대 시간을 체감하지 못하므로 현실과 타협해 버릴 수밖에 없다.

발전은 현재에서 만족하지 않을 때 일어난다. 우월한 처리능력을 보여주는 컴퓨팅 시스템은 더 우월한 계산처리능력을 보여주는 새로운 컴퓨터의 등장으로 이상적이지 못하게 된다.

하지만 민주주의는 결과물 출력조차 원하는 대로 할 수 없는 고장 난 컴퓨터

와도 같다. 그들이 실현하는 프로그램은 언제나 안정적이지 못하다.

I. 시현 불가능한 민주주의 프로그램

민주정에서는 여러 가지 기술적인 문제점이 나타나기 때문에, 지지력 행사에 따른 2진법 정보처리 방식은 이상적인 결과물을 표시하지 못한다.

먼저, 정치대리인은 독재의 방지를 위해 필연적으로 임기를 가져야 한다. 하지만 국가적인 프로그램이 5년 내에 쉽게 끝날 수 있는가? 이는 민주주의 프로그램의 저열한 안정성이라는 문제의 한 면에 지나지 않는다.

또 다른 면으로서 현재의 투표권에는 상당한 부분으로, 무지나 장난으로 인한 의결 참가의 경우가 나타난다. 장난으로 인한 참여란 합리성이 배제된 의결 참여를 의미한다. 이런 비자연적인 의결의 참여를 개선할 수 있는 긍정적인 요소가 있는가?

권력 행사의 가벼움에 대한 장벽을 만들고, 정보의 비대칭성을 개선하여 비자연적인 정크 데이터들을 최대한 선별한 선택이 운 좋게도 사회적 최적과 일치할 확률을 높이는 것이 민주주의에서 기대해 볼 수 있는 전부이다.

그럼에도 불구하고, 유의미한 결과물은 확신 되지 못한다. 정치의 전략적 행동이 그 의결의 결과를 바꿀 수도 있을 만큼, 민주적 의결에는 합리적인 진리식이 존재하지 않는다. 심지어 개인들 중 누군가는 어떠한 계산도 없이 투표하고, 나중에는 자신의 선택을 손바닥 뒤집듯 바꾼다. 합리성이 배제된 의결권은 비일관적인 가변성을 내포한다.

구체적인 예로, 컴퓨터 시스템에서의 각 반도체 방에 전자를 저장시키는 데이터 입력은 자연의 원리를 따른다. 그러나 투표를 하거나 안 한다는 이분법적 정보부터 누군가는 당일의 기분이나 우연에 의해 갈릴 수도 있기 때문에 자연의 원리로 결정되지 않는다.

이런 성격의 데이터가 저장되고 이 데이터로 이루어진 프로그램은 절대로 원하는 출력을 얻어내지 못한다. 자연적인 데이터들은 특정한 전기신호를 통해 유도되고 다루어지나, 비자연적인 저장 값들은 분명 특정 전압에 해야 할 반응을 하지 않고 스스로 변화하며, 버티는 것과 같은 기이한 것이기 때문이다.

프로그램의 실행으로 인해 변화되는 데이터는 그 프로그램의 안정성을 위협한다. 이해가 쉽게 사례를 들면, 국민에 대한 평등성을 주장하며 모든 국민에게 상당한 기본소득을 지급하고 보편적 복지를 실현하겠다는 정치인에게 이끌려, 정치경제의 이해도가 떨어지는 개인 A는 지지력을 표현한다. 그러나, 보편적 복지는 공짜로 이루어지지 않는다. 새 정부가 들어서고 증세안이 통과되면, 이 개인은 예상하지 못한 큰 세금 압박에 강한 저항을 보일 수 있다. 또한 높은 세금에 부담을 느낀 기업들은 해외로 이탈하며 국내 생산은 감소하고 이 개인은 국가체계성으로부터 비롯된 큰 손해를 입게 된다. 따라서 정부에 대한 지지는 철회되며, 좀 더 평등하고 기본소득을 지급받는 정책결과물은 제 그림을 온전히 그려내지 못한다.

가볍게 의결에 참여하는 마음은 임의적이므로 정보값 안정성은 언제나 불안정할 수밖에 없다. 정치대리인의 입장에서 국민들이 지지해 주기에 주장하던 정책을 실행했더니 갑자기 국민들이 태도를 바꾸고 정책으로 인한 결과나 영향이 마음에 들지 않는다고 지지를 철회하여 정책 추진력에 제약이 걸릴 수 있다는 것이다.

이런 한계점들은 무위험 의결권이라는 시스템의 근본에 기반한다. 그 모든 한계를 극복하고 민주주의가 뛰어나고 이상적인 결과를 도출할 확률을 가능한

한 극한으로 높다고 하더라도, 더욱 정확하고 빠른 계산으로 사회 최적을 계산해 내는 우월한 산출 시스템의 존재는 완벽히 실현된 민주주의라도 초라한 결과물로 치부해 버린다.

J. 다수결의 폐해

세계 정의를 갖추지 못한 민주주의는 자유로운 시대의 흐름을 발전적으로 이끌어 가지 못하고 오히려 새 시대의 압력에 눌려 사회 고통을 초래할 수 있다.

정의(正義)란 고전적 의미로 '받아야 할 자가 온전히 받는 것'으로 **보상의 완전성**과 관련된 개념이다. 시대를 초월하지 못하는 민주적 의사결정의 한계점은 필연적으로 시대의 정의로움에 도달할 수 없음을 말한다. 정의로울 수 없다면, 세계에는 초과손익이 요동친다.

부존재하던 간절함이 드러날 때, 구세계와 맞설 수 있는 유일한 도구는 정의에 있다. 반대로 생각하면, 정의의 존재는 그 시대에 부존재하는 간절함을 드러내고 발굴해 낸다. 하지만 민주주의의 유일한 결론인 다수의 이익은 정의와 관련이 없다. 그로 인해 나타나는 폐해는 시대를 소모하고 발전을 억압한다.

구체적인 사례로, 사람은 당연히 그들 사회에 대하여 참정권이 있어야 한다는 정의는 어느 시대에나 옳게 작용할 것이다. 하지만 여성참정권은 대부분의 국가에서 불과 100년도 안 되었고 여성참정권이 최초로 인정된 1893년이나 되어서야 나타났다. 물론 민주주의는 오래전에 이미 존재하였으며, 그 이전 시대의 여성들은 결국 참정권을 누리지 못하고 **시대의 비용**을 짊어진 채 사라졌다.

정치의 변화는 민주주의에서 다수의 결정에 의하여 나타난다. 이미 기존의 시대에서 문제없이 살고 있는 이 다수들은 새로운 여성참정권 시대에 의미를 두지 못한다. 심지어는 자신들의 의결권 지분율이 낮아진다고 생각하여 반대를 할 수도 있었으며, 스스로 가져다 붙이고 생산해 내는 여러 이유들은 그들을 자기합리화로 이끈다. 오히려 여성참정권은 사회에 해가 된다고 주장하며, 여성참정을 반대할 유인이 높다.

여성 참정에 대한 반대론자들이 한 시대를 풍미하다 가고 그 후대들도 전부 교체된 후에, 여성의 정치 참여가 '사람으로서 받아야 할 것'이라는 정의가 드러나 넓게 확산된 후에, 뛰어난 지도자가 훌륭히 이끌어준 뒤에 새로운 시대가 나타난다.

여성이 정치력을 얻게 된 근본적인 이유는 민주주의적 의사결정의 결과 덕분인가? 오히려 그 반대로 민주주의는 이 정의를 실현하는 것에 있어서 고통을 유발시키지 않았는지 생각해 볼 필요가 있다.

K. 대리인이 가져야 하는 유일한 유인

여기서 알 수 있는 점은, 정의를 추구하고 앞장서며 이끌던 영웅들이 각 시대에서 자신들의 역할을 최대한 해냈음에 있다. **대리인의 역할**이란 이러한 것이다. 대리인의 정치적 이익 함수는 세계 정의에 입각하여야지, 다수로부터 얻을 투표권에 기반하면 안 된다.

근본적으로 우리는 다수에게 잘 보이고 표를 얻으려 정치하는 정치인에 매력을 느끼는가? 아니면 정의를 추구하며 세상을 새시대로 이끌어 가는 영웅에게 매력을 느끼는가? 우리는 앵무새 같은 대리인을 원하지 않는다. 사회의견의 종합 정도로 대리인에게 막강한 권한을 주는 것은 너무도 큰 비용을 치른다. 대리인이 제 역할을 해내지 못한다면, 시대 실패를 막아내지 못한다.

정치대리인의 표면적인 이익함수는 다수의 표결을 모으기 위해 주인들의 의지를 실현해 내는 것에 있다. 그러나, 대리인은 앞서 말한 대로 저마다의 이익에 입각하여 주인의 생각과는 다른 의지를 실현해 낸다. 그 결과 더 좋은 사회를 이끌어낼 수도 있지만, 대리인의 이익은 표결 외의 다른 이익 유인과도 언제든지 얽힐 수 있고 이로 인한 정치 실패는 수많은 사례로 역사에 기록되어 있다. 즉 **대리인 이익함수는 특정해 낼 수 없다.** 그 결과 대리인의 결정은 주인들의 의지와 일치하지 않을 수 있는데 그 행동이 선인지 악일지 현 체계에서는 분별해 낼 수가 없다.

L. 대리인의 초과영향력

대리인은 자의식으로서 의사결정의 결론을 지어낼 수 있다. 자의식의 확장을 통해 세계 모두를 아우를 수 있으면 좋겠지만, 그러한 성인(聖人)은 정치대리인이 되고자 하는 이익 동기가 없다. 그렇게 좁은 범위로서의 자의식이 사회의 정책을 결정한다. 예를 들면, 어떠한 정책대리인은 남성과 여성으로 분리한 국민들 중에서, 다양한 분야의 여성 우대 정책을 실현할 수 있다.

이러한 경우, 여성의 참정권 획득을 주도한 시대의 영웅들과 위의 가상 사례에서 나타난 정책대리인의 차이점은 무엇인가?

둘 다 여성의 권리 향상을 목적으로 한다는 공통점이 있다. 하지만 둘의 차이는 극명하게 갈리는데, 바로 의결권에 관한 것이다.

여성참정권을 위한 시대 영웅들은 여성의 **의결권 자체에 도전**하였고 힘의 논리에 개입할 수 있게 하였다. 의결권의 영향력은 정치 권력으로서 상대적이므로, 이 도전의 대상은 결국 주인 모두에게 적용한 것과 같다. 여성들은 그들이 도전하여 쟁취한 의결권만큼 사회 이권을 챙길 권리를 얻고 이는 힘의 균형으로서 보장받게 된다.

하지만 정책대리인의 여성권리 향상을 위한 영향력은 주인들을 향하는 것이 아니라, 특정 집단을 향한다. 진정한 힘은 대리권에 존재하지 않는다. 힘의 균형은 의결권으로부터 비롯되어야 한다.

정책으로 인한 여성의 권리 향상은 힘의 논리로 나타난 것이 아닌 순간의 영향력으로 인한 일시적인 이익을 위하여 나타나는 것이다. 진정으로 여성의 권리 향상을 이루려면 여성의 의결권을 강화하는 방식 외의 다른 모든 여성우대 정책은 힘의 균형을 이루지 못한다. 정책은 일시적이고 변화 가능하기에 언제든지 진짜 힘에 의하여 정책이 다시 조정을 맞을 수 있다.

하지만 의결권으로서 결정된 사항은 사후적으로 정의와 반대되었다는 것을 깨닫는 것이 아니라면 굳이 번복할 이유가 없는 균형을 보장한다. 확인된 결론은 기존 힘의 지지를 얻고 번복 가능성은 낮아진다. 반면, 일시적으로 발생하는 **초과영향력은 의결권이 배제되어 있기 때문에 주인들 모두를 향하지 못하고, 특정 집단에게 발휘된다.** 그렇게 세계에는 초과손익이 요동친다.

M. 불완전한 정보와 시스템으로 인한 권력의 초과 인계

주인들이 사전에 정치계약을 통해 대리인에게 그만한 권한을 주었기 때문에, 나타나는 정책-의결 불일치는 문제가 아닌 것으로 생각할 수도 있다. 하지만, 모든 계약이 옳은 것은 아니다. 정치대리인이 순수한 의도 그대로 지지자들의 의견을 종합하여 대변한다고 하여도, 그 수많은 지지자들과 세력들의 복잡한 내면세계들을 모두 포괄해 낼 수는 없다. 그저 진보와 보수라는 축으로, 무성의한 투표권으로 구분 짓는다.

실제로 각 유권자들은 어느 하나 빠짐없이 가능성과 욕망의 우주를 펼치고 있다. 세대에 따라, 성별에 따라 지역에 따라, 그 외의 수많은 내면의 축들은 우리 개인들의 다양한 가치의 종류와 막대한 소요량을 보여준다. 그러한 관념들과 욕망은 자의식적 개체로서 실존한다.

그럼에도 불구하고 정치대리인이 임의대로 결론짓는 모든 안건들의 바스킷 (basket)에 대해 그 유권자들이 지지했던 것이라고 한다면, 지지하던 사람들이 **개체군 사고**를 뒤엎고 나타나는 **이상적인 유형**(type)에 속하여 있으며, 그것에 일부 어긋나는 소요를 지닌 자들은 전부 오류라고 주장하고 있을 뿐이다.

강제스러운 획일의 논리는 억지스러운 의견 종합이며 간접적인 민주 시스템의 근본적인 한계를 보여주고 있다. 개인 간의 관계로 대리인 계약을 맺는 경우, 당신은 틀림없이 수많은 내용의 권한에 관한 항목들을 정리하며 상황에 맞는 최적화를 시키고자 할 것이다.

그러나, 우리 사회를 대변할 정치대리인은 마치 모든 안건과 권한에 대해 승인을 받은 것처럼 영향력을 행사한다. 심지어 때론 해야 할 일도 하지 않는 남용을 부린다. 우리는 임기적이고 비효율적인 정치대리인을 배제하고, 각 안건마다 우리들의 소요를 따로따로 있는 그대로 대변해 줄 스스로의 자의식, 국가의 진정한 주인이 되어야 한다.

대체불가능성으로 구분되어 이름 붙여진 수많은 종류의 명예적 가치들은 이제 실체적으로 나타날 수 있다. 유권자들은 개체적으로 선호하는 이름들을 스스로 세우면서 저마다의 독자적인 지지를 표출할 수 있게 된다.

N. 정치대리인의 필연적인 권력 남용

정치대리인의 선택은 법적인 대리 권한에 의해 합법적인 테두리 내에서 이루어진다. 그 힘은 오직 대리인의 개성에 기반한 임의성에서 나타난다. 합법적이라고 하여, 반드시 정의로운 것은 아니다. 그들에겐 사회를 이상(理想)으로 인도할 의무가 있다.

그들의 영향력이 남용이 되지 않으려면 반드시 국민들의 후생을 최선으로 만들어줄 합리적인 안건들만 선택해야만 한다. **최선을 이루지 못하는 모든 자중손실은 남용과 같다.**

그러나, 대리인들이 지닌 이익함수와 그들의 독자적인 자의식은, 사회의 최선이 아닌, 자신만의 최선을 찾게 한다. 그들이 자의식을 완전히 내려놓지 않는 한, 선택은 반드시 남용이 된다. 그들은 무위험 투표권이 낳은 정치적 무기력 위에서 군림한다.

이는 선과 악의 구분이나 정의의 기준이 어디에 있는지에 대한 이야기가 아니다. 대리인의 초과영향력은 정책의 그 목적상 누군가의 이득이 되고, 그 열매는 진정한 주인을 위한 것이 아니게 된다. 그저 우연히 세계의 정의와 그 사후 평가가 일치할 때에 '훌륭한 정책이었구나'라고 평가할 수 있을 뿐이다.

여성인권의 정책적 사례에서, 저 작은 세계의 성비가 남성의 수가 더 많게 주어지는 바람에, 의결이 아닌 정책적으로 접근하는 것이라면, 그 생각 또한 틀

렸다. 여성참정권 성취를 위한 영웅들도 그 시대에는 전혀 어울리지 않던 개념을 목표로 하고 노력하고 달성해서 이루었듯이, 모두 한 표라는 민주적 악습을 극복하고 합리적인 정의를 실현할 수 있는 너머의 세계를 쟁취하는 것이 옳다.

O. 무용(無用)한 대리인

민주주의 체제에서는 정부가 직접 가치생산의 활동에 참가하는 것이 아닌 이상, 그들의 역할 최댓값은 정해졌다. 이 경우에 대리인의 판단은 중요한가? 임의적인 판단은 최상의 결론에 언제나 변수를 더한다.

대리인의 사적인 의견이 정책 결정에 조금이라도 개입될 여지가 있다는 것은 최적화의 달성에 반드시 악이 될 수밖에 없다. **최선의 가치실현을 해내고 나서야 그들은 남용의 오명을 벗을 수 있다.** 인간이라는 불완전한 형식에 의해 그런 완벽함은 언제나 실현해 낼 수 없다. 민주적인 방식으로는 그들의 역할에 관한 합리적인 평가도 내릴 수 없다. 그렇기 때문에 민주적 대리인들은 판단이 요구되어서는 안 된다. 그저 의안 제안만으로 그 역할이 충분하다.

직접민주주의가 사회적 최적의 의사결정을 매번 선별해 낼 수 있게 된다면, 대리인 비용은 더는 필요치 않다. 따라서 대리인이 실행하는 정책은 언제나 무력하다.

그림 2-2. **대리인의 정책 무력성**

	의결과 정책이 일치	의결과 정책 불일치
대리권 영향력의 결과	직접민주주의 결과값	힘의 남용

⬇ ⬇

| 간접민주주의 필요성 부존재 | 의결로 정책 폐지 |

└─ 대리인이 행하는 정책은 무력 ─┘

P. 비이상적인 필요악

대리인의 역할은 그저 주인들의 결정을 실행하는 것뿐이라면, 그들에게 무언가를 결정할 권한이 주어져서는 안 된다. 그럼에도 현실에서 그들이 영향력을 갖고 있을 수 있는 유일한 이유는 주인들이 자유로이 무언가를 결정할 수 있는 시스템이 부존재하기 때문이다.

엘리트주의에 사로잡힌 정치대리인들 중에는 "국민들이 국정에 대하여 무엇을 알고 결정하냐"고 반문할 수도 있으나 당연히 정치에 대하여 직접 참여할 국민들에게 아무런 보상도 위험도 없는 민주정 시스템에서는 그 반문이 정답이 되고 만다.

그들의 이익함수는 정의의 추구에 존재하지 않는다. 그럼에도 불구하고 나타나는 정치대리인들의 존재는 필요악이 되어, 하나의 시대실패 사례가 된다.

정치대리인이 진정한 정의를 향하여 행동할 유일한 유인은 **명예**에 있다. 현재의 세상은 명예에 대하여 보상이 존재하지 않기 때문에 이를 추구할 이유가 없다. 반대로 불명예에 대한 보상 또한 없기 때문에, 불명예로 인한 다른 이익이 발생한다면 그러지 않을 이유도 없다.

명예란 정의로울 수 있는 도구의 역할을 할 수 있다. 그 의미 자체도 소득 외 가치의 영역 보상을 위한 것으로, '받아야 할 것이 받아야 한다'는 의미의 보상의 완전성을 추구한다.

정의의 원칙에 따라 뿌린 게 없으면 거두는 것도 존재하지 않아야 한다. 하지만 대리인들의 작품은 무력하나 주인들의 결과물을 자신의 성과로 치환하며 영향력을 얻어간다. 무력하다는 의미는 그들 스스로는 어떠한 결과물도 보여줄 수 없다는 것과 같다.

세계가 이상사회에 도달한다면 정부와 그 부차적인 비용들은 필요하지 않게 된다. 정치의 대리제도는 궁극의 이상세계에서뿐만 아니라 이를 실현해 가는 과정에서도 불필요하다.

현재의 시스템으로는 정치대리인의 초과영향력이 어쩔 수 없이 존재해야만 하는 필요악으로 여겨질 수 있다. 결국 의사결정은 내려야만 한다. 하지만, 우리가 타인들에 대한 이야기를 더욱 신경 쓸 수 있다면 이런 필요악에서 벗어날 수 있다. 대체 가능한 필요악은 더는 사회에서 필요하지 않다. 그저, 사회의 주인들이 내린 명령을 잘 수행해 내는 것이 진짜 관료이고, 그들을 필요로 하는 전부가 된다.

Q. 효율적 세계의 대리인

그렇다면 민주적 의결 과정을 거친 대리인으로 하여금 사회문제들을 결정짓게 하는 것은, 효율성과 합리성을 바탕으로 한 기업에서 주주들이 그들의 이익을 불려줄 대리인을 세우는 것과는 어떤 차이가 있는 것인가?

모두 표면상으로는 주인을 위하여 노력하고 있으며, 주인들의 이익극대화를 추구한다. 정치대리인은 정책을 통하여 의사결정의 이상(理想)을 실현하려 하고, 경제대리인은 경영을 통하여 부의 극대화라는 목표를 실천한다.

정치대리인은 물론이고, 경영대리인에서도 대리인의 비용은 발생한다. 계약 이후 대리인으로 선발된 임원은 회사의 경영성과 증대를 위하여 노력한다. 하지만 자신의 이익 극대화도 추구할 수 있기 때문에, 문제가 발생한다.

대리인은 자신의 사무실을 회사의 비용으로 화려하게 하기도 하고, 회사의 비용으로 고급승용차를 이용하기도 한다. 이 외에도 여러 특권적 소비가 나타나는데, 비금전적으로도 이익을 추구할 수 있다. 예를 들면 업무태만, 특수관계자에게 주는 입사 혜택 등이 존재한다.

경영적으로도 대리인은 '단기적으로 유리한 투자안'과 '단기에는 성과가 없으나 장기적으로 유리한 투자안'의 선택에 있어서, 보통 임기가 정해져 있는 특성에 의해 장기적인 성과보다는 단기적인 성과를 추구하는 유인이 발생할 수 있고, 기업의 지속가능 가치에 심각한 영향을 초래할 수도 있다.

경영대리인의 도덕적 해이를 방지하기 위하여 회사의 주인들은 여러 가지 비용을 부담할 수밖에 없다. 사외이사를 두거나 감사기구를 운영하여 대리인의 행동을 감시하는 데 드는 비용이 있으며, 대리인의 이익이 회사의 이익과 일치하도록, 정기회계보고 같은 주인의 이익에 반하는 행동을 하지 않을 것임을 확신하는 데 드는 확증비용, 여러 대리비용을 지불했음에도 나타나는 잔여손실이 존재한다.

대리인 문제에서 특히 선호되는 해결책에는 스톡옵션제도가 있다. 대리인의 보상에 스톡옵션을 추가하여 대리인의 이익 추구가 주인의 이익과 같아질 수 있게 만들 수 있다. 스톡옵션은 미래의 시점에서 주식을 미리 정해진 가격(행사가격)에 살 수 있는 권리이다. 이 외에도 다양한 방식으로 경영대리인의 행동을 유도해 내어 주인들의 이익과 동기화된 해결책들이 제시되었다.

경영대리인은 결국 의사결정으로부터 주인과 이해관계가 강하게 얽혀 있게 되지만, 이와는 다르게 민주적 대리인은 그들이 결정해야 할 안건들로부터 이해관계가 완전히 독립되어야 한다. 너무도 당연한 사실이며 공공의 이익을 내걸고 활동하는 그들이 사익을 추구하는 것은 도덕적으로도, 대리권을 수여받은 그 목적으로도 부정당하고 말 것이 분명하다.

이해관계의 독립성은 명분으로 존재할 뿐, 실제로는 이해가 얽혀야만 정치의 활동을 할 수 있다. 정당은 이익집단이다. 그들의 활동 전체에 걸쳐 정치 및 물질의 계산은 반드시 고려된다. 그 계산은 주인들의 이익과 동기화되지 못한다. 민주주의에서는 개인의 최선이 사회의 최선으로 나타나지 못한다. 또한 긍정과 부정으로 가르는 보상의 축에서, 정치대리인의 사회활동에 부정적인 보상을 줄 수는 없다. 이해관계가 얽혀 있지 않다는 명분은 그들에게 부정적 결과에 대한 정상적 면책을 제공한다. 보상의 부재는 그들의 이익이 사회의 이익과 다르다는 자의식을 품게 만든다.

정치대리인은 의사결정의 결과로부터 책임을 면제받을 수 있는 특권이 존재한다. 사후적인 결과는 언제든지 예상과 다를 수 있으며 그 기댓값의 위험은 누구도 회피할 수 없다. 생각지도 못한 결과를 초래하였다고, 사회 실패가 완전한 정치대리인의 책임이 된다면 대리 계약을 할 이유가 없어지게 된다. 사회의 엘리트로서 이러한 고위험 관료직이 아닌 더욱 위험이 적고 기댓값은 비슷한 적소로 옮길 수밖에 없다.

사전에 최선이라고 계산되지 못하는 민주적 정치 의사결정에서는 늘 정치 실패가 필연적으로 발생한다. 많은 일이 크게 잘못되어 사회에 큰 손실을 초래하게 되더라도 그들이 미리 정해진 형법상의 잘못을 저지른 것이 아니라면 그저 보직에서 물러나거나 비판을 받는 것 정도가 책임질 수 있는 전부가 된다. 만약 그러한 사회손실을 초래하면 책임을 묻겠다고 일의 시작부터 따져 들며 큰 위험이나 부담감을 강조하였다간 그들은 적극적으로 일을 하지 않는다. 그들은 정치적인 결정의 책임 면책이라는 약속으로 보호되어야 하고, 그 결과 사회는 정치 결과의 최선의 성공을 당연한 것으로 기대하지만, 그럼에도 매번 나타나는 정치 실패의 책임은 사회 구성원이 부담하는 것으로 하는 부정의한 보상을 받아간다.

하지만 경제적 대리인은 사전에 최선이라고 계산된 의안을 실행한다. 그래야만 돈을 가장 많이 벌기 때문이다. 기업 경영에서의 다양한 재무 분석 도구들은 그들이 선택할 수 있는 옵션들 중 무엇이 최선인지 알려준다. 경영 성과가 좋다면, 실질적인 기업의 주인들이 주식가치 상승으로서 수혜를 얻는다. 경영 실패가 발생한다면 마찬가지로 그 주인들이 그만큼의 주주 부 손실을 겪게 된다.

기업의 의사결정은 전문 경영 교육을 받은 경영대리인이 결정하는 것처럼 보이지만, 사실 기업의 의사결정은 그 주인이 직접 결정하는 것과 같다. '기업의 의사결정을 각 주주들이 주권들을 가지고 하지는 않는다'라는 반문이 있을 수 있다. 물론 주주들은 그런 식으로 하지 않는다. 하지만 그들의 의사를 표현하는 강력한 행동들을 신축적이고 적절히 **표현**할 수 있다는 대안이 있다.

그들이 기업 경영에 만족하는 만큼 이사의 연임을 승인할 것이고, 그들이 기업경영에 불만족하는 만큼 주식을 매도하거나 이사의 해임에 의결할 것이다. 그들의 의결권을 가지고 신축적이고 원하는 만큼 효율적으로 행사하는 의사표현은 의사결정에 아주 직접적으로 참여하는 것과도 같다. 그만큼 주가는 변동 과정을 거치며 주주 부의 극대화, 기업가치 극대화라는 과제를 짊어지는 경영 대리인은 사전에 최선이라고 결정된 의사결정을 실현해 내야 한다. 주식의 가격이라는 정의가 의사결정의 주체가 된다.

R. 세계에 불균형이라는 초과손익을 만연하게 만드는 표현제한성

두 세계의 중요한 차이점은 바로, 의결권을 적절한 때에 적절한 수량으로 행사할 수 없는 **표현제한성**에 있다. 이 개념은 근본적인 민주주의의 한계를 보여준다. 표현제한이 있는 의결체계보다, 없는 체계가 더욱 우월하다.

민주적 관료가 내리는 판단은 그들의 존재 목적인 구성원들의 가치의 극대화를 반드시 보장할 수 없다. 최고로 우월한 선택지라는 진리는 언제나 실현되지 못한다.

민주주의는 의사결정의 주체가 '대리인' 또는 '중우정치'라는 점에서, 의결의 주체가 '세계 정의'인 시스템과는 명백한 지배관계로 나타난다. 표현제한성으로 인해 민주주의는 '세계 정의'를 의결 주체로 내세울 수 없다.

민주주의에서 표현제한성이 나타나는 이유는 객체의 측정화 여부에 있다. 기업은 다양한 의사결정을 내리면서 그들이 목표로 하는 수익이란 측정 가능한 경제적 수치를 객체로 삼아 다양한 재무적 경제적 분석을 통해 합리적인 결정을 내릴 수 있다.

예를 들어 불확실한 미래에서 예상되는 위험을 분석하고 손익을 따져서 가장 우월한 투자안을 선별해 낼 수 있는 불확실성의 자본예산기법은, 투자 실행 시 그들의 목적인 기업가치가 얼마나 향상될 수 있는지 계산이 가능하다고 말한다.

간단한 사례를 하나 소개하자면, 불확실한 미래의 모든 잠재성을 고려한 주식 가격은 현재에 실존하고 있다. 주식의 매입으로 인한 자본수익률은 오로지 과거와 현재의 결과가 아닌, 미래 수익의 향상 여부로 결정된다. 자본자산 가격 결정에는 균형식이라는 진리가 존재하고 있으며, 이에 반하여 나타나는 손해는 행위자의 책임이 될 뿐이다.

명확한 측정량은 세계 정의 일부를 실현시킨다. 하지만, 정치의 영역에서는 소득과 부 너머의 가치에 대해 논한다. 정치의 대상에 대한 가치량 측정은 명예주의 사상이 없이는 해낼 수 없다. 이에 대한 가치결정식을 마련하지 못한 불완전한 시스템은 명예의 영역을 표현해 낼 수 없다. 소득을 넘어선 가치의 영역에서 명확한 측정치는 존재하지 않는다.

합리적인 '정의'라고 결정된 결과가 없었기에 우리는 무수한 갈등 속에 휩싸인다. 이것도 옳고 저것도 옳다고 떠든다. 의사결정의 가치는 측정되지 못한다. 의결권에서 드러난 사회 구성원들의 간절함은 세계에 반영될 수 없다.

납득 불가능한 의사결정에 대해 필연적으로 발생하는 부정의를 느끼고 나면, 구성원 간의 다양한 갈등 같은 사회적 손실을 야기한다. 민주주의 체제는 영원한 갈등을 기원한다. 대리인의 초과영향력에 따른 '국민-정치대리인' 문제도 이 갈등의 일부일 뿐이다.

S. 불균형을 가속하는 대리인의 악의(惡意)

대리인의 부패 위험은 거래 상대방의 입장에서 달콤한 간식과도 같다. 경제적 대리인의 무능은 개인 단위의 의사결정과정으로 회피할 수 있지만, 정치적 대리인의 무능은 사회를 향하여 회피가 불가피하므로, 그런 위험의 실현은 공동체의 가치를 무너뜨릴 수밖에 없게 된다.

예를 들어, 자원의존도가 높은 국가는 그 자원의 국제 가격에 따라 흥망성쇠의 길을 걷게 되는데, 이는 하나의 국가 차원에서 억누를 수 없는 거대한 흐름과도 같아서 이 위험에 대응할 수 있는 합리적인 수단은 오직 해당 자원의 변동과 얽히지 않은 생산 전략들의 수립뿐이다. 하지만, 이러한 정부체계가 다가오는 암흑기에 대하여 대리인들의 지지율을 목적으로, 혹은 무능에 의하여 내린다는 선택이 통화량을 풀어 복지를 늘리고, 국가 부채를 억누르려 하는 사례는 필연적으로 경제라는 자연의 벽에 막혀 하이퍼 인플레이션을 불러온다. 종국에는 국민의 부와 가치 모두를 심연으로 추락시킨다.

또 다른 사례로 대한민국 6.25 전쟁 당시 발생한 국민방위군 사건으로 불리는 전쟁 중 발생한 방산비리 사건에서, 공무대리인의 의도적 죄악은 상황을 가리지 않고 발생할 수 있음을 말하면서 비의도적인 무능한 면을 초월하여, 같은 공동체 구성원들의 생명을 앗아가더라도 자신의 이익을 챙길 수 있는 대리인의 한 면을 보여준다.

비단 이 사건 외에도 평상시는 물론 전시에서 방산비리가 없던 전쟁이 얼마나 있는가? 국가의 재무와 수많은 권한들을 대리인에게 맡기는 위험은 현재의 시스템으로 근절할 방법이 없으며 이전에도 일어났고 앞으로도 반드시 발생할 필연의 죄업으로 나타날 것이다.

T. 사회의 진정한 주인을 만드는 유위험 의결 보상 체계

위험이 반영되지 못한 의사결정은 대리인이 잘못된 결정을 내렸을 때, 대중 인식에 있어서 그 잘못의 인정과 책임에 대한 귀책 또한 국민들이 인식하는 것이 아닌 해당 관료가 인식한다. 국정 운영을 엉망으로 했다고 힐난하며 그들의 책임을 들먹인다.

그러나, 국민 자신들이 세계의 진짜 주인이라고, 선택권은 본인들에게 있다고 하면서, 사회실패로 발생한 피해에 대해 잘잘못을 따질 때에는 대리인을 탓하는 경우는 매우 이상한 현상이다.

진정한 주인이라고 모두가 인정하는 주식회사의 주주들은 비록 대리인이 법적인 문제 없이 도덕적 경영을 하였다는 일반적 전제로 경영에 실패하여 그 회사의 주가가 폭락하여도, 그 책임의 귀책은 자신의 투자실패로 여기고 주식가격 결정식에 대한 **순순한 인정**을 보인다.

이 세상의 그 누구도 합법적 가격결정에 대해 인정 못 하는 경우가 없다. 인정하지 못한다면 그저 인성의 문제일 뿐 절대로 합리적 고려 대상이 아닌 것이다.

하지만 민주적 관료들의 복지 실패는 어떠한가? 국민들이 자발적으로 "저희의 잘못입니다. 순순히 저희의 피해를 인정하겠습니다"라고 하겠는가? 절대 그럴 리가 없기 때문에 합리적 의사결정과정에서는 반드시 **진정한 의결권**이 개입되어 있어야 한다. 위험이 반영된 의결권은 자연성이 부여되어, 가치 실현에 대한 결과를 스스로 인정할 수 있다. 맹목적으로 담당관료의 무능을 탓하기 전에, 의결의 책임자로서 참여하고 보상이 결정되는 의결은 명백히 결정된 의안에 대한 저항을 줄이고 수용 가능성을 높인다.

유위험 의결 체계는 개인 참여자들에게도 의결권이라는 힘을 직접 깨닫게

하면서 기존의 무관심한 정치 속에서 지속되는 기술, 경제, 산업, 문화와 그 외 가치 성장의 장애를 효율적으로 해소할 수 있다. 또한 그럴 수 있게 된다면 주식회사의 경영대리인이 의사결정과정을 통해 사전에 기업가치극대화를 합리적으로 추정할 수 있는 것처럼 정책의 대리인도 국가 의사결정 과정을 따르며 사전에 국민 가치의 극대화를 보장할 수 있게 된다.

유위험 의결 체계에는 그에 걸맞은 특별한 의결권이 필요하다. 진정한 의결권에서 우리는 **위험 앞의 평등**을 마주한다. 위험의 힘은 우리에게 어떠한 기대를 하게끔 만든다. 위험[13]의 반대급부, 기대수익률의 존재는 자본적 이기심을 자극한다. 자신의 이기심을 위하여, 세계의 정의와 불변의 진리를 심도 있게 탐구해 나간다. 위험과 기대는 우리를 정의롭게 행동하는 힘이 된다.

국민은 국가의 진정한 주인이 되어 스스로 가치를 이룩하여야 한다. 주인이 되기 위하여, 우리는 행사가 기대되는 특별한 의결 증권을 보유하여야 한다. 의결권으로서 국가의 진정한 주인이 누구인지 논하는 것은 중요하다. 주인이 스스로 공적 가치 생산의 주체가 되어, 우리는 이전보다 더욱 이상적인 사회를 볼 수 있게 된다. 그러기 위하여 우리는 무엇이 필요한가?

준비해야 할 것은 간단하다. 우리는 **특별한 의결권**과 **의사결정 장치**가 필요하다. 기존의 무위험 투표권을 대체하여, 위험이 반영된 의결권이 적합하다. 또한, 3

---

13   물론 무위험에 대해서도 우리들은 기대를 품을 수 있으나, 이는 소유에 대한 보상이 아닌, 시간에 대한 보상일 뿐이다. 무위험에 대한 기대는 제로섬게임이 아닌, 무에서 유가 창조될 수 있는 부의 영역에서 논할 수 있다. 하지만 권력은 제로섬게임이다. 누군가의 상승은 반드시 누군가의 하락을 초래한다. 정치의 영역에서 확실한 보상값이란 존재할 수 없다. 시간만 지나면 안전하게 권력이 상승하는 일은 있을 수 없다. 무위험 가치 증권은 권력이라는 주인권을 대변할 수 없다.

장에서 소개할 '가격적 의사결정 과정'으로 정해지는 결론에는 누구도 부인할 수 없는 세계 정의가 있어, 우리는 만장일치의 합일을 보일 수 있음을 설명한다.

유위험 의사결정 양식은 무위험 의사결정 양식을 그 의결하고자 하는 목적으로부터 저열하게 만든다. 더욱 우월한 대안이 있는 한 무위험 의사결정 양식은 개량할 필요도 없다.

U. 무위험 의사결정

무위험 의사결정의 한계는 직관적으로도 이해할 수 있다. 그 사례는 너무 흔하여 주변에서 쉽게 찾아볼 수 있다. 예를 들면, '잘생겼다는 이유로 선거에 참여하는 유형', '학교 반장을 뽑는 인기선거처럼 재미로 참여하는 유형', '무지에 의해 경제 여건 고려가 안 된 포퓰리즘에 힘을 더하는 유형', '자신에게 무엇이 유리한지도 모르고 그 반대로 투표하는 유형' 같은 영향력을 우리들의 미래와 행복을 결정짓는 의결에 포함시켜야 하는가?

V. 가격: 누구의 부정도 필요하지 않은 의사결정 양식

반면에, 자신과 주주들의 부를 결정지을 주식회사의 의사결정에서 비합리성이 개입할 여지를 보인다면 이후의 사업보고서에 명확한 숫자로 보상을 받게 될 것이다. 가격이라는 진리는 의결 참여자들이 누구든 간에 세계 정의를 기준으로 행동하게끔 만든다. 회사가 개인적으로 맘에 안 든다고 하여 오를 주식을 매도할 수는 없다. 그러한 자연성을 거부하는 모든 객체들은 그 위험에 따라 필연적으로 손익이라는 결과를 돌려받게 된다.

　유위험 의사결정에서도 마찬가지 현상이 발생한다. 본질적으로, 가격 결정 또한 의사결정의 일부일 뿐이다. 경제 영역에서 적용되던 의결 양식을 공공이라는 정치의 영역에서 실현 못 할 리가 없다. 가능한 선택지 중 최선을 선택하고자 하는 의사결정의 목적은 항상 이루어진다. 세계 정의는 언제나 채택된다. 따라서 무위험 의사결정체계보다 **위험이 수반된 의사결정체계가 그 의결하고자 하는 목적에 대한 가치의 극대화를 더욱 합리적으로 산출하고 보장할 수 있다.**

Ⅳ. 유위험 의사결정 체계

　민주주의에서 의결권은 모두가 각 한 표를 행사할 수 있다. 모두가 각 한 표를 갖는 것이 우리 모두에게 더 이로울까? 물론 독재정이나 왕정 같은 시스템보다는 분명 이로울 것이다. 하지만 더 우월한 방식이 있다면, 그 시스템을 채택 안 할 이유가 없다.

　모두가 동일한 수의 의결권을 갖는다는 것은 모든 구성원들의 지분율이 같다는 의미이다. 구성원이 10명이라면 각각 정확히 10%의 의결권을 지니게 된다. 이 한 표의 개념을 확장하여 보자. 10명의 구성원 모두가 100표씩 가지고 있어도 그들의 지분율에는 어떠한 변화도 없다. 하지만 단 한 표와는 달리, 의결 행사에 있어서 정도를 표현할 수 있게 되었다. 이것으로 우리 모두가 각 한 표로 갖는 것보다 **더 많은 표** 수를 가지는 것이 우월하다는 것이 증명되었다.

　위험이라는 개념을 확장하기 전에, '**과연 모두가 평등하게 각 한 표를 갖는 것이 옳은가**'라는 의문이 들지 않을 수 없다. 자본주의 시스템에서의 사유재산을 생각해 보자. 자본주의는 기회의 평등을 제공하며 노력에 따라 각 구성원들의 부는 서로 달라진다. 비록 양극화의 문제는 있을지언정, 부의 편차가 발생하는 것을 두고 불공평하다고 생각하지는 않는다.

평등함이란, 언제나 사회 행복을 보장하지 않는다. 평등함이 소득과 부의 분배에 대해 고민하였지만, 주체들이 누리는 소득과 부의 전체 파이는 전혀 고려하지 못한 것이다. 자본주의에서 부족하다고 느낄 만한 소득 생활은, 편차보다는 평등을 강조한 사회주의에서 꿈만 같은 생활이 되었다.

이와 마찬가지로 개인과 사회의 행복과 가치를 다루는 의결에서, 그 의결 권리에 대한 편차를 인정하고, 각자가 주장할 수 있는 권리의 영역, 즉 파이를 극대화하는 것이 그 의결권을 서로 똑같이 나누어 갖는 것보다 우월할지도 모른다. 특히, 명예 영역의 보상이 활성화되고 나면, 이전에는 거래할 수 없던 수많은 종류의 가치들이 거래될 수 있다. 그러고자 하는 합의만으로, 보상이 주어지고 이기적인 물질자본이 모집되며 소요를 위한 생산이 이루어진다.

이와 대비되게, 평등한 권력은 한계가 존재하여, 기존의 의결방식으로는 선취적인 발전을 도모할 수 없다. 예를 들면, 지구 환경의 개선을 위한 노력으로 국민들의 플라스틱 사용을 제한하고, 오염 생산 기업에 과도한 환경세를 부과하는 합의는 이룰 수 있으나, 친환경 플라스틱의 개발이나 탄소포집기술, 혁신적인 친환경 생산 설계 같은 진보는 막대한 자원의 투입으로서 성취할 수 있는 것으로서, 세금에 의한 보조금 지급 합의나 기대현금흐름의 창출 없이는 단순한 합의로 나타날 유인이 없다.

누가 그 비용을 지불할 것인가? 물론 세금은 유한하며 이곳에 사용될 재원이 다른 곳에 투입된다면 더 큰 사회가치를 불러올 수도 있는 복잡한 양상은 항상 사회의 의사결정에서 중요한 고려사항이 된다. 따라서 거시적인 의사결정과정을 통한 발전의 형태는 결국 **재무적 문제**로 귀결된다. 자원을 적절한 곳에 분배하는 능력이 사회가 고려해야 할 유일한 역량이 된다. 단순히 보면 이 의사결정이 얼마나 어려운 것인지 감이 안 올 수 있다.

간단한 사례로, 어느 한 토지에서 발생한 100의 식량 생산량이 존재하는데, 식량 생산에 노동을 제공한 농부와 토지를 제공한 지주에게, 생산된 농산물 중 각각 얼마의 식량 분배가 이루어져야 하는가?

이 문제는 인간이 내릴 수 있는 의사결정 중 매우 민감하고 중요한 과정이 될 수밖에 없다. 분배량에 따라 생존이 걸릴 수도 있는 이 문제를 우리는 결국 어떻게 해결하는가? 생산물 자원을 적절히 분배하는 것에 있어서 왕 같은 대리인이 나타나서 정해 주는가? 그런 사회는 당연히 필멸할 수밖에 없다.

우리는 이 문제를 결정하는 데 있어서, 대리인의 개입을 허용하지 않는다. 자원의 희소성과 경제학 논리를 통한 가격 결정은 시장실패가 나타나지 않는 한, 자원의 분배가 사회 최적을 향하게 한다. 그 가격을 결정함에 사회적 합의를 위한 시간의 소모나 대리인 비용 같은 건 생각조차 되지 않는다.

기이하게도 민주주의는 가치량의 결정을 대리인이 직접 결정 내린다. 민주주의의 파이는 재무적으로 최적화되지 못하고, 그 부족한 파이마저 초과손익으로 요동친다. 하지만, 명예주의에서는 모든 '재무의 문제'를 가격기구를 통한 효율성으로 간단히 해소할 수 있다. 그것은 의사결정으로서, 의지의 개입을 배제하여 자연히 결정할 수 있다.

X. 유위험 의사결정 보상 양식

그렇다면 우리는 의결권의 무엇을 개량하여야 하는가? 우리들이 겪는 수많은 소란의 중심에는 반드시 무능한 의사결정이 존재한다. 의사결정이 무능한 유일한 이유는, 타인의 문제가 '자신'의 문제가 되지 못하기 때문이다. 그럴 수 있게 된다면 우리들의 평형을 잡아주는 새로운 종류의 가치량이 세계에 공급된다. 사실 이는 어려운 것이 아니다. 의결권에 위험이 반영된다면, 나와 타인은 서로 같아질 수 있다.

의결권에는 위험이 수반되어야 한다. 어떤 대상에 재무적 위험이 수반된다는 뜻은 그 대상이 편차를 지니고 있다는 뜻과 같다. 위험에 따라 누구는 더욱 많은 가치를 얻고, 누구는 더욱 적은 가치를 얻는다. 그렇다면 과연 누가 더욱 많이 받아야 하는가?

이 질문의 답은 간단하다. 사회에 더욱 많은 공공 가치를 기여한 자들이 그만큼을 보상으로 얻어간다. 이 말을 다시 말하면, **의결권을 개량하여 소요의 간절함에 대한 반대급부로 제공할 필요가 있는 것이다.**

정치적 간절함에 대한 반대급부란 의미가 무엇인가? 상품을 구매하고 나면 그 반대급부로 생산자에게 소득이 지급되는 것처럼, 공공 정치의 영역에서 지지자들의 염원을 이루어 준 후에, 반대급부로 공공 생산을 제공한 주체에게는 의결권이 환원된다.

이러한 거래가 생소해 보일 수 있지만, 사실 이미 민주주의 체제에서도 완벽히 작동하고 있다. 위 양상은 **공공생산과 정치권력 간 거래의 본질을** 보여주고 있다. 우리 모두가 누리는 세계를 더욱 이롭게 해 주겠다는 신뢰만으로, 그들은 정치 권력을 얻는다.

애초에, 무위험 의결체계에서 누릴 수 있던 최선은, 유위험 의결체계에서 결정되는 가장 낮은 가치분배서열의 파이 값과 같다. 무위험 의결권 한 표의 영향력은, 유위험 의사결정 체계의 가장 낮은 서열에 속한 자의식의 영향력과 다를 것이 없다. 이런 가능성을 두고 그저 모두가 평등한 한 표가 완벽한 형태라고 단정지을 수는 없다.

세계의 공공가치에 헌신하고 이로움을 생산해 내었다면, 이에 상응하여 그 주체에게 의결권이 보상된다. 보상의 완전성은 위험의 편차가 존재한다면 이루어질 수 있다.

또한 그럴 수 있게 된다면, 모두가 의결권을 얻기 위한 노력을 통해 새로운 명예의 거래들을 창조해 낼 수 있다. 대체 불가능한 여러 사회적 가치의 공급자들은 새로운 세상에서 새로운 종류로서 우리들에게 모든 가치를 제공할 것이다. 그로 인해 사회는 정치적으로도 규모적 명예자본들을 누리며, 사회의 이익만이 개인의 이익이 되도록 만든다.

Y. 유위험 의사결정: 위험의 절대성

여기까지 모두가 한 표인 상태보다 모두가 복수의 표를 갖는 것, 그리고 모두가 평등한 의결권보다는 의결권의 편차를 인정하고 보상의 완전성을 누려 더 커진 가치의 파이를 누리는 것이 옳을 수 있다는 점을 살펴보았다.

이 개념들에 추가로, 한 사회 내에서 가장 강한 힘이라고 볼 수 있는 의결권이기에 누구도 이를 함부로 휘둘러서는 안 된다는 의지를 반영시켜야만 한다. 의결권의 편차가 인정되면서부터 이 의지가 반드시 더 강조되어야 한다. **더 큰**

힘일수록, 불공평하다고 느낄 정도의 위험[14]을 부담하여야 한다.

이는 기존의 민주주의가 삼권분립을 통해 실현하려던 정의의 균형과는 전혀 다른 얘기이다. 힘에 부과되는 위험은 그런 식으로 감시나 견제의 수준에서 머물러서는 안 된다. 힘을 휘두를 수 있는 세력들은 그들이 기대하는 결과 이상에 상응하는 징벌이 이미 예견되어 있어야 한다.

물론 민주주의에서는 그런 것은 존재하지 않는다. 더 큰 영향력일수록 더 큰 부담을 안고 가야 한다는 정의는 시스템적으로 이루어질 수 없다.

이에 반해, 기업은 더 큰 기업가치를 이룩할수록, 그만큼 큰 가치량의 변동 위험에 직면한다. 주식 가격의 변동성은 회사의 주인들에게 자신의 지분율과는 상관없이 모두 같은 위험을 경험하게끔 한다. 주식은 곧 의결권이다. 반드시 합리성이 보장되어야 하는 시장의 최전선에는 자신의 자본을 위협하는 **위험이 반영된 의결권**을 사용하고 있었다.

Z. 유위험 의결권

지금까지의 논의를 종합하여 의결권 중에, 소득 외 유인의 가치를 다루는 명예의 보상에 합당하여야 하고, 인간의 간절함을 반영하는 다수표의 형식에, 의결권을 사용할 때마다 행사하는 영향력의 크기에 대응하는 위험이 부담되어야 하는 것을 '**명예도**'라고 지칭한다.

이후부터는 유위험 의결권의 자연적인 형태를 파악하고, 그 발행과 분배 원

14　힘이 클수록 더욱 큰 위험을 부담할 수 밖에 없는 원리를 '3장의 V. 선택의결 청산손실'에서 설명한다.

리에 초점을 맞춰 설명하고자 한다.

명예[15]는 경제적 생산의 개념을 포함하지 않는다. 다시 말해, 생산물과 원칙적으로 교환될 수 없다. 또한 개인에게 이미 귀속된 명예도를 타인에게 전할 수도 없다. 개인 간의 의결권 거래 불능의 원리는 권력의 매매를 방지하기 위한 필수적인 장치가 된다. 이런 일이 가능하다면 명예주의하에서 돈이 많은 사람이 최고 권력자가 되는 것이 가능하다. 그로 인해 부정한 권력이 강화되는 악순환이 일어나게 되고 사회는 망가진다.

명예의 정의는 가치 중 경제적 소득을 제외한 것이다. 하지만 주의해야 할 점이 있는데, 법인은 자연인이 아니기에 의결권을 행사할 수 없다. 그러므로 법인과 개인의 의결권 거래는 가능하다는 것이다. 명예도의 '발행'과 '분배'에 관한 개념을 총체적으로 받아들이고 나면, 이는 아주 자연스러운 과정으로서, 각자가 이룩한 공적 사회 가치 기여분만큼 분배를 해 주는 선기능으로 작동하게 된다.

명예도 수확은 사회에 이롭다고 평가된 가치들을 공급한 자들이 얻는다. 의미 있는 사회의 공공가치 공급을 증명한 이들은 명예부를 얻는다. 그들은 스스로의 비용으로, 명확한 보상을 위하여 사회에 헌신한다. 명예도는 이기심에 기반하여 아주 강력한 행동 동력이 된다. 이 명예도에는 어떠한 가치가 있기에 우리의 욕심을 자극하는지 구체적으로 확인해 보자.

---

15 명예는 물질의 관념을 포함할 수 없지만, 명예도는 물질의 가치량을 포함할 수 있다.

AA. 명예도의 가치: 명예 배당

명예도는 의결권이므로 자연인 자격의 개인에게 분배된다. 사회를 향한 가치 기여로서, 소득 외적 영역의 보상에 합당하여야 한다. 명예도의 기초적인 기능에는 당연히 명예 영역을 완전히 보상해 줄 수 있는 원리가 있다. 그렇다면 사회적 가치 기여는 어떻게 측정되는가?

세상에는 다양한 성질의 거래가 존재하여 경제적 생산물로 경제 외적 가치 소요를 충족시켜 주는 경우도 존재하고 있다. 가장 단순하게, 고아원에 기부하는 거래는 어떻게 보아야 하는가?

먼저 공공 사회로의 헌신은 경제적 보상을 기대한 거래가 아님을 알 수 있으며, 가슴이 훈훈해지는 만큼 명백한 공적 가치 기여로 볼 수밖에 없다. **그들은 기부한 금액 그대로의 가치량만큼 세상에 기여를 했다.** 일단 이는 당연히 가치 창출의 활동이 되고, 정당한 보상을 가져가는 것이 합당하다.

그렇다면 금전적인 기부는 없지만 자원봉사 활동을 통한 용역의 제공은 어떠한가? 행위에 대한 기회비용은 반드시 발생하며, 자원봉사활동을 할 시간에 다른 소득창출을 할 수 있었다. 이를 포기하고 제공하는 기타 모든 가치창출의 활동은 종국에 생산물을 대가로 창출되는 것이 된다. 이처럼 행위에 대한 기회비용의 측정으로서, 우리는 사회가치 기여에 대한 **'분배' 측면의 정의**를 측정할 수 있게 되었다.

명예주의하에서, 공공의 이익을 산출하는 헌신에 대한 보상은 아주 신축적이고 정의로운 수량으로서 보상받을 수 있다. **즉 이후의 공적(公的) 산출 행위는 모두 명예의 대가를 위한 행위로 간주할 수 있다.** 일부 개인들의 선의 넘치던 공공 가치 산출은 우연적이며, 그 결과 또한 자부심으로서 보상을 받아 갔을 뿐이다. 체계적으로 진정한 정의를 위하여 실현되는 공적 산출은 더는 선의만으로 충족될 수는 없다. 명백한 보상을 위해, 세계의 주인들은 가진 자원과 노력을 충실히 하여, 선의만으로 충족되던 가치량과는 비교 불가능한 수준의 가치 종류와 규모로서 세계에 이로움을 공급할 것이다.

그렇다면 과연 **개인들이 물질을 대체할 만큼 명예를 더 가치 있게 여길 만한 근거는 무엇인가?** 먼저, 정치 참여를 위하여 개인은 명예도에 대해 수요를 갖는다. 정치력은 정말 강력한 힘이다. 인간은 모두가 궁극적으로 권력을 탐할 수밖에 없는 사고체계를 지닌다. 인간은 가진 것이 무엇이든지, 더 많은 물질과 명예를 원한다. 어느 수준에서 만족하는 결과가 나온다고 하더라도, 그 의미가 더 원하는 것이 없다는 뜻이 될 수 없다. 만족할 만큼 지닌 것을 유지하고자 하는 바람 또한 권력의 탐함과 다름이 없다. 지켜내는 것 또한 힘을 필요로 할 수밖에 없다. 진정으로 정치적 체계성으로부터 해탈하고자 한다면, 오로지 가진 것을 모두 내려 둠으로써 도달할 수 있다. 그러지 못한 우리는 국민들의 실업과 국가의 생산성이란 체계성에서 벗어날 수 없다. 무능하거나 사욕적인 지역 지도자의 당선으로부터 고향의 행복을 지켜낼 방법은, 영향력 넘치는 정치 의결로 더욱 위대한 다른 지도자를 당선시키는 방법 외에는 없다.

그 외의 수많은 정치적 체계성은 중첩되며 사회를 구성하고 개인들을 정의 내리게 된다. 진정한 자유는 나의 가치를 반영하는 사회 체제를 형성시켜 줄 정치력의 획득으로 이루어진다. 정치력에 대한 수요가 낮을수록 권력자의 자신만을 위한 욕심이 사회에 반영되어 사회적 의사결정은 형편없이 이루어진다. 극단적인 사례로, 왕족일가 개인의 원한과 복수는 전쟁과 함께 구성원들의 생명을 결정짓는 경우가 얼마나 많았는가? 정치적 무관심으로 인한 결과는 온전히 구성원들의 몫이 된다.

그러나 역사상 어느 체제에서도 정치적 무력감을 극복해 내지 못하였다. 모두가 권력을 강력히 수요해야 그들의 가치 집합이 진리가 되어 사회 체제를 형성할 수 있다. 높은 정치력 수요를 달성한 경지에서는 진리가 사회를 정의 내리게 된다. **명예도의 특별한 성질들은 구성원들 간 상호작용에 대한 모든 권력적 해법을 제시하기에**, 악의적인 세상에 대항하기 위하여, 더욱 많은 가치를 얻기 위하여, 권력의 활용을 위한 수요는 이전 사회상태보다 더욱 클 수밖에 없다.

더욱이, 경제적 소득을 목적으로 하여도 어느 수준에서 명예도를 얻는 것이 나쁘지 않다. **명예도는 자본화된 증권**으로 볼 수 있다. 사회 가치 극대화를 담당하던 기존 정부의 비효율적이고 무지하며 무책임적인 선택들을 대신하여 더욱 이상적으로 사회의 가치 극대화를 이루는 사람들과 명예법인들에 그 기여분만큼 그 재원을 대체하는 것이 옳다.

이는 명예배당으로 이루어지며, 자세한 내용은 후술하겠지만, 진리를 향하여 가르는 의결에 포함된 위험을 수반해야 한다는 까다로운 의결권 발행 조건은 명백히 결정된 사회가치 기여분만큼을 세어내어 공급자들의 명예부로 형성되게 만든다.

또한 명예의 주주들이 해낸 사회적 가치 생산이라는 정부 대체 역할은, 그 재원으로 인한 소득마저 받을 권리가 있음을 보인다. 기존 정부와 공무원들의 역할은 이제 새로운 명예주주들의 역할로 대체되고, 부패하고 낭비적이던 정부 지출 또한 극도의 자원효율을 보여야 하는 명예주주들에 의해 대체된다. 명예주주의 공무원화 현상에 따라, 그들이 합당하게 받아야 할 소득적 반대급부는 다음과 같다.

$$1명예도당 명예배당 = \frac{분배가능\ 조세액}{총발행명예도^{16}}$$

분배가능 조세액이란, 아무리 명예법인이 정부의 역할을 대체한다고 하여도, 군대와 기초적인 행정 같은 영역은 명예주주라는 개인에게 넘길 수 없는 자산이므로, 가장 최소한의 선에서 정부의 역할이 남아 있을 수 있게 된다. 그러므로 그 활동에 필요한 금액을 제외한 나머지에 대하여, 가치를 창조한 명예 주인들에게 분배될 수 있다.

이렇게 결정되는 금액은 소득과 관련되어 매년, 기대현금흐름을 발생시킨다. 기대현금흐름은 현재의 채권과 주식가치가 결정될 수 있는 것과 같은 원리로, 자본화되어 부의 형태로 나타나게 된다. (단, 조세액은 기간에 걸쳐 일정하다고 가정하며, 그 가정을 완화한 성장률 등의 논의는 조금 뒤에 후술한다.)

$$1명예도당 결정된 부 = \frac{1단위\ 명예배당}{이자율}$$

위의 관계는 거시경제의 실질 지표를 배경으로 하고 있다. 1명예도의 **경제적 위상**은 명백한 통화의 가치로 표현할 수 있으며, 그 현금흐름은 이 세계에서 가장 안전하다고 평가받는 국가 현금흐름에 기인한다. 따라서 특별한 일이 없다면 채권의 형태로서도 나타날 수 있는 명예도의 경제적 부 가치는 총발행명예

---

16 총발행명예도란, 세계에 유통된 명예도의 총량을 의미한다. 그 크기는 세금을 이자율로 나눈 금액, 즉 '조세의 자본화 크기' 이상으로 나타날 수 있다. 조세의 자본화를 통해 우리는 합리적으로 유위험 의결권을 탄생시킬 수 있다. 이에 대한 활용은 경이와 같아, 세계를 더욱 풍요롭게 만들 수 있다. 자본화의 개념은 곧 후술한다.

도의 조정을 통해 1로 설정될 수 있으며 그러한 세계를 가정하자.

세계에 결정된 이 금액이 1통화량보다 작다면, 기존의 균형에서 희석된 의결권의 물질 가치를 제고하고자 총발행명예도의 최소화를 추구하며 회수율을 높이거나 명예도의 추가적인 발행을 억제하여 1로 회귀시키게 된다. 쉽게 말하면, 총발행명예도의 크기를 적절히 감소시킨다.

반대로, 명예도의 가치가 적정 통화 수준보다 높다면, 세계는 그만큼 세계에 이로운 공적 산출량을 증가시켜 더욱 많은 명예도를 발행하고 명예도의 경제적 부의 위상을 끌어내리며 균형을 찾게 한다. 이 과정에 관한 자세한 메커니즘은 6장 '명예주의하 거시경제 균형'에서 후술한다. 결과적으로 명예도의 '경제적 위상'[17]은 명백히 측정될 수 있다. 해당 가정에 따라 위의 균형식은 명예도의 경제적 가치량이 아래처럼 표현할 수 있다고 말한다.

1명예도 = 1통화량

요약하자면, 해당 가정에서 모두의 이기적인 의지가 명예도의 물질 가치를 위의 균형으로 인도하게 한다. 이에 따라 **개인들은 명예도 가치의 균형**[18] **수준에서 그 분배량을 저축성향에 맞춘다면, 명예도를 택하거나 화폐를 택하나 근본적인 물질적 실질가치는 전혀 변하지 않는다.** 사실, 명예배당 담보부 대출 등의 방법으로, 특별한 제한이 없다면 명예를 현금화해 볼 수도 있다. 그렇다면 이 명예도

---

17 명예도에는 물론 의결권으로서 권력적 소요를 얻을 수 있는 명예의 위상도 존재한다. 한편, 명예도의 경제적 위상은 채권과 같은 형태로서 충분히 설명할 수 있다.

18 명예도 경제적 위상의 균형은 총발행명예도의 조정을 통해 이루어진다. 총발행명예도의 자연스러운 결정은 '6장'에서 후술한다.

를 어떻게 분배 받고, 세계에 유통되는지 천천히 살펴보자.

AB. 명예도: 위험이 반영된 보상

명예도는 제한적으로, 화폐의 개념과도 유사하다. 화폐는 부를 나타내며 그 액면대로 표시된 가격만큼의 생산물 가치를 취할 수 있다는 증권이라고 볼 수 있다.

화폐의 또 다른 의미인 명목생산물은 거시경제의 기대물가상승률이나, 물가 수준에 따라 그 가치가 신축적으로 조정될 수 있다. 그 시점에서의 가격 액면이 란 허상과도 같으며 우유 한 팩이 어느 시점에서 의미하는 진정한 뜻은 소고기 몇 그램이라는 상대적 개념일 뿐이다. 이 교환비율은 자연적으로 정해지며 거래 상대의 의지가 개입할 여지를 주지 않는다.

하지만 의결권은 인간 의지의 현상으로 존재한다. 단독적인 거래 참가자는 확정적으로 명목생산물을 차지할 수 있지만, 공공 사회의 대체 불가능한 가치량을 논하는 의결권은 행사되더라도 반드시 해당 의결 가치량이 반영된다고 확신할 수 없다. 쉽게 말하면, 상대방이 행사할 의결권의 수량을 정확히 알지 못한다면, 이 의결의 확정 가치량은 불확실하게 결정된다.

즉, 명예도의 발행도, 그 영향력에 따른 보상도 **모두 강력한 위험을 경험하게 된다. 사회 의지의 실현은 위험 앞에서, 자의식이 아닌 세계 정의가 구현한다.** 그렇기에 명예로서는 위험 없이 확정적으로 가치량을 차지할 수 없어야 한다.

하나, 앞선 논의에 따르면 단순한 기부의 거래로 인해 기부행위자는 확정적으로 명예의 보상을 받아가는 것을 볼 수 있다. 위의 논리에 따라 위험의 부담이 없이는 확정적인 가치량을 얻을 수 없어야 한다고 기술되었는데, 분명 기부의 형태도 어떠한 가치창출의 활동이며 명확히 측정 가능하므로 보상이 되어야 한다.

반면, 사회 권력을 논하는 만큼 세계 정의가 결과를 정해야 하고, 이를 확신할 수 없는 자의식들은 강력한 위험에 필연적으로 노출될 수밖에 없는 논의도 옳다. 이 둘 사이에는 어떠한 차이점이 있는 것인가?

AC. 명예도: 서로 다른 관점에서 보는 동일한 가치량

두 원칙의 차이는 모순 같아 보이지만, 명예도의 **분배**와 **발행**의 원리를 알고 나면, 쉽게 이해할 수 있다. 즉, 기부 형태에 의한 확정적 보상은 명예의 '분배' 측면의 정의이며, 불확실한 노출에 대한 필연적인 위험의 반영은 '발행' 측면의 정의가 된다.

5장 '명예법인'에서 후술하겠지만, 명예도의 발행을 실질적으로 다루고 있는 명예법인들은 그들이 모집한 경제적 자본들을 명예의 부로 치환할 수 없다. 모든 위험과 보상은 명예주주들이 발행 단계에서 실질적으로 부담한다.

이미 위험이 한 번 공제된 동일한 명예도 증권에 분배의 목적으로서 한 번 더 위험을 거치게 할 수는 없다. 분배의 정의는 확실성의 관념을 채택하였으며 그 변동이 존재한다면 발행량과의 불일치뿐만 아니라 인간의 위험기피현상에 의한 강력한 저항을 마주하게 된다.

명예도가 분배되었다는 뜻 자체가, 명예도를 발행한 명예법인이 자신의 이름을 걸고 분배자들의 가치 기여 공로를 인정하여 준 것으로 간주된다. 분배자들이 행한 그 활동이 진정으로 세상을 이롭게 하였는지에 대한 고민도 필요치 않다. 그에 대한 위험은 모두 명예법인의 주인들이 짊어지며, 이에 따라 분배된 명예도는 세상을 이롭게 하였다고 간주할 수 있는 증표가 된다.

명예법인[19]이란 기업처럼 자신의 이익을 위하여 가치 생산 활동을 이어가지만, 경제적 이익만을 목표로 하는 기업과는 달리, 명예부의 극대화를 목표로 한다. 물론, 현실적으로 명예는 마케팅 등의 방법으로서 경제적 가치로 환원되기도 하고, 그 반대의 현상도 너무 쉽게 관측할 수 있다. 때문에 결국 기업과 차이를 구분할 수 없는 것이 아닌가 하는 의문이 들 수 있다.

하지만 심화학습에서 설명할 '명예법인 가치 분리 현상'은 명예와 물질은 간단하고 명확하게 분리되어 각자의 논리대로 보상이 환원됨을 설명한다. 별개의 증권인 명예도와 통화는 각자의 가치량을 서로 보상할 필요가 없다. 소득과 명예는 기술적으로 분리될 수 있다.

아직은 설명이 안 된 개념들이 많이 등장하고 있으나, 결국 명예도는 명예적 가치의 보존과 거래를 위한 신종 증권으로서 받아들일 수 있다. 동일한 가치량은 이처럼 관측 시점에 따라 특별한 양상으로서 존재한다. 명예도의 발행량은 명예법인이 시장에서 얻는 평가에 민감하게 반응하게 되므로, 명예법인 평가 원리에 대한 탐구가 필요하다.

---

19 공공 가치의 생산을 위한 체계적인 기업화 단체이며, 권력을 얻고자 하는 정당의 형태에서, 공공가치의 위험과 보상을 체계적으로 실현하여, 더욱 발전된 형태로 볼 수 있다. 자세한 논의는 5장 '명예법인'에서 논한다.

AD. 미래 간절함의 자본화 평가

명예법인의 평가 원리는 주식 가치 평가의 경우와 크게 다르지 않다. 이 평가의 핵심적인 부분은, 자본화의 원리에 있다.

자본화란, '미래'에 발생할 모든 소득 등을 현재가치화 하여 하나의 **저량**으로 묶는 과정을 말한다. 명예의 자본화를 통한 평가가 가능한 사회와, 그것이 불가능한 사회는 중요한 차이를 보인다. 그저 주어진 현상에만 대응하는 소극적 태도로는 미래를 바라보고 보상을 위하여 새롭게 나타날 선취적인 신종 가치 자본의 공급을 이루어낼 수 없다.

명예법인 주식의 시장평가는 이처럼 자본화되어 결정된다. 자본화에 있어서 필수적인 요소는 바로 유량가치이다. (단, g는 가정된 유량가치 성장률)

$$\text{자본화} = \frac{\text{유량가치}_1}{(1+k)} + \frac{\text{유량가치}_2}{(1+k)^2} + \frac{\text{유량가치}_3}{(1+k)^3} + \cdots\cdots = \frac{\text{유량가치}_1}{k-g}$$

유량이란 일정한 단위 시간당 흘러간 수량을 표현한다. 그렇게 모든 시간선[20]에 대해 1기간, 2기간 등으로 구분하고 나면, 각 기간에 걸맞은 자본화 할인율(k)을 적용할 수 있게 된다. 먼 미래의 가치일수록, 높아지는 불확실성으로 인해 현재 값싸게 평가[21]받곤 한다. 명예법인의 시장 평가 또한 이와 같아, 그들이 누

---

20 예를 들어, 20년 초부터 21년 초 사이의 1년의 기간 동안 발생한 매출액은 유량가치₁ 같은 형태로서 표현할 수 있다.

21 그 결과, 비교적 먼 미래인 3기간의 유량가치는 이전 기간의 할인율에 비해 더욱 큰 수인 (1+k)³로 나뉘어 상당한 유량가치의 할인이 이루어진다.

리는 시가총액은 이러한 자본화[22]의 원리가 잘 녹아 있다. 일반적인 주식회사의 유량가치는 매 기간 발행되는 사업보고서의 숫자로 가공되며 표현될 수 있다. 그렇다면 명예법인의 유량가치[23]는 어떻게 확정 짓는가?

하나의 상품판매업을 주로 하는 기업의 사업보고서는 상품의 가격과 판매수량의 곱, 매출액으로서 시작한다. 상품의 **거래량**은 유량가치 결정의 아주 중요한 변수가 된다. 그러나, 공공가치사업의 거래량은 특정하기가 매우 어렵다. 공공 혜택의 진정한 의미가 무엇인가? 직접적인 비용의 지불 없이 이용할 수 있다는 독특한 설정은 여러 가지 복잡한 문제들과 얽혀 있다. 그럼에도 불구하고, 공공사업의 명예법인 유량가치 평가는 아주 합리적이고 자연의 원리와 같은 방식으로 결정 내릴 수 있다.

먼저, 명예법인 유량가치 평가를 확인하기 전에, 민주주의의 권력 가치 평가를 살펴보자. 민주주의하에서, 정치 권력의 크기는 자본화되지 않은 지지유권자들의 의결 표수로 나타난다. 단 한 명이라도 해당 정치 정당의 지지를 철회한다면 그들의 가치량은 이 임의성의 영향으로 조정된다. 물론 임의성의 크기에는 제한이 없기에 유명인사나 인플루언서 같은 개체적이고 작은 의지도 큰 영향력으로 나타날 수 있다. 그것의 가치량에는 어떠한 진리적 결정식이 존재하지 않는다.

그럼에도 민주적인 권력 크기를 세어낼 수 있는 이유는, 행사된 의결권의 집합이기 때문이다. 권력이란 의결권과 같다. 그렇기에 명예법인의 권력 크기도

---

22 유량가치의 일정하다고 가정된 성장률(g)이 존재한다면 다음과 같이 표현 가능하다.

$(1+g)*$유량가치$_n$ = 유량가치$_{n+1}$

이를 할인율에 고려한다면, 간단한 수학으로 그 모든 유량의 흐름의 합을 $\dfrac{\text{유량가치}_1}{k-g}$로 표현할 수 있다.

23 이에 대한 자세한 논의는 5장 '명예법인'에서 논한다.

마찬가지의 논의로서 의결권의 집합으로 표현 가능하다. 하지만, 이에 더해 어떠한 진리적 결정식이 관여하여 명예법인의 권력 크기는 지지 의결권의 자본화된 총수로 표현해 낼 수 있다.

그러나 정말 중요한 점은, 가격의 원리와 같은 시가총액의 형성은 기본적으로 거래량의 수준과 관련이 없다. 그저 기업의 본질에 기반한 자연적인 균형의 원리와 초과손익에 대한 조정장치만이 존재할 뿐이다. 명예법인의 평가 논리도 마찬가지로 적용된다. 민주주의에서 권력의 형성에 필수적이던 실질적인 의결권의 행사와 그 집합은 이제 거래량이 배제되며 의미를 잃는다. 실제로 투표의 과정을 거치거나 의결권을 정말로 행사할 필요가 없다. 특정한 임의의 개인이 멋대로 평가에 참여하더라도, 시가총액의 결정식에 어떠한 영향도 줄 수가 없다. 법인의 실질에 기반하여 세계의 정의가 평가를 결정한다.

이처럼 저량의 평가에서 임의성의 개입은 거래량의 배제로 이룰 수 있음을 확인하였으나, 과연 공공 가치 기여에 대한 정확한 유량가치 측정은 임의성을 배제하면서 어떻게 이룰 수 있는가?

3장 '의사결정'에서 소개할 **'가치량 평가 의사결정'**은 유량의 관념에도, 거래량과는 관계없이, 어떠한 자연적 진리로 결정되는 고유한 정의가 있다고 말한다. 그리고, 이러한 평가 양식은 공공의 소요 수준을 표현할 수 있는 아주 적절한 수단이 된다. 우리는 **명예 영역의 가치 평가를 정확히 세어낼 수 있게 되었다.**

AE. 좋은 평가를 얻기 위한 유인

위 논의에 따라 어떠한 가치의 공급이 필요한 실질적 소요자들이 실제로 투표의 과정을 거치거나 의결권을 정말로 행사할 필요[24]는 없다. 의결행사를 하여도 좋고, 안 하여도 좋다. 그럼에도 불구하고 가치량은 진리식에 따라 결정된다. 따라서 종류 가치의 공급자는 '시장에서 얻는 평가 그 자체'를 중요하게 여길 수밖에 없다. 어째서 **좋은 평가를 얻는 것이 결국 이익이 되는가?**

이 간단해 보이는 질문의 답을 위하여 명예도의 발행과 분배, 그리고 명예법인 평가의 보상 원리를 탐구하여 보자.

AF. 명예도의 유통: 분배

<u>명예도의 분배는 명목임금의 대체로 이루어진다.</u> 사회에 대한 가치의 기여는 그 기회비용을 반드시 수반하고, 분배에 있어서 그 보상은 확정적으로 이루어진다. 위험에 대한 고려는 발행의 정의를 찾기 위한 가치 평가로서 이미 전부 수반하였다. 명예도를 부로서 취득하려면, 명예법인의 주인으로서 거래에 참여하여 위험의 부담과 기대가치기여라는 관문을 넘어선 후에 엄격한 시장의 평가를 통해 얻을 수 있다. 이런 취득방식을 소득의 분배라고 표현하지는 않는다. 분배와 수확은 서로 개념이 다르다.

자신의 생산량에 대한 대가를 요구하는 것을 소득이라고 부른다. 공공 가치 기여는 자신이 얻을 수 있던 소득의 희생으로 측정될 수 있다. 소득은 또 다른 의미로 명목임금을 의미하므로, 사회적 가치창출에 대한 반대급부 분배에서 모두에게 이해될 수 있는 유일한 기회비용은 명목임금이 된다.

---

24 5장 '명예법인'에서, 소요자의 임의적인 의결 지지력은 평가된 시가총액에 어떠한 영향도 줄 수 없음을 증명한다.

기업은 어떤 특별한 보상이 뒤따른다면, 자신이 생산한 생산물을 공공의 이익을 위하여 제공할 수도 있다. 즉, 기업은 경제적 위상을 지닌 명예도를 얻고, 자신의 생산물을 공공성을 위한 요소 자원으로 명예법인에 제공하는 거래를 할 수 있다. 그렇게 기업에는 생산물을 잃고 명예도 잔고가 남게 되는데, 기업은 이 증권을 공공성을 위하여 명목임금의 대체를 선택한 종업원들에게 분배한다.

만약, 1명예의 경제적 위상이 1통화와 같다면, 기업은 수입과 비용이 동일하게 감소하며 그들의 순이익에는 어떠한 영향도 없는 무결한 거래가 된다. 이런 상황에서 기업의 종업원들은 명목임금의 대체량을 선택한 수준만큼, **사회에 공공의 이익을 위한 물질적 기여를 한 것과 다름이 없다고** 간주된다. 실질적으로 종업원들에 의해, 공공성을 위한 기초적인 자원이 생산될 수 있었고, 대가로서 거래될 수 있었기 때문이다.

AG. 명예도의 유통: 발행

명예도의 **발행**은 명예법인이 소모하는 명예도의 비용지출액[25]과 명예부[26]로 결정된다. 여기서는 비용지출액에 대해서 알아보자. 비용지출액의 한도로서, 의결권을 통하여 시장에서 평가된 명예법인의 주주가치를 기준으로 하는 1의 부채비율을 적용한다. 부채의 정의는, 과거사건을 통해 어떠한 가치 자원을 이전해야 하는 의무로 볼 수 있다.

---

25 앞서 얘기한 공공생산을 위해 요소자원을 얻고 기업에 제공한 명예도 수량을 의미한다.

26 명예부는 심화학습의 H. '명예법인 자본구조'에서 논의한다. 간단히는, 명예법인의 주주가 가져가는 최종적인 보상으로 이해할 수 있다.

재무적으로, 부채비율은 중요한 의미를 지닌다. 자기자본과 타인자본의 상대적인 청구권 크기를 나타내며, 기업이 벌어들인 현금과 재산들이 그 비율대로 안분 되어 그 소유주들에게 귀속되는 기준이기도 하다.

만약 기업의 주인들이 부채를 갚지 않는다면, 법적으로 허용된 잔여자산 청구권의 우선순위에 따라, 수많은 채권자가 기업의 자산들을 강제로 처분하고 자신들의 투하자본을 회수하기 위한 행동에 나서게 된다.

이러한 **부채는 자본조달에 대한 대가로 탄생한다.** 즉 필요하여 돈을 빌리는 것이다. 다양한 목적을 이유로 기업은 자본을 수요하게 되는데, 자신들이 가진 주인권의 지분율을 팔거나, 돈을 빌리는 방식이 이 수요를 해결할 대표적인 방식이다.

지분율을 판다는 것은 주식을 추가로 발행하여 자본 공급자에게 대가로 지급한다는 의미를 지닌다. 이를 자기자본이라 부르고, 상환의무는 없지만 전체 파이를 나눠 갖게 된다는 단점이 있다.

돈을 빌린다는 것은 이자의 지급의무와 부채총량에 대한 상환의무를 부담하나, 미래의 성장이나 벌어들일 수익에 비례하여 나눠 갖는 파이의 분배는 할 의무가 없다.

여기까지는 사기업에 대한 기준이었으나, 이제 공공 이익을 위해 활동하는 명예법인의 경우로 넘어가 보자. 명예법인 또한 활동을 위하여 다양한 자원을 필요로 한다. 그 자원들은 대부분 물질의 자본이 기반이 되며, 이를 조달하기 위하여 앞서 말한 경우들에 대한 고민이 필요할 것이다.

그러나, 타인자본과의 거래에서, 돈을 빌렸을 때 자신의 이익이 아닌 사회적 가치 향상을 위해 빌린 돈에 대한 상환의무를 온전히 그 명예법인의 주주가 짊어져야 한다면, 이런 방식의 거래는 정의롭지 않으므로 보상에 대한 개념이 명확한 재무적 활동가들에게는 절대로 나타나지 않게 된다.

또한 현금흐름을 사업 목적으로 하지도 않으므로, 소모된 부채 금액이 상환될 가능성도 높지 않다. 따라서 일반적인 경우, 명예법인에 있어서 재무부채는 나타나지 않는다. **사회의 이익을 위해 부담하는 부채는 당연히 사회가 짊어져야 한다.** 그들을 위해 나타나는 명예법인의 부채계정은, 사회의 부담을 표현한다.

그렇다면 사회는 어떠한 가치량을 이전해야 한다는 것인가? 이들이 부담하는 의무란 의결권이다. 앞서 논의한 대로, 공공 가치 기여의 합당한 보상은 의결권이 될 수 있다고 하였다. 의결권은 상대적이므로, 타인의 의결권 증가는 자신의 지분율 감소로 다가올 수 있다. 이 지분율의 감소가 바로 사회가 명예법인의 주주들에게 이전하는 가치량으로서의 대가가 된다. 가치수혜자들, 나아가 사회의 입장에서는 **자신들의 지분율을 비용으로 하는 공공 생산에 대한 가격의 지불과도 같은 개념이다.**

이러한 원리에서, 명예법인은 사회로부터 활동에 필요한 자원을 조달 받고, 그 활용에 남용이 없음을 스스로 증명하여야 한다. 이에 따라, 명예도 비용 발행 거래의 회계처리는 다음과 같다.

차) 명예도	xx	대) 명예부채	xx

모든 거래는 회계처리[27]로 표현할 수 있다. 위 거래의 의미는 명예도라는 자산을 얻는 대신 명예부채라는 부채가 생긴다는 거래를 뜻한다.

위 거래의 결과로, 명예법인은 명예도를 자산으로서 보유하게 된다. 이 명예도를 공적 활동을 위한 비용으로 소모한다면, 이를 명예도가 비용지출액으로

---

27 회계원리를 학습하지 못했더라도 이해할 수 있게 거래의 본질을 회계처리 다음에 서술하겠다. 회계원리는 심화학습에서 간단히 다룬다.

발행되었다고 표현하고 세계에 유통된다.

하지만, 명예도의 비용지출액은 명예법인의 입장에서 본래의 사업 목적과는 관계없는 지출이 되거나, 사적인 남용으로 악용될 여지가 있다. 이러한 의지를 억제하고 그들의 지출비용이 사업 목적과 공공 가치 산출이라는 목적에 합당할 수 있도록 다음과 같은 장치를 도입한다.

차) 장부환원	xx	대) 명예도	xx

이 거래는 명예도가 비용으로 유출되고, 명예법인은 장부환원이라는 가치량을 얻는 거래다. 장부환원이란 '세계의 정의가 인정한 명예도의 소모량'으로서, 명예도를 소모하여 이룬 활동이 세계의 공공 가치 생산에 명백한 도움이 되었다는 증표와도 같다.

소모되는 명예도는 장부환원과 거래되어야, 명예법인의 주인들은 그들의 온전한 보상을 받아갈 수 있다. 그럴 수밖에 없는 이유는, 명예법인의 활동 마지막 시점에서 다음의 거래를 보장받을 수 있기 때문이다.

차) 명예부채	xx	대) 장부환원	xx

만약 명예도의 소모가 장부환원으로 치환되지 못하고 추후 설명할 장부환원 부인회계[28]의 결과로 손실처리가 된다면, 명예부채의 발행액 중 손실 처리된 부

---

28 특수관계인과 관련된 명예도의 남용, 또는 부정의한 모든 지출은 강력한 이기심에 의한 저항을 마주하며 그 거래를 부인당한다. 구체적인 회계처리는 다음과 같다. 세계 정의가 인정하지 못하는 만큼, 장부환원의 값을 감소시킨다.

분만큼은 온전히 명예주주가 부담[29]하여야 한다. 그만큼 그들의 명예부는 감소하기에 명예법인의 주인들은 명예도의 소모를 아주 유의미하게 기획해야 한다.

장부환원부인회계는 '가치량 평가 의사결정', 감사 외에도 다양한 방법으로서 아주 강력하게 작용하여 명예법인의 남용에 대한 경로를 차단하고, 응징한다.

발행된 명예도는 자산으로서, 명예배당에 기반한 현금흐름으로 인해 어떠한 수준의 경제적인 위상을 지닌다고 하였다. 이러한 경제적 가치를 기반으로, 사업 목적을 위한 자산의 구입이나 비용의 처리를 위한 실질적인 대가를 합당하게 지급할 수 있다.

생산물과 명예 간 거래 불능의 원칙[30]은, 자연인 사이의 거래가 아닌, 법인과의 거래로서 가능해진다. 기업은 획득한 명예도를, 그 종업원들의 주관적인 선택에 따라 명목임금의 대체로서 지급할 수 있다. 이렇게 명예도의 발행과 유통에 관한 개요를 확인하였다.

AH. 명예도의 유통: 기타 고려 사항

명예도의 발행과 분배가 어떻게 정해지는지 논의하였으나, 이 외에도 부수

| 차) 장부환원 | aa | 대) 명예도 | xx |
| 장부환원부인(손실) | cc | | |

29 그 기술적인 논의는 심화학습의 H. '명예법인 자본구조'에서 설명한다.

30 물론 개인이 기업에 명예도를 유출하는 거래는 불가능하다.

적인 고려사항들이 존재하고 있다.

첫째로 먼저, 개개인들은 모두 평등해야 한다는 민주적인 원칙은, 적어도 최소분배량을 갖는 이들을 위할 때 이상적일 수 있다. **권력의 편차는 존재하나, 권력이 없는 자는 존재해서는 안 된다.** 가장 최소한의, 사회에 대항할 수 있는 힘은 미약하더라도 보유[31]하여야 한다. 이를 '최소 권리 보장 원칙'이라 한다.

이 외에도 한 가지 문제가 발생하는데, 최소 보유 의결권 수량인 기본의결권에서는, 유위험 의결에 참여하였을 때 그 최소 수량 행사자는 무위험을 경험하지만 위험프리미엄이 포함된 기대수익률이 발생하게 된다. 권력을 가르는 유위험 의결에서는 제로섬게임의 원리를 적용하여야 하기 때문에, 그들이 의결에서 승리하지 못했을 경우 그 반대의 승리자들에게 추가적인 명예도의 발행으로서 보상해야 한다. 무위험 상태의 기본의결권에 대해서 무한한 거래를 허용한다면 세계의 명예도 발행 총량이 극심한 변동을 겪을 수 있으므로 이에 대한 제재장치가 필수적이다. 따라서 한도 이하로 감액되어야 했던 수량만큼은 일정 시간 단위로 의결 거래량에 제한을 두어, 명예도 발행량 변동의 아주 미약한 부분으로서 남을 수 있도록 한다.

둘째로, 명예도는 실질적으로 발행되며 이미 누적되어 유통된 명예도와 합산되어 **총발행명예도**를 구성한다. 그러나 한없이 증식하는 명예도는 마치 하이퍼 인플레이션을 맞는 경제 통화처럼 위상이 위태해질 수 있다. 이를 방지하기 위해 총발행명예도를 자연적인 균형의 상태로 인도해 주는 아주 특별한 장치가 존재한다. **'회수율'**이라고 부르는 장치는, 적절한 시스템과 자의식을 지닌 객체들 각자의 이기심에 의해 명예도가 추가 발행되는 만큼, 회수를 해 갈 수 있을

---

31 최소 보유량 한도만큼, 명예배당 대상 의결권의 수에서 조정하여야 한다.

것이라고 말한다.

[발행량 = 회수량]이라는 신비한 균형장치는 필연적으로 작동하며, 불균형에 대한 조정 과정 등 전반적인 논의는 6장 '명예주의하 거시경제 균형'에서 설명한다. 이 장치로 인해, 세계는 추가적으로 발행된 명예도만큼 '지분율의 비용'을 부담하게 된다.

그렇다면 회수율의 존재 자체는 정의로운가? 기본적으로, 권력 간 상관관계를 나타내는 의결권에서 실질적으로 회수율의 존재 자체는 아무런 문제가 없다. 세계에 대한 지분율이 모두에게 임의로 정해진 상태에서, 각자가 동일한 비율대로 보유한 증권의 수를 조정한다고 하여도 모두에 대한 권력의 상대성은 깨지지 않는다.

세상에 이로운 신종 가치량이 공급된다면, 명예도는 추가 발행되며 권력 관계를 조정시킬 수 있다. 그러나, 세계는 그러한 공급자가 제공한 가치량을 누리며, 그 비용으로 지분율이라는 가치를 제공하고 있기에, 이는 정의로운 거래가 된다. 오히려, '인플레이션 조세'라는 명목으로 통화량의 가치를 근본 없이 꾸준히 마모시키는 정책과 비교하면, 회수율 장치는 더욱 수용 가능한 영역의 '거래'로서 인정받을 수 있다.

셋째, 명예도의 분배에 있어서 누군가는 원하여도 손쉽게 분배를 얻을 수 없는 문제[32]가 발생한다. 명예법인으로의 자원 공급을 하지 않는 기업의 종업원들은, 개인 간의 거래가 제한될 수 있다는 성질에 의해 쉽게 의결권을 얻을 수가 없다. 만약 약간의 명예도가 기업에 존재한다면 그 분배는 명목임금이 가장 낮

32　가장 기본적인 명예법인의 형태로, 단순하게 사회의 필요한 곳에 물질로 기부를 하고 가격의 혜택을 제공하는 공공 가치 생산이 존재할 수 있다. 여러 기업들을 연결한 하나의 거대한 복지이자 시장이 되는 물질명예법인은 이러한 문제를 상당수 해소시켜 줄 수 있다.

은 종업원들로부터 자신의 효용대로 명목임금과 그 대체를 선택할 수 있는 선택권을 가져가야 한다.

이 외에도 다룰 만한 고려사항이 많지만, 원론에서 전부 논의할 수는 없고, 그러한 내용들은 각론으로서 다루는 것이 더욱 적합하다.

AI. 명예도의 직접적인 복지

명목임금이 낮다면 명예도에 더욱 쉽게 접근할 수 있다는 특성으로 인해, 개인이 명예도를 소모하는 것에 있어서 **복지의 수단**으로 활용할 수 있다. 모든 복지의 특성이 그렇듯이, 결국 복지 대상자의 구매력과 접근성의 경로를 통해 명예도만의 특별한 복지 혜택을 누릴 수 있다.

지금의 세상은 불완전하고, 기준도 임의적이며 엉망이다. 왜 누구는 얻고 누구는 공허한가? 모든 복지혜택에 대한 참조와 접근이 이상적이지 못하는 한, 기준은 자격과 제한이 아닌 일원론적 가격에 두어야 한다. 복지 분배라는 국가의 업무에 있어서 결국 문제는 재무로 귀결되므로, 모든 복지는 결국 재물의 혜택, 즉 생산물 혜택과 다름이 없다.

까다롭고 복잡한 복지의 기준들은 다양한 문턱효과를 발생시킬 뿐만 아니라, 갈등을 야기한다. 특정 산업 또는 지역에 대한 정책, 또는 어떤 특성의 국민들을 위한 지원들은 필연적으로 기회비용을 수반하기 때문이다. 수많은 복지의 공백 속에서, 복지대상자들은 자기 스스로 구원하여야 한다. 그들의 간절함과 가치 소요에 의한 염원은 누군가의 이기적인 탐욕에 의해 이루어질 수 있다. 그들은 스스로 복지를 실현해 낸다.

AJ. 정부와 가치판단의 분리

구세계 정부의 역할을 대부분 명예법인들이 가져가게 되면서, 정부의 역할은 제한된다. 그렇다면 우리들은 행정에 대하여 무엇을 기대하는가? 정부의 강력한 고유권한[33]이라고 여기는 인·허가권, 국가 경영과 정책 실천 같은 영역에서 국민들이 오직 정부에 기대할 것이 있다고 하자.

이를 가치판단이 필요한 영역과 기본적인 행정의 영역으로 구분 지을 수 있다면, 가치판단이 필요한 영역, 또는 가치판단이 필요하던 영역은 가격기구라는 세계의 정의가 실현함으로써 정부로부터 기대할 필요가 없는 영역이 된다. 우리는 그들에게 가치판단이 필요치 않은, 확실성 아래에서만 역할을 부여하여야 한다.

다시 말하면, 오직 정부만이 가질 수 있는 공적 권위에는 가치판단의 영역이 포함되어서는 안 된다. 권위에는 진리가 존재하지 않는다. 그것의 이름으로 이어지는 수많은 비효율은 역사발전의 막대한 장애물로 존재했으며, 이미 우리 모두가 다양한 영역에서 체감하고 있다.

정부는 민간에 강력한 영향력을 행사한다. 과징금의 부여나 행정 승인과 같은 영향력은 불확실성하의 의사결정과 같다.

정부는 공공 행정 판단이 필요한 영향력이 미치는 건에 대하여 공적 권위로서 의결 제안을 할 수 있다. 의안의 제언은 국민들이 자신들의 위험으로서 실

---

33 공공성이라는 기능은 강력하여, 고유 권한들은 오직 정부의 승인으로 납득될 수 있어 보이지만, 사실 이 논의조차도 불확실한 가치량이 개입되었다면 정부보다 신축적이고 효율적인 '의사결정의 결론'으로 승인할 수 있고 허가할 수 있다.

현한다. 예를 들면, '가치량 평가 의사결정' 또는 '선택의결'[34] 등의 방법을 통해 합리적인 결론을 얻어낼 수 있다. 그렇게 정해진 확실한 결과에 대해 공적 권위를 더해 주면 된다. 국민들은 국가의 주인으로서 자신의 번영을 위하여, 어떤 의결 논의이든 자신들의 문제처럼 참여하고 연구할 준비가 되어 있다. 주인들의 문제는 그들 스스로 해결해 낼 수 있다.

따라서 명예주의에서는 행정의 영역이 더욱 축소되고, 우리가 정부에 기대할 만한 것이라고는 **무엇이든 확실한 영역** 안에서 존재하게 된다. 공적 권위는 확실성 아래에서 평가받아야 한다. 확실한 값에 대한 보상은 오로지 시간에 대해서만 이루어진다. 정부 관료들이 더 가져갈 보상은 이제 존재하지 않는다.

국민이 진정한 국가의 주인이 되어, 스스로 가치를 결정하고 판단하며 그 이름을 드높여 세계에 다양한 가치량을 공급한다. **올바른 가치판단과 평가에 대해, 그 모든 수혜와 위험을 그 국민들이 스스로 짊어진다.** 수많은 의심과 대립 속에서 진정한 신뢰가 구축된다.

그럼에도 불구하고 공적 권위의 수여가 필요한 객체가 존재할 수 있다. 그 역할은 정말 간단히도, 의사결정으로 선출된 명예법인이 수행해 낼 수 있다.

AK. 생산물 경제에 기반한 물질만능주의

올바른 가치판단과 평가는 정의로운 의사결정이 가능할 때에 존재한다. 하지만, 물질만능주의에 기반한 현재의 경제 원리에서는 정의로운 의사결정은 불

---

34   가치량평가 의사결정 또는 선택의결은 3장 '의사결정'에서 자세히 후술한다.

가능하다.

물질만능주의는 세상을 이롭게 만들지 못하고 오히려 세계에 고통의 비용을 청구한다. 예를 들어, 공공 시스템의 허점을 이용한 어떠한 생산물이 사회에 해악하지만 상당한 **초과수익률**을 발생시킨다면, 물질만능주의에서 필연적으로 막대한 자본이 투자되고 그 생산량은 실현된다.

하지만, 정의(正義)롭고 선의 넘치는 '자신'은 돈을 벌지 못하더라도 고통은 유발시키지 않을 것이라고 생각할 수 있다. 우리의 노력으로 물질만능주의는 극복될 수 있다고 생각할 수 있다.

하지만 그런 생각은 그 사상 아래 있는 '우리' 모두에게 피할 수 없는 치명적인 질문을 던진다. 정말로 우리는 다른가? "자신은 공공 정의를 배반하는 수익을 챙기지 않겠다"는 말은, 세계가 받는 고통에 공감하여, 얻을 수 있던 초과수익 수준의 재산을 내어놓아서라도 공공 정의를 지지하지 않는 한 모순이 된다. 얻을 수 있는 수익을 얻지 못하는 것 또한 손해와 같다. 방관의 죄업은 그렇게 단순하지 않다.

물질만능주의는 우리 모두를 위선자로 만든다. 적어도 자신은 사회에 피해를 주지 않았다고 책임을 회피하며 자신은 다르다는 자의식을 끌어올린다. 차라리, 물질만능주의 논리대로 "자신은 그러한 허점 아래에서 수익을 챙기겠다"는 말은 정직하다. 우리는 이기적이고 시스템의 불완전성은 그렇게 행동할 수밖에 없게끔 한다.

방관을 정의(正義)로 아는 세상에서, 우리들은 절대로 이상적일 수 없다. 실업과 소득 및 주변의 환경에서, 더욱 이상적일 수 있던 수많은 가능성들 앞에서, 그러한 결과로 인해 고통을 겪는 자들을 앞두고 '세계의 위선자'들은 침묵한다.

우연한 동기로 인해, 일부는 다른 선택을 할 수 있다. 화석연료차의 사용이 환경에 부정적인 평가를 줄 수 있다고 하여, 친환경차의 개발과 등장이 이루어지고 있다. 정말로 친환경이라는 가치량이 있는가에 대한 논의는 접어 두더라도, 소비자인 당신이, 값이 비싼 친환경차를 구매할지, 환경 고려가 없는 값이 싼 차를 구매할지는 오로지 주관적 효용에 달려 있다.

만약 두 차가 환경개선공정에 따른 가격 차이 외에 동일한 모델이고 기능상의 차이가 존재하지 않는다면, 무엇을 구매하겠는가? 누군가는 추가적인 비용의 부담을 감내하고 공공사회를 생각하고, 누구는 비용의 논리를 수긍한다. 누군가는 스스로의 비용으로 사회에 이로울 수 있는 가치 기여를 하고자 한다. 이러한 행동 동기는 물질만능주의가 이 사회를 제대로 설명해 낼 수 없다는 명백한 한계를 드러낸다. 세계에 존재하는 동기는 물질만으로 구성되어 있지 않다. 물질만능주의의 한계를 벗어난다면, 우리는 소득 너머의 명예조차 필연적인 동기로 품게 된다.

AL. 명예와 물질의 무관성(無關性)

물질만능주의로 명예를 설명할 수 없다는 뜻은 중요하다. 전쟁에서는 자신의 목숨을 바쳐서, 재난에서는 자신의 전 재산을 환원해서라도 사회에 가치 기여를 하고자 하는 자들이 존재하고, 반대로 사회에 막대한 손해를 유발해서라도 자신의 이익을 위할 수도 있다. 명예의 가치는 우리 모두에게 있어 대칭적이지 않다. 즉, 물질과 명예의 교환비는 존재하지 않는다.

물질의 기회비용 계산을 통해 명예도 보상을 측정해 낼 수는 있지만, 이는 오로지 명예도의 분배에만 적용된다. 명예도의 발행은 오로지 명예의 논리로서 존재한다. 명예도의 발행은 기회비용으로 측정되는 것이 아닌, 위험의 실질적인 부담을 통한 보상의 논리로 결정된다. 이 차이로 인해, 우리는 물질의 이상(理想)[35]으로 나아갈 수 있다.

명예도의 발행은 오로지 명예의 논리로 이루어지나, 그 분배는 기회비용[36]의 측정으로만 관측 가능하다. 명예도의 통화에 관한 가치 균형은 어떻게 이루어지는가?

먼저, 명예와 물질의 본질에 관해 탐구하기 위하여, 명예가 무한히 많을 수 있는 극단적인 세계를 가정하자. 사회의 정치참여도 및 경쟁이 극에 달하여 명예도의 발행 권한이 있는 명예법인들이 더욱 드높아지는 이름의 힘으로서, 서로 무한히 많은 의결권을 발행하여 권력을 탐한다. 조금이라도 더욱 많은 명예를 얻기 위하여, 누구든 막대한 소득 부를 저버리고 명예직을 탐한다. 조금의 권력이라도 더 얻기 위하여, 무수한 물질 자원들을 희생시킬 수도 있다. 이러한 세계에는 이미 너무 많은 명예도가 유통되어 명예배당으로 인한 의결권의 물질적 위상은 미미해진다. 그럼에도 불구하고, 강렬한 정치의 유인은 각각의 자의식들에게 의결권에 대한 막대한 수요를 내비치고 있다. 이러한 세계에서, 명예도의 분배는 어떻게 이루어지는가?

순수한 명예를 측정기준으로 하여 명예도의 분배 정의를 세운다면, 주관적인 종류 가치의 충족 및 보상 논리는, 그에 공감하지 못하는 수많은 타인들에 의해, 누군가가 얻는 분배량이 그만한 가치가 없다고 매 순간 부인할 수밖에 없

---

35 물질의 이상(理想)이란, 생산물의 합리적인 생산량이 이윤 극대화 점이 아닌, 최대 생산가능 점으로 이동함으로써 달성될 수 있다.

36 선택하지 않은 대안들 중 최선책에 대한 비용과 선택에 따라 발생한 비용의 합계. 명예도의 대체 선택으로 누리지 못하는 화폐 금액을 의미한다.

다. 의결권이라는 힘의 행사량은, 객관적으로 정해지는 기준이 아니라, 주관적인 소요 충족의 논리에 있기 때문이다.

예를 들면, 개인 A, B, C가 있다. 개인 A는 B에게 소요량의 해소를 제공하고, 그에 대해 사회 정의로서 명예도를 분배 받고자 한다. 하지만, 개인 C에 있어서, A가 공헌한 사회 가치 기여는 주관적이어서 **매우 임의적이며**, 명예부의 조작과 권력의 이전이라는 효과를 근거로 해당 거래를 부인한다. C와 같은 **타인들이 공공가치 기여에 대한 분배로서 동의할 수 있는 유일한 근거는 오로지 희생한 물질적 기회비용에 존재한다.**

이 논리는 미시적 영역에 그치지 않는다. 권력의 상대성에 따라 추가적인 의결권 발행 및 회수를 통한 상대의 지분율 상승은 반드시 자신의 지분율 하락으로 이어진다. 규명할 수 없는 부정의한 손실은 강력한 저항을 초래하여 모두가 수긍할 수밖에 없는 물질의 기회비용까지 성과를 끌어내리게 된다. 누구든 확실성 아래에서 받아가는 순수 명예의 보상은 용납될 수 없다.

그렇기에 명예법인의 시장평가 방식과 같은, 개인들의 주관적인 소요량의 해소 기준으로는 분배 정의를 달성할 수가 없다. 정말 그러한 방식으로 분배를 얻고 싶다면, 자본적 논리로서 직접 명예법인의 주주가 되어 위험을 부담하며 명예부를 이루면 된다.

그 사람이 그만한 분배를 얻는 것이 모두에게 합당하게 인정되려면, 그 사람이 그러한 공적가치기여를 하지 않았을 때 누릴 수 있었던 것이라는 기회비용으로만 알 수 있다. 기회비용의 논리는 그 시간과 자원에 대하여 반드시 물질로서 측정될 수 있으므로, **명예도의 분배는 오로지 명목임금의 대체로서만 실현 가능하다.**

이는 **명예도의 분배 원리**로서, 의미를 좀 더 잘 이해하기 위하여 순명예가 없는 극단적인 세계를 가정하자. 누구도 명예에 어떠한 가치도 부여하지 않기 때문에 총발행명예도는 최소화되고, 명예도의 가치는 오로지 명예배당의 채권부만큼만 존재한다. 따라서 총발행명예도의 조정을 통해 1명예도가 지닌 채권부 가치량과 1통화량의 관계는 일치할 수 있다.

그러나, 앞서 말한 명예가 무한히 많은 극단적인 세계에서는 어떠한가? 총발행명예도는 너무나도 많이 유통되고 있다. 그럼에도 불구하고 개인들은 경제의 통화가 해내지 못하는 영역을 해결해 줄 힘의 논리, 정치 권력을 수요하고 있다. 두 극단적인 가정의 세계는 하나의 축을 기준으로 하는 극을 보여주며, 극단성을 완화하면서 어떠한 접점을 갖게 된다.

명예도의 가치는 그것이 가지는 명예배당에 의한 **물질의 가치량**과, 그것을 넘어선 영역의 **순명예**로 양분된다.

명예가 극단적인 세계에서는 오로지 물질적인 가치만으로 비교하였을 때, [1통화량 = 무한의 명예도]의 상대적인 크기를 확인할 수 있다. 두 증권의 이만한 차이에도 불구하고, 명예주의는 금전적인 물질에 더해 명예라는 가치를 의결권에 추가로 부여하여 기적같이 개인들이 [1통화량 = 1명예도]라는 명예도의 분배에 관한 명목임금대체 원리를 따를 수 있음을 보인다.

좀 더 명예로운 세계일수록, '통화 단위'와 '명예도의 채권부가치'의 편차를 더욱 크게 갖는다. 즉, '1명예의 물질부'와 '1통화의 부' 간 교환비는 사회의 명예로운 수준이나 미개도를 기준으로 하여 '어떠한 균형값'을 갖게 된다. 다른 조건이 일정할 때, 이 균형값이 클수록 물질적인 한계비용을 극복하고 우리 모두를 풍요롭게 만들 수 있다. 이 균형값에 대한 자세한 논의는 6장 '명예주의하 거시경제 균형'에서 논의할 예정이다. 물질만능주의에서 벗어날 때, 우리는 그것에서 자유를 얻을 수 있다.

의사결정

현재의 시대에 만연하게 퍼져 있는 부정의한 혼란들은, 근본적으로 진리가 없는 의사결정의 결과로 인해 초래된다. 사회의 문제를 해결할 수 있는 유일한 방법은 오로지 우리들의 의사결정 속에 있기 때문이다.

의사결정이란 서로 다른 생각을 가진 사람들이 어떠한 기준을 두어 합리적인 합의를 하는 것이다. 민주주의 세계에서 우리는 무위험 투표권으로서 의사결정을 실현하고 있다.

그러나, 현재의 시대에 우리가 지닌 의결권은 이에 그치지 않는다. 화폐 또한 일종의 의사결정 기구이며 의결권과도 같다. 가격 기구의 논리는, 자원 분배 정의 실현을 위한 가장 합리적인 장치이다. 우리가 소요에 관한 영역도 자원이자 가치로 받아들이고 나면, 이러한 논리는 당연히 가치경제[1]에서도 통용될 수 있다.

의사결정에서 어떻게 가격기구를 도입하여 합리적인 의견의 합일이 가능할지 탐구해 보자. 의사결정은 기준으로 정한 원칙으로 실행된다. 현재의 우리는 최대 다수의 행복을 원칙으로 정했다. 우리는 이 체계에 익숙하기 때문에 이해

---

1 정치적인 의사결정에서도 당연히 가격 기구의 적용이 가능하다.

하는 데 어려움이 없으며, 민주정이 가장 우월하다고 믿는다.

A. 의사결정의 이상: 만장일치

민주정하에서 가장 완벽한 결론은 바로 **만장일치**이다. 각자의 완전하고 자유로운 의사결정에서 보인 만장일치는, 우리가 궁극적 합의를 이룬 것과 같다. 본래 사회는 다양한 목소리를 갖고 있고, 희소한 자원의 논리에서 모두가 만족할 만한 결론을 찾기 어려운 문제가 있다. 하지만, 이를 극복하고 모두가 합리적 수긍을 보이는 만장일치의 결론은 그렇지 못한 결론보다 더욱 우월할 수 있다.

B. 독재의 이상

가장 아름답고 완전한 만장일치의 합의는 독재정에서 나타나기도 한다. 독재자는 강력한 대리인으로 볼 수도 있다. 모든 독재정에서 내세우는 위대한 지도자라는 양식은 언제나 대표성을 강조하며 그들의 위에 군림하는 것을 정당화한다.

독재자는 그 스스로가 우매한 민중들과는 차별된다는 강력한 자의식을 보이고 있다. 그들 또한 타인과 같다고 한다면, 군림의 명분은 사라진다.

이런 자의식의 아집은 과연 독재정에서만 나타나는가? 예를 들어, 민주정에서 정치대리인은 그 스스로 각 시민들과 동등한 권리를 누려야 한다고 생각하는가?

정치활동의 궁극적 동기인 정권 획득, 즉 남들보다 더 큰 힘을 누리려는 것을 궁극적 목표로 정치활동에 임하는 대리인들은, 그 동기에 있어서 만인의 권력적 평등이라는 민주적 결과와 모순을 품게 되진 않는가? 다수로부터 막강한 권력을 위임받은 대리인이 그들을 선출한 다수의 입맛에 따라 결정하는 자원들의 분배점은 소수의 입장에서 독재와 무엇이 다른가? 의결 결과에 대한 진중한 수긍과 미수긍은 오로지 정의로운 의결이었는지에 따라 갈릴 뿐이다.

　다수의 입맛에 맞는 정책이 사회 정의를 보장하지 않는다면, 민주적 대리인은 정의와 권력 사이에서 갈등할 수밖에 없다. 모두에게 공정한 독재정과, 우매한 중우정치 중에는 무엇이 우월한가? 플라톤이 말한 진정한 철인정치[2]의 사상이 아직까지 회자되는 와중에, 독재정은 정말 나쁘기만 한 것인지 생각해 보아야 한다. 적어도, 그는 우매한 중우정치의 결론보다 정의로운 독재정치의 결론이 우월하다고 답을 내렸다.

C. 독재의 이상: 시스템 독재

　정의로울 수 있는 독재정이란 사실 흔하게 알고 있는 독재정이 아니다. 독재자 그 자신이 자신의 모든 자의식을 내려놓고 인류 정의에 자신을 조정한다. 인간에 기반한 독재정은 그런 방식으로 존재하지 않으며, 사실 정의의 독재란 시스템의 정치와 같다.

　반대로, 우리들 주변의 흔한 독재정에서는 독재자 자신이 모든 자의식을 끌어안고 세계의 기준에 자신의 성향을 들이민다. 이 현상은 멀리 있는 이야기가

2　절대적이고 보편적 진리 자체인 이데아(idea)를 통찰한 철학자의 독재.

아니다. 우리의 민주주의에서 의결의 결과가 최선을 보장하지 못한다면, 언제나 좁은 자의식이 권력을 차지한다. 그 결과 민주적 세계는 다수의 의지가 아닌 대리인이라는 자의식의 독재가 시작된다.

D. 자의식 정치

민주적 대리인들은 '사회가 좋을 수 있는 가능성'과 '자신이 좋을 수 있는 가능성' 중에서 언제나 후자를 택한다. 권력이라는 수단을 통해 다수의 행복을 실현하자는 민주주의의 궁극적 이상과 달리, 현실은 자신들도 이해 못 하는 망상적 공약을 내걸며 다수의 행복과 자신의 행복을 저울질할 수밖에 없다.

사회의 자원은 최적화되어 이용되지 못하고 특정한 목적을 위해 운용된다. 수단과 목적이 도치된 모순적인 모습에서 문제점은 나타날 수밖에 없다. 이 문제는 단지 정치대리인이라는 개인들의 다양성에 기반하지 않는다.

E. 우월한 가격적 의사결정 체계

만장일치로 통하는 의사결정은 개성과 다양성이 만연한 세계에서 쉽게 나타날 수 없다. 그러나, 새로운 세계의 새로운 시대에서 우리는 드디어 모든 의결에서 만장일치라는 합일에 도달할 수 있다. 세계의 거대한 정의를 앞에 두고, 반대표를 행사할 자들은 없다. 공정한 대가를 받고, 부당하다고 말할 수는 없다.

가격적 의사결정 과정은 세계를 하나로 통합한다. 만장일치는 너무나 쉽게 달성될 수 있다. 만장일치가 가능한 의사결정기구와 그렇지 못한 의사결정기구간에는 명백한 지배우월관계가 성립한다. 사상 간 우월성은 사회의 행복과 얽혀 있다.

각자들의 가치관마다 선호하는 사회 시스템은 다를 수 있다. 세계에는 수많은 의사결정 시스템이 존재한다. 그 모든 곳에서 거부할 수 없는 하나의 의사결정 방식이 존재한다. 왕정에서도, 공산주의에서도, 민주주의에서도 생산 및 분배 의사결정 방식은 거부할 수 없는 현실로서 작동한다. 물질의 분배 정의를 왜곡한 시스템들의 결말은 한결같이 처참했다.

의사결정은 정치력에만 국한되지 않는다. 투자의사결정, 물건을 구매하는 소비계획 또한 의사결정의 일종과 같으며, 자신의 이해와 직접적으로 연결되어 중요해진 계산은 완전보상 필요성을 강조한다. **어째서 같은 사회 체제 안에서도 정치적 의사결정과 경제적 의사결정은 서로 다른 사상을 갖는가?**

둘의 차이는 명확하다. 정치 의결의 실패는 모두가 공동 분담하지만, 경제적 약속의 실패는 본인의 부담으로 직접 다가온다. 정치와 달리 경제 영역에서 각자의 생존과 직결된 최고의 의사결정 방식을 고안할 수밖에 없었다. 그 결과 세상은 오래전부터 가격이라는 가장 아름다운 의사결정 시스템을 사용하고 있었다. 이는 자연의 법칙처럼 균형의 원리로 성립된다. 만약 가격결정 시스템보다 더욱 이상에 가까운 의사결정체계가 있었다면 경제활동의 원리 또한 그 체계를 따랐을 것임에 틀림없다. 모든 의사결정 중에서, 보상체계가 가장 확실한 방식은 지배원리[3]에 의해 단 하나의 우월함으로 존재하게 된다.

정치적 의사결정도 본질적으로 경제적 의사결정과 전혀 다를 것[4]이 없다. 모

---

3 어떠한 기준으로 서열을 매길 수 있다면, 반드시 1순위는 존재한다.

4 복지의 분배도 자원 분배의 일종이며 양립 불가능한 정치의 논리도 서로 상대적인 가치 크기의 비교로서 결정될 수 있기 때문이다.

든 사회정치 시스템 안에서 오로지 생산물 자원의 분배 의사결정을 위한 경제의 논리는 예외 없이 적용되었다. 우리는 결국 단 하나의 의사결정 시스템만을 남겨 둘 것이다. 더는 정치 분배와 물질의 분배가 무엇이 다른지[5] 구분할 수 없게 된다. 그 모든 것들이 가치단위로 묶이며, 누구의 부정도 필요치 않은 의사결정 방식, 가격적 의사결정이 세계의 정의를 실현한다.

F. 가격적 의사결정의 도구

그렇다면 가격적 의사결정이란 무엇인가? 이를 이해하기 위하여 먼저 가격의 성질을 탐구해 보자. 먼저, 가격은 그 결정원리가 매우 복잡하지만 명확하게 존재하고 있다. 가격은 어떻게 우리의 의사결정을 조정하는가?

가격의 뿌리 깊은 속뜻에서 우리는 결국 **위험**과 **보상**이라는 본질을 찾아낼 수 있다. 예를 들어 당신에게 필요 없는 기계장치의 가격이 100이라고 해 보자. 무지한 판매자를 만나 기계장치의 가격을 50으로 구매하여 시세차익을 노릴 수 있다면, 당신은 필요 없다는 이유만으로 이 기계장치를 매입하지 않을 것인가? **보상**만 충분하다면 필요성과는 관계없이 반드시 매입하는 것이 옳다. 구매 의사결정이 가격을 기준으로, 우리의 주관적 효용과는 관계없이 결정된다.

그러나, 우리는 더 생각해 보아야 한다. 아직은 가격적 의사결정의 진정한 의미를 알 수 없다. 세계가 합리적일 때, 100가격의 기계장치를 50에 판매할 자들은 없다. 공정하게 100의 가격이라면 초과수익이 없도록 100에 거래되어

---

5 구체적인 논의로, 4장의 'J. 물질의 이상'에서 논의한다.

야 한다.

어느 날 당신에게 특별한 예측력이 생겨, 이 기계장치의 가격이 미래에 200이 될 것이라고 불확실하게 추정된다고 하자. 그러면 이 기계장치를 매입할 것인가? 이 질문과 앞의 질문은 근본적으로 동일한 기대수익률이라는 측면에서 똑같은 질문이다. 그러나, 그 차이는 아주 중요하다. 불확실성은 의사결정을 가른다. 가격의 본질 중 하나인 **위험**은 의결 당사자들의 위험회피도에 따라 서로 다른 의사결정을 보이게 할 수도 있다. 확실한 200과 불확실한 200 사이에는 어떠한 차이가 존재하고 있으며, 이 차이는 분명 누군가의 의사결정을 가른다.

의사결정에 있어, 위험과 보상은 아주 중요한 구성 관념으로 뿌리를 내리고 있다. 위험과 보상이 있다면, 가격으로 우리가 자유롭게 거래한 결과가 자연히 사회적 최적이 되던 것처럼, 정치와 관념의 분배 또한 최적으로 실현할 수 있다. 이제 우리는 진리를 가르는 의사결정을 공공과 정치의 영역에서도 실현할 수 있다. 따라서 **가격적 의사결정**이란, 위험과 보상을 논하는 의사결정을 말한다.

이 가격적 의사결정을 활용하여 대리인을 선출해 낼 수 있고, 분배비율을 결정할 수도 있으며, 가치량을 측정할 수 있고 시기를 결정할 수도 있다. 그 결론에는 신기하게도 만장일치의 원리가 내포된다.

이 체계가 만장일치를 이룰 수 있는 원리는 간단하다. 주어진 진리는 서로 다름이 아닌, 옳고 틀림을 논한다. 예를 들어 자연과학의 수많은 방정식을 따르지 않는 설계는 틀림없이 치명적인 손실을 초래한다. 가치체계에 대한 가격이라는 진리도 마찬가지로서, 그것을 따른다면 이익을 얻으며, 그러지 않는다면 고통[6]을 얻는다.

---

6 자연적으로 결정되는 가격 결정식을 거부한다면, 손실을 감내해야 한다.

가치체계의 진리에 순응하는 이기적 동기의 유인은 당신으로 하여금 당신과는 아무짝에도 관계가 없는 기업의 생태와 시장을 분석하고 적정한 가격이라는 진리를 탐구하게끔 한다. 잘못된 추정은 필연적으로 초과손익의 논리를 부른다. 위험이란 의미에 내포된 불확실성은 항상 누구에게나 초과손익의 가능성을 제시한다. 그 많은 가능성들 중 하나의 상태, 즉 초과손익이 사라질 수 있는 균형의 상태를 향한 힘의 원리는 만물이 평형을 이루는 엔트로피의 원리와 같이 자연적인 진리를 내포한다.

G. 가격적 의사결정의 우월성

모든 의사결정 중 가격적 의사결정이 가장 우월한 이유는 과학탐구의 원리와 같이 그 **자연성**에 있다. 이 개념은 주어진 진리에 어긋난 선택을 하는 자에게 스스로의 잘못이라고 인정할 수 있는 성질을 의미한다.

즉, 자연성을 거부하는 행위는 명백한 행위자의 잘못이 된다. 주식가격이 떨어져 발생하는 손실은 그 투자자 본인의 잘못이 되는 것처럼, 가격에는 분명한 자연성이 있으며, 이를 적용한 의결에는, 진리에 어긋난 유효표를 행사한 자에게 그들 스스로가 본인 잘못이라고 인정할 정도의 정의가 존재한다.

사회구성원들은 의사결정에서 **진정한 진리를 향하여** 탐구하고 **참여**할 수밖에 없다. 이 효과로 인해, 국민들은 사회의 주인이 될 수 있다. 정부의 관료들이 멋대로 현상을 계산하고 행사하는 것이 아닌, 사회가 그들 스스로의 비용으로 현상을 분석하고 계산하며 그 결과로 적정가치를 도출하여 관료들에게 알려준다. 그렇다면 가격에 자연성이 내포될 수 있는 근본적인 이유가 무엇일까?

H. 가격의 자연성

가격의 표면적인 구성요소는 액면가와 거래수량이다. 두 수의 곱은 시장이라는 크기를 나타내게 된다. 사실 그 수가 결정되기까지 강한 영향력들이 체계적으로 개입한다. 위험과 기대, 정치형태와 산업구조, 외교 등 나열 불가능할 만큼 많은 가격의 구성요소들은 서로의 논리대로 가격을 올리고 내리는 힘으로 작용한다.

가격의 상승과 하락의 힘 사이 **균형**에서 자연성이 발휘된다. 해당 가격에 저항을 하면 그 행위자는 경제적 손해를 입게 되며 인간이 자연을 따르듯, 가격도 따를 수밖에 없다. 자연성, 그것은 자연과학의 원리[7]와 마찬가지로 **균형의 힘**에 의해 존재한다.

I. 필연적 만장일치

명예주의가 가격의사결정을 채택할 수 있다는 것은, 시스템 중에서 위에서 나열한 기준과 설명대로 가장 우월한 의사결정 시스템이라는 것을 의미한다. 합리적인 이유로 주식가격이 떨어졌다고 시위운동을 하는 사람은 없는 것처럼, 같은 조건에서 명예주의 의사결정의 결과를 부정할 사람은 모든 대안들 중에서 가장 적게 된다. 오히려, 그 자신들이 자연성에 의해 진중한 수긍을 보이게 되면서 만장일치의 이상은 달성될 수 있다.

---

7 우주 만물은 힘의 작용과 상쇄의 연속에서 자신만의 궤도를 갖추기도 하고, 상태를 바꾸기도 한다. 추가적인 외부 영향이 없다면, 그 상태는 안정될 수 있다.

J. 시스템에 의한 철인 정치

가격적 의사결정이 작동할 때, 수많은 개별 안건들과 복잡함 속에서 가격은 모든 답을 아는 현자처럼 군림한다. 이 현자는 뛰어난 능력으로 사회 내 의사결정을 최적으로 내릴 수 있게 한다. 전체성으로 엮어낸 사회의 의지는 세계 정의에 닿을 수 있다.

사회적 의지의 발현은 사상을 통해 일어난다. 최고의 의사결정 시스템은 그 운영을 담아낼 올바르고 효율적인 체계 안에서만 작동한다. 민주주의의 방식으로는 가격적 의결의 기능을 실현할 수 없다. 그 한계를 극복한 특별한 시스템이 필요하다. 그 유일한 대안으로, 명예주의의 사상체계를 통해 어떤 방식으로 정의로운 의결의 성립이 가능한지 구체적인 의결 시스템을 살펴보자.

K. 선택 의결

여러 대안들 중에서 하나의 대안을 뽑는 의결이 있으면, 이 의결에서 어떻게 명예주의가 작동하는지 알아본다. 하나의 안건에 대해 여러 개의 의안들이 제시되고 나면 각자가 세계의 정의를 기준으로 어떤 의안이 승리할지 심도 있는 탐구의 과정을 거친다.

구체적으로, 사회에서 의결할 안건이 존재하면, 제안자[8]들은 자신들의 위험[9]으

---

8 명예주의에서 우리 모두는 의결의 제안자가 될 수 있다. 의회는 국회의 전유물이 되지 못한다.

9 제안자들이 감수하는 위험이란, 공시총액의 부담액 또는 의결프리미엄을 의미한다. 이후 자세히 설명한다.

로서 의안을 제출할 수 있다. 의결의 참여자들 또한 자신들의 위험을 걸고 의결에 참여한다. 그 모든 참여자들이 기대하는 것은 정의의 탐구와 명예부의 극대화이며 이기심과 저항심의 두 강력한 동기로 작동한다.

가장 많은 의결 표수를 모은 의안이 채택되고, 그렇지 못한 의안은 청산[10]된다. 채택되지 못한 의안에 행사된 의결권들의 집합은 청산되어 그 일부가 의결에 승리한 자들에게 분배된다. 위험이 존재하는 한 각자의 책임과 위험으로, 세계의 정의를 판별해야 한다.

L. 책임 있는 권력

새로운 시대에서 권력의 행사는 반드시 그에 상응하는 책임이 부여된다. 타인에 영향력을 미치는 만큼 그들은 강력한 위험을 마주해야만 한다. 이를 다시 해석하자면, 진리를 향한 의결에 자신의 정치력을 남용한 자들은 그에 상당하는 불이익을 짊어져야 한다. 이에 따라 사전에 '승리가 진리'라고 보장된 의결에서, 패자들은 자신이 행사한 힘의 크기대로 위험을 부담한다.

이제 우리들은 모두 자신의 가치분배서열을 강화하기 위해서 진리를 향해 바라보고, 주어진 안건들을 깊이 연구하고 고민하는 과정을 거쳐야 한다. 마치, 당신과는 상관도 없던 기업가치를 투자수익을 위해 분석하는 것처럼, 사회의 진정한 주인들은 더는 정치 무능력으로부터 헤매지 않을 것이다.

---

10   청산되었다고 그 가치량을 모두 손실로 보는 것은 아니다. 비유하자면, 청산은 과세표준의 개념이며 손실액은 세액과 같다. 구체적인 결정원리는 곧 후술한다.

M. 투기적 의결의 기능

위험이 존재한다는 의미는, 기대수익의 존재를 암시한다. 변동성으로 나타나는 편차는 부담한 위험만큼 더욱 높은 보상을 속삭인다. 현재의 위험은 미래에 보상된다. 강력한 성장률의 유혹은 의결을 수단으로 삼는 투기적 수요를 자극한다.

어떠한 의결이든 결국 간절함은 반영된다. 어떠한 안건들이 본인의 간절함과는 전혀 상관이 없어서 굳이 참여할 필요가 없더라도, 위험을 지는 만큼의 보상을 얻기 위한 투기적 의결이 발생할 수 있다. 그러나 그들은 자신들이 행사할 표의 무게만큼 결국 간절해지게 된다. 위험이 수반되기 때문에, 참여자들이 어떠한 목적으로 참여하는지는 이제 중요하지 않다. 의결의 집합은 결국 간절함의 대립에서 드러난다.

중요한 것은 이러한 투기적 기능은 진리를 가르기 위한 효율성[11] 장치로서 적절히 작용할 수 있다는 점이다. 기대수익률의 존재에 의해, 세계 정의를 이해한 자들은 가치분배서열의 우위를 얻을 수 있다.

가격적 의사결정체계의 논리에 의해 선택되는 안건은 사회적 최적을 보장한다. 그 의결의 결론은 뒤엎어지지 않는다. 사후적 깨달음의 변수가 아니라면, 누구도 위험이 부담되는 의결 행사량을 수정할 유인이 없기 때문이다. 승리한 의안에 자신의 위험을 베팅한 참여자들은 사회 최적을 이루는 데 기여를 한 것과 같다.

---

11 정보의 비대칭을 극복하고 보상이 신축적으로 이루어진다는 가정, 효율적 시장의 구성을 위해서는 균형가치에 어긋나는 초과손익에 대한 무한한 차익거래의 기회를 제공해야 하기 때문이다.

N. 권력의 오만과 방만

의결권의 안전을 꾀한다면 무턱대고 잘 모르는 의결에 참여하지 않으면 된다. 그 상태는 마치 현재의 무위험 의결권을 지닌 우리와 아무 차이가 없다. 그럼에도 불구하고, 세계 기준에 걸맞지 않은 오만을 부린다면 초과적인 위험을 부담해야 할 것이다.

의사결정에 있어서, 채택이라는 공동 목표를 지니는 의안들은 필연적으로 양립불가능성을 지니게 된다. 누군가의 방만으로 인해 효율적 시장은 달성되지 못할 수 있다. 그렇기에 정의로운 곳에 힘을 사용하지 않는 것 역시 방만과 같다. 의결을 하지 않는 행위 자체도 세계 정의를 외면한다는 죄의 일종이 된다. 그만한 힘이 있을수록, 방만의 죄값은 더욱 강해진다. 이러한 원리에서 도입되는 회수율[12]장치는 의결에 참여하지 않는 힘들에게 힘의 마모라는 대가를 부여한다. 방만 또한 권력의 행사와 같다.

O. 가치량평가 의사결정

본격적으로 유위험 의결권으로 이룰 수 있는 합리적인 의사결정 체계를 알아보자. 가격적 의사결정의 핵심은 '가치량을 정확히 측정할 수 있다'는 점에 있다. 정치적 가치[13]의 본질은 유위험의결권으로 계산되는 의결의 결과 중, 총

---

12 명예도 발행과 회수의 균형을 형성하는 중요한 장치로서, 6장 '명예주의하 거시경제 균형'에서 후술한다.

13 가치에는 물질도 포함되어 있지만, 이는 가격의 원리가 이미 구현되어 정의를 이루었으므로 의사결정에서 다루는 가치량은 모두 명예의 가치로 이해하자.

획득 찬성표에서 반대표의 값을 뺀 것으로 나타난다.

사회적 가치량 = 찬성표 - 반대표

가치량을 정확히 세어내는 것이 어째서 중요한가? 이러한 능력은 정의로운 세계를 구현하기 위한 기초적인 장치가 된다. 지금까지도 꾸준히 반복되고 있는 수없이 많은 불합리한 구조와 독단적인 선택들은 누구도 부정할 수 없는 가치량의 제시로 인해 사라지게 된다. 그런 기능은 신뢰를 넘어 진리를 보인다. 무위험 세계에서는 볼 수 없던 진리를 볼 수 있게 한다.

가치량이 결정되면, 이를 활용하여 실현되는 정의(正義)는 무궁무진하다. 이는 특히 공공성의 보상에 대한 명확한 측정을 제시한다.

가치량의 측정에 대한 기본적인 방식은 다양하다. 시장에 의한 명예법인 가치 평가 시스템은 연속적이며 즉각적인 실시간 평가를 반영한다. 자세한 논의는 후술하겠지만 명예법인의 시가총액의 본질은 결국 사회적 가치량을 반영하게 된다.

그러나 이러한 자본화 방식만으로 모든 가치량을 세어낼 수는 없다. 명예법인의 임의 기간에 대한 가치량 평가는 그러한 방식으로 이루어질 수 없다. 그렇기 때문에 명예법인의 유량 평가를 위해서는 이 가치량평가 의사결정이 필요하다. 구체적으로 가치량이 어떻게 결정되는지 좀 더 탐구해 보자.

먼저, 민주주의 투표권들이 모인 집합은 의미 있는 가치량으로 취급될 수 없다. 민주주의에서는 임의의 개인이 의결권을 행사하면 결과에 반영된다. 즉 누구든 한 표를 행사한다면 가치량에 즉각 한 표가 반영된다. 임의의 영향력들은 특히 강력하여, 그 의지가 투표권의 집합량을 크게 변동시킬 수도 있다. 임의성의 개입으로 인한 결과의 변동은 정의롭지 못하다.

어느 임의 개인의 의도적인 평가가 위험의 반영 없이 직접적으로 가치량에 개입해서는 안 된다. 그렇다면 진정한 가치량을 세어내기 위한 간단하고 보편적인 의결방식은 무엇이 있는가?

특별한 투표용지에 특별한 의결 방식을 적용하여 우리는 가치량을 세어낼 수 있다. 의결권에 위험이 부과되게 되면, 다음과 같은 기능을 추가할 수 있다.

찬/반	행사가	수량

의결을 제안하는 제안자들은 자신들이 명명한 가치에 이름을 부여하고, 그에 대한 명예적 평가를 시장에 던지게 된다. 그러면서, 그 자신들이 스스로 해당 테마의 가치량을 선언하게 되는데, 이를 **'공시총액'**이라고 한다. 예를 들면, 명예법인A는 자신이 달성한 공공생산량이 100이라고 주장하고 의결을 제안한다면, 공시총액은 100이 된다.

이는 다양한 역할을 하게 되는데, 논의를 진행하면서 천천히 살펴보자. 위의 투표용지의 행사 방법은 간단하다. 의결의 참여자들은 자신이 설정한 행사가와 수량을 곱한 금액을 명예도를 지출하여 투표할 수 있다. 위의 투표용지와 공시총액이 어우러지면, 우리는 손쉽게 가치량을 찾아낼 수 있다. 예를 들어 모두가 의결을 행사하고 나면, 그 의결권들의 종합이 모여 다음의 그림과 같이 나타날 수 있다.

왼쪽 열의 수는 테마에 반대하여 투표용지에 반대로 기록된 의결권의 수량이며, 각 행사가에 따라 기록된다. 오른쪽 열의 수는 그와 반대로 찬성한 의결권의 수량이며, 나머지 부분은 같다. 가운데 열의 수는 행사가를 의미한다.

행사가란, 세계의 개체들이 임의적으로 생각하는 가치량을 적당한 수량, 즉 공시량으로 나눈 결과를 의미한다. **공시총액의 설정**은 그 크기의 일정 부분[14]을 의안제시자가 위험으로서 부담하여 상정할 수 있다.

공시총액의 설정 값 = 1,000,000 / 공시량 = 10,000

반대표 집합	행사가	찬성표 집합
0	170	300
100	160	500
200	150	700
300	140	1000
800	130	1500
1000	120	3500
1500	110	4200
1000	100	5000
700	90	7500
500	80	6000
300	70	3000
200	60	1700
150	50	1000
50	40	500
0	30	300

---

14 5장에서 후술할, 공시손실의 존재가 이와 같다.

규칙은 다음과 같다. 행사가액이 낮은 반대행사표 수량부터 행사가액이 높게 설정된 찬성행사표의 수량을 상계해 간다. 예를들면, 행사가 40에 설정된 50개의 반대표 수량은 먼저, 170 행사가액의 300의 찬성표 수량과 상계되어, 250개의 찬성표 수량을 남긴다.

그러나, 이러한 과정에서 추가로 고려해야 할 사항이 있다. 진정한 가치의 반영을 위해서는 설정된 공시총액의 금액이 그만큼, 타당한지에 대한 가치 평가가 필요하다는 점이다. 공시총액의 설정 금액 자체만으로, 사람들은 그만한

반대표 집합	행사가	찬성표 집합
0	170	300
100	160	500
200	150	700
300	140	1000
800	130	1500
1000	120	3500
1500	110	4200
1000	100	5000
700	90	7500
500	80	6000
300	70	3000
200	60	1700
150	50	1000
50	40	500
0	30	300
+ 공시량		

가치가 있을 수 있다고 범주를 잡아버린다. 이는 유의미한 의사결정의 영향을 줄 수도 있으며 과대계상 시의 불이익을 제거할 수도 없다.

그만한 공시총액을 설정한 데에는 그만한 지지의 근거가 있어야만 하므로, 그만한 공시총액을 시장가로 던져도 받아줄 지지세력들은 반드시 상정된다. 따라서 공시량의 크기만큼 먼저 찬성 측의 가장 높은 행사가액 호가부터 상계한 후에, 이후 나머지 반대표들의 상계를 실행한다. 이러한 과정을 한없이 반복한 후에, 찬성표나 반대표가 모두 소진되거나, 반대표 행사가액이 찬성표의 행사가액과 일치하게 될 때, 과정을 종료한다.

이러한 과정을 거쳐 설정된 행사가액은 진정한 가치의 본질을 담아낼 수 있는가? 이 방식은 주식시장 마감을 위한 동시호가의 결정과 유사한 부분이 있다. 찬성표는 이기심이며 매수포지션으로 이해할 수 있고, 반대는 저항심이며 매도포지션으로 생각할 수 있다. 이에 대해 좀 더 구체적으로 생각해보자.

찬/반 행사표의 상계과정이 아직 종료되지 않았다면, 아직 상계되지 못한 반대표 하나의 수량은, 규칙에 따라, 자신보다 실질적으로 더 많은 명예도를 베팅하고 높은 행사가액으로 참여한 찬성표 하나의 수량과 상계함으로서 자신의 의지를 더욱 효율성있게 세계에 반영시킬 수 있다. 그렇기에 실질적인 명예도 유출에 따른 힘의 효율이 같아지는 지점까지 이 과정을 반복할 수 밖에 없다. 저항심을 반영한 이기심, 그것이 가치와 같다.

이 과정을 끝내고도, 아직은 이 행사가액을 가치의 본질이라고 결정하기 어렵다. 여기에 마지막으로 참여자들의 위험에 따른 손익 정산 과정이 추가되고 나면, 그 행사가액에 공시량을 곱한 금액은 가치량이라는 본질을 잘 반영할 수 있다.

먼저, 위의 그림에 표시된 초록색 영역의 의결권들은 서로 **청산**되었다고 표

반대표 집합	행사가	찬성표 집합
0	170	300
100	160	500
200	150	700
300	140	1000
800	130	1500
1000	120	3500
1500	110	4200
1000	100	5000
700	90	7500
500	80	6000
300	70	3000
200	60	1700
150	50	1000
50	40	500
0	30	300

현한다. 청산된 의결권[15]들은 각자가 결정된 균형가격보다 더욱 싸게 팔거나, 비싸게 산 것과 같은 손실의 청산이 필요하다. 세계가 인정하는 균형을 초과하여 행사한 만큼, 누군가는 이득을 보고, 누군가는 손실을 보게 된다. 가격이라는 이름으로, 그 정의는 이루어질 수 있다.

　손익분배의 수익 의결권들에 대해 **체결**되었다고 하며 미청산, 미체결된 의

15　단, 행사가액 100의 찬성표 5000 중 일부인 4800의 금액은 미청산 수량이 된다.

결권들은 가산회수율이 부과된 후 반환된다.

체결자들은 다음과 같은 손익을 분배 받는다. (단 반대표 행사자일 경우 -1을 곱한다.)

$$체결자 분배량 = (균형가 - 행사가)*수량$$

이 손익의 재원은 청산자들의 손실합에서 나온다. 따라서 아래 재원을 한도로 분배 받는 의결권까지를 체결되었다고 볼 수 있다. 그 재원의 금액은 다음과 같다. (단, 찬성표 행사자일 경우 알파를 제외한 값에 -1을 곱한다.)

$$체결자 분배량 재원 = \sum(균형가_n - 행사가_n)*수량_n + \alpha$$

청산자들은 자신의 행사가와 균형가의 차이만큼, 증거금으로 투입한 명예도 수량을 한도로 각자의 손실을 청산한다. 그 재원을 한도로, 체결자들 중 그들의 행사가액이 균형가와 가장 근접한 의결권부터 순서대로 체결자 분배량을 지급한다. 재원이 바닥나고 나면 그 과정을 종료한다. 이에 더해, 거래량 참여를 위한 유인, 의결프리미엄이 + α로서 추가로 분배량 재원에 포함된다.

이 의결 게임을 통해, 우리는 균형가치를 찾아낼 수 있다. 그러나, 아직 이 균형가치가 완전한 사회적 가치량을 반영한다고 볼 수는 없다. 왜냐하면, 아직 맹목적 거래량, 행사가액 없이 시장가 거래로 참여하는 의결권 수량을 고려하지 못하였기 때문이다.

어떠한 생산물에는, 가격이 얼마가 됐건 구매하고자 하는 수요도 존재하며, 어떤 정치적 의안에는 모든 손실을 감수해서라도 맹목적으로 반대하고자 하는 자들도 존재한다. 이들에게 최대의 손실을 부과시키는 것은 옳지 않다.

이들의 맹목성은 균형가액 결정에는 반영시키지만, 손익 정산에서는 벗어날 수 있으면서도, 위험 본연의 의미는 부과하여야 한다. 따라서, 그들에게 청산과 체결의 위험에서 벗어나게 해 주는 대가 수준의 확실성의 손실에 상당하는 가산회수율[16]을 부과시키고 거래에 참여시킬 수 있다. 단, 찬성자들의 시장가 거래는 공시총액 설정량을 한도로 한다. 이처럼 맹목적 의결 행사권도 모두 반영하고 나면 우리는 사회적 가치량을 아주 합리적으로 찾아낼 수 있다.

찬성표를 기준으로, 결국 이 게임에서 승리하기 위해서는 먼저, 체결자가 되어야 하며, 그 이득을 극대화하기 위해서는 더욱더 낮은 행사가액을 설정하여야만 한다. 행사가액이 높아질수록 체결자가 될 확률이 높아지며, 행사가액이 낮을수록 분배량이 증가하는 완전한 역의 관계 논리는 결국 의결행사자에게 적절한 가치량 균형에 대한 심도 있는 고민을 하게 만든다.

한편, 반대표로 행사될 수량은 많지 않을 수 있다. 가치량은 절대적인 크기를 지니고 있는데, 가치량의 정의 자체가 찬성표의 반대표 초과량을 의미하고 있으며, 그 차이만큼 의결에 참여할 찬성표는 더욱 많을 수 있다.

하지만, 위의 경우 반대표를 행사할 때의 압도적인 이익이 발생하게 되는데, 바로 '체결 확률'이 압도적으로 높아진다는 점에 있다. 가치량 결정 의결의 신비로운 특성상, 참여자들이 동질적인 기대 특성을 지닐 경우, 찬성 청산표들에 비해 반대 체결표가 더욱 적을 수 있기 때문이다. 공시총액의 크기만큼 유리해질 수도 있는 반대표의 체결확률은, 그럼에도 가치량에 영향을 미치지 못한다.

16　시장가 거래는 반드시 거래가 성사되므로 가치량 왜곡 위험이 더욱 크다. 그러므로 가산회수율에 더해, 그들이 왜곡한 거래량은 가치량에 임의성을 더할 수 있다. 임의성을 배제하기 위한 방법으로, 곧 후술할 청산손실의 논리를 활용하여 시장가 참여자들을 순서대로 나열하고 손실을 정산시키면 된다.

반대표의 행사자들은 찬성표의 행사자들과는 다르게 더욱 큰 위험을 경험한다. 그러므로, 이 압도적인 분배확률은 반대표가 더욱 부담하는 위험에 대한 합리적인 보상이며, 그 역할은 가치량의 왜곡없이 오직 효율적 시장의 달성을 위한 중요한 장치로서 기능하게 된다. 결국 이 게임에서 승리하기 위한 유일한 고려 유인은, 제언 된 테마의 본질적인 가치량을 탐구하는 것뿐이다.

P. 균형 비율 결정 의결

민주적인 의결 방식으로, 합리적인 세율의 결정을 내릴 수 있겠는가? 민주적 의결권의 표현제한성에 의해 이러한 결정은 관료들의 손에 의해 결정된다. 그러나, 투표권에 위험이 반영된다면 자연적으로 존재할 수 있는 균형 비율에 대해 의결의 방식으로 합리적인 결정을 내릴 수 있다.

비율은 언제나 0과 1 사이에 존재한다. 전체에 대한 부분으로서, 모두가 합리적으로 수긍할 수 있는 의사결정 과정에 대해 알아보자. 간단하며 합리적인 명예주의식 의결의 결정은 다음과 같다. 다음의 투표용지를 채택하여, 우리는 균형 비율에 대한 답을 찾아갈 수 있다.

예측 비율	수량	밴드 구간

예측 비율이란, 의결권 행사자가 임의로 생각할 때, 세계에서 정의로울 수 있는 비율을 의미한다. 수량이란 행사할 의결권의 수와 같다. 밴드 구간이란, 해당 의결에 참여한 의안 중 행사자가 채택한 안건을 의미한다. 이 개념은 결정된 균형 비율에서 어느 정도의 편차까지 '정답'으로 인정할 수 있는지 해답을

알려준다. 밴드구간은 편차로 표현되며 손익 분배의 기준이 된다.

먼저, 0과 1 사이에서 결정되는 비율에 대해, 의결 집행자는 균형세율에 대한 일정한 편차를 몇 가지로 설정하여 의안을 상정한다. 예를 들면 의안 A는 결정된 균형세율에서 [±0.02] 밴드구간을 설정하여 의안을 상정할 수 있다. 어떤 의안 B는 [±0.005] 사이의 좁은 범위의 밴드를 설정하여 결정 결과가 이 밴드 내에 속할 때, 공헌자들에게 더욱 큰 보상을 안겨줄 수 있게끔 한다. 이 게임은 다음과 같이 진행된다.

그림 3-1. 균형 비율 결정 게임

의안 A: [±0.02]
의안 B: [±0.005]

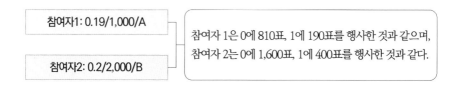

참여자1: 0.19/1,000/A

참여자2: 0.2/2,000/B

참여자 1은 0에 810표, 1에 190표를 행사한 것과 같으며, 참여자 2는 0에 1,600표, 1에 400표를 행사한 것과 같다.

0에 총 2,410표, 1에 590표가 행사되었으며, 이를 통해 균형 비율은 다음과 같이 결정된다.

$$\frac{590}{3000} = 0.196$$

(이때, 의안 A에는 1,000표가 행사되었지만 의안 B에는 2,000표가 행사되어 의안 B가 채택된다.)

결정된 균형 비율에 채택된 밴드구간이 반영되면, [0.191~0.201] 사이를 예측 비율로 설정한 의결권들은 체결되고, 그렇지 못한 의결권들은 청산된다. 그 분배량 재원은 청산된 의결권의 실질적인 손실 합으로 결정된다.

Q. 명예법인 평가 의결

명예주의식 의결의 정교한 시스템은 명예법인에서 찾아볼 수 있다. 현재의 정부는 거대한 덩치를 가지며 그 산하에 수많은 정부부처를 두고 복지를 행한다. 거대한 관료 시스템에 의해 조달된 재원들 대부분은 공무원의 인건비와 운영비용 등 '복지의 비용'으로 소모된다. 투입 대비 수확이 명확하지 못한 정부의 방식은 그 재원의 투입이 적절했는지 알 수 없다. 공무의 효율성[17]은 체계적으로 잡을 수 있는 방법이 없다.

이런 양상에서 '어느 부처에 얼마만큼의 재원을 할당할지'의 재무 문제는 국가가 숙고해야 하는 중요한 의사결정이지만, 민주적 시스템으로는 너무 형편없이 결정되고 있다. 점증주의적 예산결정이론은 체계적 오류를 내포하며 신축적이지 못하다. 그렇게 완전하지 못한 보상체계 속에서 사회의 자원과 가능성은 낭비된다.

형편없는 국가의 대리인들과는 달리, 기업의 대리인들은 시시각각 변하는 세상에서 살아남고 나아가기 위하여 최대의 효율성을 발휘한다. 주어진 자원으로 주인들이 원하는 부의 극대화를 능력만큼 도모한다. 그들은 '투입 대비 효율'을 중요하게 고려한다.

이처럼 국가의 재무 분배도 기업 경영과 같이 좀 더 효율적으로 결정할 수 있는 방법이 없을까? 기업 경영과 국가적 의사결정은 다르지 않다. 가장 큰 공통점을 말하자면, 바로 그들의 시의적절한 재무능력이 중요하다는 점이라고 할 수 있다. 자신이 가진 자원을 적당한 때 적절한 수량을 공급해 주는 것이 시스

---

17 공무의 효율성은 합리주의적 예산결정 이론에서 말하고 있다.

템으로서 해야 할 가장 기본이면서도 중요한 것이 된다. 그렇게 시스템의 재무 분배 의지로서 탄생하는 공공생산을 위한 단체, 명예법인이 등장한다.

　　명예법인들은, 정부관료들이 임의적으로 국가의 재무를 결정하는 것과 대비하여, 시장가격기구에 의해 자연적이고 효율적으로 분배한다. 자신들의 사적인 이익을 위해서, 사회의 가치극대화 활동을 이어간다. 그들 각자의 개성대로 독창적인 가치서비스[18]를 다루게 된다. 그들이 이룬 사회적 기여에 따라 아주 신축적이고 즉각적인 피드백으로 명예법인들의 가치는 조정 받는다. 더욱 적은 자원으로 더욱 높은 평가를 얻고자 하는 이익동기는 그들의 활동을 **극한의 효율성**으로 몰아낸다.

　　명예법인 간의 공공가치 공급 경쟁에 의해 복지의 경쟁화가 등장한다. 그들은 도태되지 않기 위하여 최선을 다한다. 각자의 사회적 가치 기여량은 아주 신축적이고 효율적으로 시장에서 냉혹하게 평가된다.

　　그렇게 명예법인들은 시가총액이라는 가치량으로 평가받는다. 시가총액의 크기에 따라 명예법인들은 상대적인 분배가중치[19]를 할당 받는다. 시스템은 그들에게 부여된 가중치대로 물질과 명예의 자원을 공급한다. 각자의 극한의 이기심과 간절함의 발현으로, 이타적 업적들을 다루는 명예법인들의 가치가 결정되고 재원이 이상적으로 분배된다.

　　이 모든 과정에서, 임의의 판단은 필요치 않으며, 그러한 가격적 의사결정기구의 결과는 자연과 같아 누구도 수긍하지 않을 수 없다. 해당 정책에 왜 그렇게 많은 재원을 쓰는지, 특정 가치의 테마에 낭비되는 재원이 얼마인지 시끄럽

18　독창적인 가치서비스를 테마라고 하자.

19　명예법인의 시가총액을, 시장에 속한 모든 명예법인들의 시가총액 합으로 나눈 것.

게 떠들 필요가 없다. 사회의 주인들이 주도하는 임의적인 정책에 그만한 자원이 투입되어야 함을 자연이 정해 준다. 마음에 들지 않는다면 자신의 위험을 걸고 묵묵히 반대를 행사하면 그만이다.

R. 진정한 민주주의

사회구성원들은 더 이상 대리인을 통하지 않고, 자신이 의미하는 바가 있는 곳에 직접 개입하고 지지하는 방식으로 힘을 행사할 수 있다. 우리들은 자신들의 효용과 이기심에 따라 자유로이 명예법인의 가치 평가에 참여한다. 이것이 진정한 민주주의의 형상이다. 국가의 주인은 비로소 국민이 된다.

매 안건마다 논의 불가능한 갈등에 매번 봉착하고 마는 당파 정치 시스템은 더 이상 우월하지 않다. 민주주의의 한계점은 다음 사상의 발걸음으로 극복될 수 있다.

S. 의결의 격

결정된 의사결정 사항이 사법과 대항할 수 있을까? 현시대의 의사결정과정은 대부분 정치적 관료들이 결정하고 있으며, 그들은 무엇보다 사법 시스템과의 충돌을 우선적으로 고려하게 된다. 따라서 결정된 의결은 사법과 맞서는 일이 없이 정해진 룰대로 실행된다. 민주주의 사회에서 법을 다루는 의결은 국회에서 결정된다. 사법 또한 의사결정의 부분적인 결과물이 된다.

사회의 의사결정에는 명확한 격이 존재한다. 자신이라는 범주 내에서 결정하는 의사결정이 있는가 하면, 가족, 지역, 국가 단위로 확장하는 의사결정이 전부 각각 존재할 수 있다. 이러한 의지로 지방의회 등의 제도가 이미 구현되어 있으며, 개인과 사회를 연결하고, 더 큰 의사결정기구의 종속을 받는다.

더욱 격이 높은 의사결정의 결론을 얻으려 할수록, 더욱 특별한 준비물들이 필요하게 된다. 그만한 격에 맞는 사람들의 간절함을 일깨울 필요가 있거나, 그만한 의결프리미엄[20]을 준비하여야 한다. 그러므로, 그에 걸맞은 격이란 의결거래량[21]이다. 의결거래량의 수준에 따라, 의사결정의 결론은 격을 갖출 수 있다.

그림 3-2. 의사결정 크기의 격

의사결정 크기에 대한 격은 크게 세 부분으로 구성할 수 있다. 가장 기본적 단위의 개인, 그리고 전체의 일부분인 지역, 그리고 전체로서 구분 지을 수 있다. 더 큰 격을 가진 의사결정의 결과에 대항하기 위해선, 최소한 같은 격을 가진 의사결정과정의 결론이 필요하다. 그렇지 못하다면, 더 높은 격을 가진 의사결정 결과에 수긍하는 범위 내에서 의안과 결론을 준비하여야 할 것이다.

---

20   의결프리미엄이 많을수록, 투입 대비 효율의 원리에 의해 의결거래량은 증가한다.

21   의결거래량의 구체적인 논의는 6장 '명예주의하 거시경제 균형'에서 논한다.

한편, 의결의 이름과 성격에 따라서도 필요한 격이 존재할 수 있다. 격이 높을수록, 그 수준에 맞는 격이 필요하다. 다양한 전문 분야의 주장과 의견을 종합한 서로 다른 의안서들이 제시될 수 있는 환경을 만들어야 한다.

T. 의결 권력남용의 저항

보유의결권 수의 편차가 존재하게 되면서, 개인 혹은 집단이 자신이 원하는 의사결정 결과를 만들기 위해 무식한 수량의 의결권을 행사하는 경우가 발생할 수 있다. 특히, 의결거래량이 상대적으로 작은 의사결정과정에서는 특정한 자의식이 의사결정의 결과를 왜곡할 가능성이 높아진다. 시스템은 이를 방어할 수 있는가?

이러한 문제를 해결하기 위하여, '**사후 의결**' 방식을 채택할 수 있다. 사후 의결이란 의사결정이 끝나고 결과가 공개되었을 때, 의결 거래량에 비해 과하게 많은 수량의 의결권이 단독 자의식으로 행사되었다면 참여자 누구든 제시할 수 있다.

하지만, 기초적인 의결거래량에 비해, 과하게 의결을 행사한 자들이 결론을 왜곡하려는 의도가 있는지도 확인할 수 없고, 그러한 의도가 있다고 한들, 의결권 행사를 막을 수도 없다. 이런 관점에서 볼 때, 사후 의결을 적용하는 것이 의결권 행사자에 대한 부정의가 될 수 있는가?

사후 의결의 대상 거래량은 반드시 부인되지 않는다. 시장 왜곡 의도, 그 자체를 사후 의결의 방식으로 세계의 정의가 평가한다.

따라서, 시장을 왜곡할 힘이 있는 행사 의결권에 대해 사후 의결에서 그 이상의 반대급부적 대립이 발생할 수 있다는 가능성의 위험은 권력남용에 대한 강력한 저항력이 된다. 이러한 의결권들을 '**강력권**'이라고 하며, 그 행사자들을 '강력참여자'라고 한다.

현대의 자본시장에서도, 특정 계좌의 거래량이 상당하거나 비정상적인 거래 움직임을 보이는 경우들에 대하여, 시장 가격을 왜곡하려는 가능성을 고려하여 공시 의무나 법적 제한 등을 적용하고 있다.

사후 의결에서도 마찬가지로, 이러한 원리가 반영되어 강력권의 존재가 사전 의결이 종료된 후에 공시되고 나면, 세계는 해당 의결에서 나타난 특이점들

그림 3-3. **사후 의결**

〈사전 의결〉
참여자1은 해당 의결의 무게에 비해, 기준상 참여 지분율이 크거나, 그 절대적인 수가 크다면 강력참여자로 분류되고, 이런 강력권은 공시되어 사후 의결의 제시 가능성을 품는다.

〈사후 의결〉
강력권은 가치량평가 의결의 공시총액이 되고, 그 결론은 '대립 사슬'으로 부르자. 공시총액이 대립 사슬보다 크다면 강력참여자는 불이익을 얻게 된다.

을 포착하고 종합한다. 사후 의결의 핵심은 다음과 같다.

첫째로, **대립 사슬**은 가치량 의사결정을 통해 확정된다. 강력권의 크기는 공시총액이 되어, 가치량 결정 의결의 축이 된다. 대립 사슬을 초과하는 강력권은 본 의결에 참여하지 않은 것으로 간주한다.

둘째로, 강력권의 부인된 크기의 배수를 한도로, 반대 포지션 행사가 가능한 **대립의결권**을 추가로 모집할 수 있다. 이렇게 모집된 의결권은 본 의결에 참여한 것으로 간주한다.

그림 3-4. **사후 의결 2**

사후 의결의 결론을 정산할 때

Case. 1 〈의안 A가 승리하는 경우〉

> 기본적으로, 강력권의 행사자는 대립 사슬에 해당하는 금액만 의결에 참여하는 것으로 간주한다. 따라서 체결된 초과량에 대해서는 청산된 의결권의 분배를 주장하지 못한다.

Case. 2 〈의안 B가 승리하는 경우〉

> 단, 강력권의 행사자가 지지한 의안이 패배하는 경우, 강력권의 지지자는 대립사슬의 크기와는 상관없이, 전체 강력권 금액에 대해 청산한다.

이러한 기능이 필요한 이유는 무엇인가? 강력권에 포함된 행사 의지에는, 의안에 대한 순수한 지지에 더해, 의결을 왜곡하고자 하는 다분한 의도가 합쳐져 있다. 사회적인 가치량평가 의사결정 과정은 왜곡하고자 하는 의도를 제거하고, 순수한 지지량만을 남겨놓을 것이다. 또한, 강력참여자는 자신의 지지 의결이 승리하더라도 정의롭게 평가된 순수한 지지력에 대해서만 분배를 주장할 수 있다.

U. 의결프리미엄

일반적인 의결은 '사건의 크기'나 '사회적 중요도' 혹은 '갈등 종류'에 상관없이 가격적 의사결정으로 해결할 수 있다. 타인들에게는 하찮고 보잘것없어 보이는 갈등 양상에서도, 적절한 동기 유인의 제공으로 인해 개인들의 테마에 직접적인 관심을 갖게 만들 수 있다. 기대수익률을 위하여 마치 자신과는 아무런 상관이 없어 보이던 기업의 포트폴리오를 탐색하고 그 가치를 계산해 보는 것처럼, 강력한 동기의 유인은 관심을 이끈다.

사실 타인들은 남들의 사소한 이슈 정도가 아닌, 중대한 갈등이더라도 관심이 없다. 하지만 타인으로서 당연하게 나타나는 무관심은 당사자들의 갈등관계를 연구하고 정의로운 쪽이 승리하도록 돕는 이기심으로 변모한다.

이러한 기회를 제공할 수 있는 적절한 수단 중 하나가 바로 **'의결프리미엄'**이다. 의결프리미엄은 의결의 체결자들에게 분배되어 그들이 얻어갈 기대수익률을 더욱 상승시킨다. 이 개념은 의안 제안자가 의안 목적에 맞는 합당한 격을 갖추기 위하여 적절히 이용될 수 있다. 필요한 격이 높으나, 더욱 많은 타인들의 자의식을 아울러서 프리미엄을 낮게 설정할 수도 있고, 대다수의 타인들이 관심이 없는 분야로서 더욱 많은 프리미엄을 설정하여야 격을 맞출 수도 있다. 이러한 프리미엄의 분배량 함수는 아래와 같다.

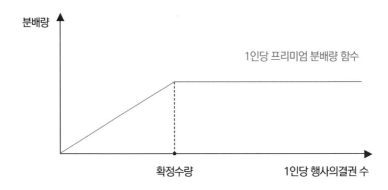

그림 3-5. **의결프리미엄**

분배량

1인당 프리미엄 분배량 함수

확정수량   1인당 행사의결권 수

행사의결권의 어느 구간까지는 행사의결권 수에 비례하여 의결프리미엄 분배량이 증가하나, 그 이후부터는 행사의결권 수와 관계없이 더 증가하지 않는다. 이렇게 설계될 수밖에 없는 이유는, 더욱 많이 테마의 관심을 끌고자 하는 목적으로 설정한 의결프리미엄률이 상당한 강력권의 행사로 인해 붕괴할 수 있기 때문이다. 이런 원리로 설정되는 분배량의 기준을, **최소자의식 분배 기준**이라고 한다.

의결프리미엄은 의결의 제안자가 자신의 부담으로서 설정한다. 더욱 많은 의결거래량을 원할수록 더욱 큰 프리미엄이 요구될 수 있다.

그렇다면 의결프리미엄이 정확히 어떻게 분배되는가? 가장 기초적 의결인, 선택의결에서 이 개념이 어떻게 작용하는지 알아보자. 선택의결에서 승리자들이 얻는 보상은 다음과 같다.

$$자의식\ 분배량 = 청산손실합 * \frac{V \cdot P레버리지 * 행사수량}{승리집합의결량} + 의결프리미엄 * \frac{MIN[행사수량, 확정수량]}{\Sigma 확정수량_n}$$

자의식 분배량이란, 의결에 참여한 '**자의식의 단위**'를 기준으로 한 분배 기준에 따라 결정된 금액이다. 이런 구분이 필요한 이유는, 참여한 **의결권자의**

순서[22]에 **따른** 분배 기준이 있기 때문이며, 청산손실합에 관한 구체적인 논의와 함께 곧 후술한다.

V·P레버리지는 의결프리미엄을 더욱 매력적으로 만드는 조정 값이다. 의결의 승리 수입에 대한 세율의 역할을 하며 이 값이 클수록 의결프리미엄은 작은 값으로도 더욱 큰 의결거래량을 유인할 수 있다.

행사수량이란, 자의식 의결참여자가 이 의결에 행사한 의결권의 수이다.

승리집합의결량이란 승리한 의안에 모인 의결권의 총수를 의미한다.

확정수량이란, 의결 행사수량이 증가함에 따른 의결프리미엄의 분배량이 더 이상 증가하지 않는 지점에서의 의결권 수량이다. 확정수량의 개념은 모두에게 공통으로 적용되지 않는다. 누구는 더욱 큰 확정수량을 얻으며, 누구는 더욱 작은 확정수량을 얻는다. 확정수량의 기준은, 최소자의식으로서 **시간**의 순서에 따라 먼저 의결을 행사한 자들에게 더욱 큰 확정수량을 분배하는 것으로 한다.

확정수량에 대한 편차가 필요한 이유는 중요하다. 확정수량이란, 시간에 따라 먼저 의결에 참여한 자들에게 제공하는 혜택이다. 먼저 의결 행사한 것에 대해 아무런 유인이 없다면, 모두가 공개된 정보를 가장 마지막 시점까지 확인한 후에 행사하고자 하는 유인이 강해진다. 의결 마지막 시점이 되어서야 큰 거래량이 따를 수 있는 점은, 임의적인 큰 행사수량이나, 악의적인 정보의 왜곡에 따라 의결의 정의를 왜곡할 수 있는 가능성을 제공한다.[23]

시점에 따른 불완전 정보의 불확실성에 따른 보상이자, 미리 포지션[24]을 행

---

22 선착순 시간을 기준으로 한 참여 순서 기준과, 의결권 행사 수량의 기준이 있다.

23 이에 대한 억제력으로, 의결 참여의 시간 순서에 따라 가산회수율을 가중할 수 있다.

24 찬성 혹은 반대의 입장을 결정한 것을 의미한다.

사하게끔 만든다. 그 효과로, 자신이 행사한 의결과 반대되는 정보에 민감해지며, 특히 악의적인 정보 왜곡에 대한 강력한 저항의 역할을 맡길 수 있다. 의결의 참여자들은 의결의 최종결과가 나오기 전까지, 의결 참여자의 수나 행사수량 등을 확인할 수 없으므로, 참여자 모두가 자신이 의결프리미엄의 분배 대상의 가능성을 쥐고 역할하기 때문이다.

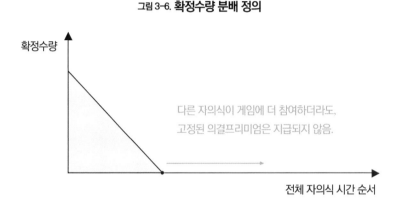

그림 3-6. **확정수량 분배 정의**

확정수량이 필요한 두 번째 이유는, 의결프리미엄에 의한 의결이 빠르게 피드백을 얻을 수 있게 하기 위함이다. 아무도 먼저 의결하고자 하는 유인이 없다면, 제안된 의결은 다른 이슈나 시간의 흐름에 따라 결국 묻힐 수 있다. 따라서 먼저 행사되는 의결권에 압도적인 프리미엄을 제공하는 것은 의결 정의의 부분이 된다.

의결에 참여한 자의식들에게 주어진 확정수량들의 합을, Σ 확정수량$_n$이라고 부르자. 각 참여자들은 자신에게 할당된 확정수량의 크기만큼, 큰 가중치로 의결프리미엄의 청구권을 가지게 된다.

의결프리미엄의 존재는, 추가적인 수익률을 의미한다. 그 결과 의결프리미엄이 적용되지 않는 다른 안건에 관여하는 것보다 의결프리미엄이 적용될 가능성이 높은 안건에 관여하는 것이 더욱 효율이 좋다.

효율성의 원리에 따라, 의결프리미엄이 존재하는 의안은 초과손익으로 인해 반드시 그 크기에 따른 유효한 의결거래량을 얻어내게 된다.

그림 3-7. **의결프리미엄 효율**

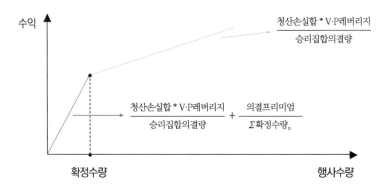

확정수량 이전에서 정의되는 수익함수의 기울기는, 확정수량 이후에 정의되는 수익함수의 기울기보다 $\dfrac{\text{의결프리미엄}}{\Sigma \text{확정수량}_n}$ 만큼 더 높다. 기울기가 더 높다는 의미는, 동일한 의결권을 행사하여도 수익을 얻는 효율이 더욱 높다는 뜻이다.

이 차이로 인해, 자원이 한정적이라면, 의결프리미엄이 없는 의안보다는 의결프리미엄이 존재하는 의안에 더욱 관심이 주어지며, 효율성에 기반한 논리는 의결프리미엄의 정의에 따라 서로가 관심 없는 사건일지라도, 세계가 자신의 경우인 것처럼 의결을 실현해 준다.

V. 선택의결 청산손실

의결의 패배자는 의안에 행사한 의결권의 크기에 대해 청산된다. 위험과 보상을 다루는 가격적 의사결정에서, 위험의 실현은 당연한 결과이다. 문제는, 청산된 의결권의 수 중, 얼만큼 손실을 보는지에 대한 효율의 논리가 존재한다.

청산된 모든 의결권에 대해, 그 전부가 손실된다면, 의결거래량이 많이 위축된다. 그러므로 청산량의 일부로서 손실 비율이 정해진다면, 어느 정도의 크기가 적당한지의 문제가 발생한다.

청산되어 손실되는 금액은, 그만큼 의결의 승리자들이 얻어가는 보상과 직접적으로 연결된다. 승리자가 얻어갈 수 있는 최대의 파이, 즉 의결의 가치 크기를 나타낸다. 손실이 클수록, 그 반대편의 이익도 크다.

청산되는 의결권의 수량 중, 실제로 손실로 나타나는 비율이 손실률이다. 거시적으로, 이 손실률의 최솟값, 최소손실률은 존재한다. 모든 선택의결에 대해 최소손실률의 기능은 명확하다.

손실률의 존재가 필요한 이유는, 의결 참여에 대한 유의미한 위험과 보상의 약속이 필요하기 때문이다. 손실률이 100%라면, 의결거래량의 큰 위축이 발생한다. 충분치 못한 거래량은 세계 정의를 왜곡시키는 결론을 낼 가능성을 높인다. 반면, 손실률이 0%라면, 위험과 보상을 논하는 가격적 의사결정의 의미가 사라진다. 1과 0 사이의 어떤 지점에서 손실률은 결정되며, 그 최솟값은 사회의 모든 의결에 공통으로 적용된다. 이를 **기초손실률**이라고 하자.

손실률은 행사되는 의결권의 크기 순서에 따라 편차를 갖는다. 이 순서는 시간을 기준으로 하지 않는다. 이 순서는 자의식이 행사한 의결권 수량에 따라 정렬된다. 작은 의결권을 행사한 참여자일수록, 낮은 기초손실률이 할당된다. 이 개념은 더욱 큰 힘일수록 더욱 큰 부담을 얻어야 한다는 권력의 기본 속성에 기인한다.

최소자의식의 행사수량을 기준으로 손실률이 편차를 갖더라도, 더 세부적으로 행사된 의결권마다 각기 다른 손실률을 마주한다. 예를 들어, 당신이 10표를 행사하였다면, 한 표는 30%의 손실률을, 다른 한 표는 32%... 34%...로 행사되는 표마다 각자 기록된다. 이러한 원리를 정리하면 다음과 같다.

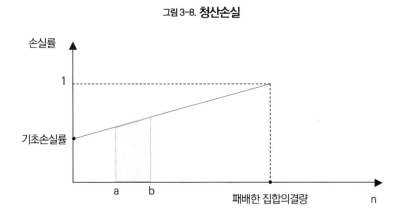

그림 3-8. **청산손실**

패배한 의안에 의결권을 (b-a)의 수량만큼 행사한 개인 A가 있다. 패배한 의안의 집합의결량을 최소자의식의 행사수량에 따라 정렬했을 때, A가 행사한 의결권의 집합적 위상은 위의 x축 좌표와 같다.
A의 실제 손실량은 위에 표현된 사다리꼴 도형의 넓이와 같다. 만약 A의 집합적 위상이 더욱 높았다면, 같은 의결행사량이었더라도 손실은 더욱 크게 나타난다.

강력히 행사한 힘일수록 부당하다고 느낄 정도의 잠재적인 손실률을 부담한다. 큰 힘일수록, 더욱 신중하고 정의로운 의결행사가 필요하다.

한편, 이러한 선형적 손실함수를 적용하였을 때, 어떠한 문제점이 나타난다. 바로 모든 의안에 최소한의 의결권으로 참여하여 무위험 확정 수익을 낼 수 있다는 점이 있다. 패배한 의결에서는 다른 참여자들보다 조금 잃고, 승리한 의결에서는 다른 참여자들과 공동으로 수확한다. 이 사이에서는 필연적인 초과수익률이 나타나게 된다. 이 문제는, 고정적인 선형 손실함수의 적용이라는 오류에서 발생한다. 특히, 그 초과수익률은 승리한 집합의결량과, 패배한 집합의결량의 차이가 작을수록, 더욱 크게 나타난다.

그림 3-9. **청산손실2**

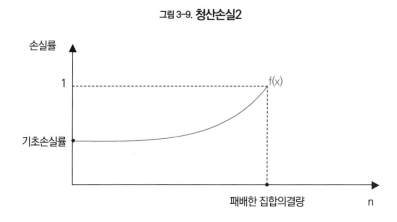

승리한 집합의결량과, 패배한 집합의결량의 차이가 작을수록, 곡률은 깊어진다. 유의미한 두 집합의 크기가 단 한 표 차이의 크기로 나타났다면, 기초손실률에서 출발하는 수평선이 바로 손실함수가 될 것이다.

이 방식으로 청산손실합은 승패 간 괴리의 크기에 따라 조정된다. 그 조정의 역할을 하는 함수 f(x)는 다음과 같이 결정된다. f(x)는 점 (0, 기초손실률)과 (패배 집합의결량, 1)을 지나는 부드러운 곡선의 형태여야 한다. 단, 두 점을 제외한 모든 점에서 f(x)의 미분값은 0 이상을 만족해야 한다.

$$\frac{\int_0^{(\text{패배 집합의결량})} f(x)\mathrm{d}x}{\text{승리 집합의결량}} = \text{기초손실률}$$

좌측의 식은, 위 함수 f(x)의 아래 면적을 승리 집합의결량으로 나눈 것을 의미한다. f(x)의 아래 면적은 청산손실합을 의미하며, 승리자들이 얻어가는 보상의 파이를 나타내기도 한다. 즉, 식의 좌측은 의결승리자들이 행사한 한 표당 '기초수익률'을 뜻하고 있다. [기초수익률 = 기초손실률]의 균형 아래에서, 의결 참여자들의 분배 정의가 이루어진다.

승패 집합의결량과 기초손실률은 모두 공시되는 명확한 정보이다. 기초손실률은 거시적으로 결정되므로, 승리 집합의결량이 작을수록, 함수 f(x)의 아래 면적은 작아져야 한다.

반대로, 승리 집합의결량이 크다고 하여 함수 f(x)의 아래 면적이 무한이 커질 수 있는 것은 아니다. 충분한 승리 집합의결량이 모집되었을 경우, 손실함수 f(x)는 선형을 따른다.

이러한 조정방식을 통해 몇 가지 효과를 누릴 수 있다.

 이러한 방식으로 대립하는 두 의안의 크기 차이에 따라 손익을 조정하는 또 다른 이유는, **가치량의 분배 정의**에 있다. 가치량이란, 찬성표에서 반대표를 공제한 값이다. 이를 확대 적용하면, 대립하는 두 의안에 각자 행사된 의결권은 상대적으로 서로에게 반대표를 행사한 것으로 간주할 수 있다.

 만약, 승리 의안과 패배 의안이 한 표 차이로 결정되었다고 가정한다면, 그 의결의 순가치량은 단 1만이 존재한다. 세계 정의는 이 가치량만큼만 승리자와 패배자에게 청산하고 분배하는 것을 정의롭다고 본다. 즉, 이 1을 청산손실 시키고 승리 집합의결량이 나누어 갖는 것이다.

 그런 논리에서, 두 의안의 크기 차이, 즉 순가치량에 따라, 손익(파이)이 조정되지 않는다면 순가치량에 비해 과도한 청산과 분배가 이루어질 가능성이 발생한다. 박빙의 의결 승부일수록, 그것의 순가치량은 크지 않다.

물론, 의결 참여에 의한 기대수익률의 보장과, 의결 행사 시 위험을 부각하여 좀 더 신중히 의결을 행사할 수 있도록 일깨워 주는 장치의 역할로서 **기초손실률의 존재는 필수**가 된다. 그것이 없을 때 순가치량이 낮다고 기대되면, 의결이 팽팽히 대립하고 있다는 의미로서, 더욱 정의를 탐구하고 깊이 고민해 봐도 모자랄, 그러한 의결에 각 자의식들은 참여 유인을 제대로 얻을 수 없기 때문이다.

이러한 방식은 물론 다수의 의안들이 경합하는 경우에도 집합의결량의 평균을 통해 풀어낼 수 있다. 한편, 승리 집합의결량이 과도할 경우에도 기초적인 기대수익률이 보장되지 않을 수 있으나, 이는 가산회수율과의 비교로서 보장될 수 있다.

W. 갈등 조정

사회에 속한 우리들은 수없이 외부와 상호작용하면서 다양한 거래와 대가들을 얻어내고 있다. 특히, 법망의 밖에서 자신의 정의에 부정의하게 개입한 자들에게 세계의 기준은 언제나 제시되지 않았다. 개인 간 수많은 갈등의 양상들은 완전한 의사결정 방식이 도입되지 않는 한 끝없이 반복된다.

우리에게는 타인들이 공감하지 못하는 대체 불가능한 소요가 존재한다. 예를 들면, 인종과 성별 등에 기반한 가치체계는 당신 스스로 거부할 수 없다. 이런 가치를 침해한 대상에게, 당신이 느끼는 주관적 소요의 피해만큼 징벌적 보상은 적절히 제공되고 있는가?

주관적인 기준들뿐만 아니라, 객관적인 기준들로 형성된 주변 환경으로부터 얻는 강제적 거래들에 당신이 징벌적으로 대항할 수단은 적다. 게임의 참여를 위한 시간과 비용은 터무니없이 높다.

개인이 소유한 가치량의 침해는 너무나도 흔히 발생한다. 그러나 이에 대한 피드백은 비신축적이며, 그 징벌 또한 도덕에 기반한 책망만 잔존한다.

'남을 기분 나쁘게 한 죄' 같은 말도 안 되는 법률을 제정할 수 없는 현실 속에서, 대가가 따르지 않는 가치 침해는 형법의 불완전성만으로는 설명되지 않는다. 당신이 소유한 가치량의 침해가 반드시 죄는 아닐 수 있다.

침해당한 가치량의 크기를 민주주의에서는 세어낼 수 없다는 한계는 그런 갈등을 절대로 해결할 수 없다고 말한다. 당신의 주장은 당신의 주장으로 끝난

그림 3-10. 대립 갈등 조정

〈상황별 증분손익표〉

	의결제시자	의결대립자
1단계: 개시	-의결프리미엄***가산회수율**2	청산 or 대항 선택
2단계: 청산 시	추가 손익 없음	-의결프리미엄***기초손실률**
3단계: 대항 시	IF패배 시) -의결프리미엄	IF패배 시) -의결프리미엄
	IF승리 시) 추가 손익 없음	IF승리 시) 추가 손익 없음

제시자는 자신이 겪은 주관적인 가치량의 침해만큼 의결프리미엄을 크게 공시위탁한다. 공시된 의결프리미엄의 금액을 확인한 대립자는, 이에 순응할지 저항할지 선택해야 한다. 순응한다는 의미는, 자신의 가치량 침해를 인정하고, 그 의결프리미엄에 기초손실률을 반영한 금액의 가치량을 소각한다. 이에 저항한다면, 동일한 금액의 의결프리미엄을 위탁함으로써 선택의결이 진행된다.
의결의 승자는 자신이 처음에 위탁한 의결프리미엄을 모두 환원받으며, 패배자는 위탁한 의결프리미엄의 손실과 함께 가치량 보상 의사결정은 종료한다.

다. 그 의견에는 어떠한 힘도 담겨 있지 않다.

하지만 명예주의가 도입되고 나면 갈등은 신속하고 명확하게 조정된다. 당신의 의견에는 명확한 힘이 부여된다. 구체적으로, 가치량을 침해당한 자는 의결의 제시자로서 의결의 대립자를 거래를 참여시킬 수 있다. 이 거래에는 강제성이 존재하여, 대립자는 반드시 선택을 강요당한다.

이러한 갈등 조정에는 어떠한 원칙이 존재한다. 바로, 의결의 참여자들은 이 의결을 통한 어떠한 추가적인 가치량을 확보하지 못한다. 즉, 이 방법으로는 이전의 상태보다 자신의 가치 부를 더욱 크게 만들 수 없다. 개인 간 대립 갈등의 방식에서 의결의 대상자들은 '**가치량 수확 불능의 원칙**'을 마주한다. 이러한 원칙이 없다면 자신의 초과적인 손익을 꾀하며 무분별한 의결의 남용과 사회불균형이 발생하게 된다.

오로지 상대에게 상응하는 대가라는 응징의 의지가 발현될 때 의결은 제시된다. 부정의에 대한 저항력으로서 상대의 가치량을 감소시키는 기능만 가능하다. 만약 추가적인 가치량의 확보가 필요한 안건이라면, 신축적으로 얻은 의결 결과와 함께 또 다른 의결이나, 민사소송을 통해 진행하면 된다. 이 의결의 기능은 상대가 발생시킨 초과손익에 대한 응징적 대응의 역할과 같다. **부정의한 행동 양식은 아주 빠르고도 쉽게 저항력을 마주한다.** 이러한 위험이 존재한다는 것을 우리 모두가 기대하며 알 수 있게 된다면, 갈등의 영속성은 무너질 수 있다.

제시자는 의결프리미엄을 높게 제시할수록 상대방이 저항할 확률이 증가함을 알고 있다. 또한, 의결의 패배 시 자신이 부담할 가치량의 손실이 크게 발생한다.

가산회수율의 존재는 의결제시자에게 높은 의결프리미엄 크기 설정에 대한 강력한 억제력으로 작용한다. 가산회수율이란 의결권을 행사할 때 발생하는 마찰적 비용과 같다. 상대를 의결에 강제로 참여시킨 만큼, 상대가 지불해야 할 의결 참여의 비용, 가산회수율을 **두 번** 책임져야만 한다. 가산회수율에 대한 자세한 논의는 6장 '명예주의하 거시경제 균형'에서 자세히 설명한다.

그리고 상대에게 부담시킨 의결프리미엄의 크기가 클수록, 대립자의 저항, 반대측 의결권은 매우 거세질 수 있다. 만약 대립자에게 부당할 정도의 의결프리미엄이 설정되었다고 생각한다면, 이를 부인하는 가치량 평가 의사결정을 제시할 수도 있다.

한편 대립자가 순응하였을 때, 기초손실률을 반영하는 이유는, 세계가 인정하는 가장 공정하고, 가장 작은 손실률이기 때문이다. 각각의 대립마다 명확히 정해진 손실률이 정해지지 않았다면, 결론은 수용 불가능하고 시스템은 신뢰받지 못한다.

X. 대리로서 주관하는 갈등 조정

수많은 당사자 간들에 발생하는 수많은 경우의 사건들은 사법만으로 온전히 해결되지 못한다. 정말로 가벼운 갈등부터, 잘못의 귀책을 찾을 수 없는 갈등들마저 사법 시스템 내에서는 온전히 해결될 수 없다. 누군가에겐 사소하고 사법적으로도 많은 비용을 지불할 사건이 아님에도, 누군가에게는 매우 부당하고 간절하게 여겨질 수 있는 사건들은 명예주의에서 해결될 수 있다. 예를 들면 학교폭력 및 소외 문제, 차별적 언행, 소음공해, 환경과 쓰레기 문제, 고용과 대우, 성차이, 법의 테두리를 타며 얻는 부당한 이익과 착취, 이 외에도 나열 불가능한 초법적 갈등관계는 특별한 의결 장치 없이는 해결 불가능하고 보상 불가능하다.

우리의 갈등은 어떻게 해결될 수 있는가? 사회 의결 조정이 아닌 개인 간 조정에 대해 모든 경우를 법률로서 제한할 수 있는가? 개인 간의 갈등은 그 당사자들 스스로의 조정이 불가능하다. 이에 대한 책임이 있는 사회는, 특히 공무시스템은 갈등 조정을 하는 데 있어 적합하지 않다. 자신들의 안녕과 평온을 바라는 공무 시스템은 스스로 객관적인 위치에서 조망하고자 하기에 개인들의 간절함을 이해할 수 없다. 오히려 귀찮은 일을 떠맡았다고 불만이 없으면 다행일 정도로 공무 시스템은 갈등의 해결 능력에서 형편없다.

조정이란 균형의 과정이다. 저항심과 이기심이 대립할 때 결정된다. 세계의 올바른 보상 시스템이 작동하고 나면, 당신이 소요하는 모든 가치들은 공급될 수 있다. 그러한 가치들을 공급하는 명예법인을 통해 **개인들의 갈등은 사회의 갈등**이 된다.

대립 갈등 조정은 대리의 방식으로 진행하여도 된다. 공통된 가치소요를 공유하는 개인과 명예법인은 연결된다. 이 특별한 연결은, 개인이 가치량 침해의 피해를 입었더라도, 의뢰의 방식으로 명예법인이라는 거대한 권력집단이 공감을 통해 그 가치량의 응징과 보상을 직접 주관할 수 있음을 의미한다. 그들은 간절함을 이해할 수 있다.

예를 들면, 인종의 차별로 인한 가치 침해를 받은 개인은, 직접 대립 갈등 조정 의결을 행사할 수도 있지만, 그 피해에 대해 인종차별 반대 세력들에게 신고하여 명예법인이 직접 갈등대상에게 조정을 풀어나갈 수 있다.

양쪽 모두 이야기가 있을 경우, 당사자들 간 대립은 명예법인 간의 대립이 된다. 강대강의 대립 속에서 나타나는 결론은 개인의 힘으로는 어찌할 수 없다. 그렇게 보상의 피드백은 신축적이며 아주 강력히 모두를 아우른다.

Y. 권력

국가의 주인이 국민인 이상, 국민들의 의결은 모든 것들에 우선하는 힘이 있어야만 한다. 하지만 강력한 힘에는 힘의 분립과 균형이 필요하다. 현시대 민주주의 체제는 삼권분립이라는 균형으로 체제를 유지한다. 행정부, 입법부, 사법부로 권력이 나누어져서 국민들의 강력한 주권을 대변하려고 한다.

입법부는 선거활동을 통해 당선된 정치대리인들이 법에 대한 제안과 제정을 통해 공정한 법질서를 세우는 것을 담당한다. 사법부는 그렇게 정해진 법질서를 유지하여 정의를 실현하는 역할을 하며 행정부는 정해진 법률과 판결 아래 국가의 통치권을 이용하여 국가를 운영한다. 대통령이 속한 행정부는 특히 그 힘이 막강한 경우가 많은데, 산하의 부서 크기 및 인력의 수로 보나 역할로 보나 군대를 통솔한다는 점에 있어서도 행정부는 삼권분립에서 독보적인 것으로 보인다.

각자가 서로에 행사하는 영향력은 특이하게도 '견제'를 통해서만[25] 이룰 수 있게 된다. 견제가 잘 작동할 때에 분권은 온전히 이루어지는가? 각 기관의 수장들을 대상으로 한 견제나, 각 기관들의 역할에 대한 승낙권과 같은 형태로 이루어진 견제장치들은 나름 체계적이나, 각 기관들에 대한 상호작용의 경우의 수를 모두 감당해 낼 순 없다. 기관들의 역할과 존재 목적이 서로 얽히지 않기 때문이다.

또한, 견제장치의 사용과 미사용 여부를 모든 안건에서 국민에게 이로운 방향으로 결정할 수 있을지에 대한 여부도 의문이다. 사실 견제 장치는 정치적 자의식들이 그들의 이익을 위하여 준비된다. 정치에서 주인-대리인 문제가 발생

---

25 보상의 완전성은 긍정과 부정의 지혜로 나눌 수 있으나, 오직 부정의 방법으로만 이루고자 하는 보상은, 반드시 부정의를 내포한다. 또한, 마찰적 요인이 증가할수록, 당연히 에너지의 효율은 감소할 뿐이다.

할 때, 견제 장치는 사용될 수도 있고 안 될 수도 있다. 사용되어야 할 때 그러지 못하고, 견제가 행사되지 않아야 하나, 실현된다. 이러한 기능은 주인을 위한 것이 아닌 '견제'라는 힘을 쓰는 권력기관을 위한 기능이 된다. 합리적으로 의사결정을 할 수 있는 시스템이 존재하지 않아 필요하지 않던 막대한 대리인 비용이 발생한다.

권력이란, 의사결정의 결론을 지을 수 있는 힘이다. 태초의 권력은 분리되어 있지 않았다. 강력한 왕이 무소불위의 권력으로 국가의 모든 운명을 결정짓던 것처럼, 지배권력은 존재할 수 있다. 하지만, 자의식에 기반한 의사결정은 문제가 많기 때문에, 독재에 대한 저항 장치로서 권력의 분립이 도입된다. 그러나, 기술적으로 나눈 권력의 분립은, 의결의 결론에 이상적으로 도달할 수 없다. 권력의 효율성은 감소한다. 권력의 기능은 망가진다.

기술적인 권력의 분립은 문제가 있다. 분리된 권력체들이 실질적으로는 서로 얽히고 영향을 주며 공통된 성질의 현상을 설명하려 할 때 적절한 의사결정의 결론을 내릴 수 없는 문제가 발생한다. 분권체를 초월한 판단이 필요한 경우에서 사회의 의결은 갈 길을 잃는다.

구체적인 사례로, 지구의 환경 문제를 생각해 보자. 환경 보전을 위한 노력의 역할은 누구의 부담인가? 환경부를 설치하고 정책을 도입하여야 하는 행정부의 책임인가? 아니면 입법으로서 환경 피해를 억제하여야 하는가? 사실, 개인부터 사회까지 아울러 수없이 요구되는 판단력은 정말 국소적인 문제들마저도 권력 주체들이 공통으로 마주해야 한다. 작은 사례들에서도 간단히 확인될 수 있는 행정과 입법, 사법을 동시에 통찰하는 정의 확장의 기회는 손쉽게 이루어지지 않는다.

그러나, 이렇게 권력이 분리되고 나면, 사회의 난해한 문제들에 대해 언제나 결론을 내려야만 하는 책임은 공무적 부담을 지운다. '자기 부처의 역할이 아니라고' 당당하게 문제를 피할 수 있으면 다행이다. 애매한 권력의 분리에서, 이 책임의 룰렛은 종점에 도착하겠지만, 마중 나온 그들의 태도는 싸늘하다. 경쟁과 성취의식이 배제된 업무적 부담감은 항상 최선에 도달하지 못할 가능성을 남긴다.

　권력의 분리는, 비효율로 이어진다. 권력 단위를 넘어서는 초월적 의결이 필요한 안건에서 언제나 갈등과 협의를 위한 시간과 비용을 필요로 한다. 주장은 난무하고 재원은 한정된다. 분리된 권력 자아는 자신의 안위를 생각하며 책임은 지기 싫고, 성취는 부풀린다. 그 결과 주장은 형편없고, 재원은 낭비된다. 각각의 자의식적 권력 주체들은 상대의 생각을 이해하려고 노력하지 않는다. 진정

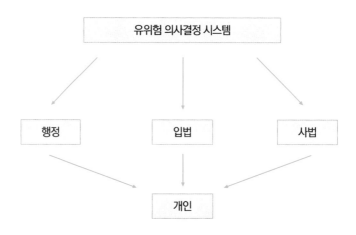

그림 3-11. **명예주의하 단일 권력 구조**

민주주의에서 실현되던 삼권분립은 더 이상 의미를 잃는다. 그들 간 견제 장치는 그저 대리인 비용의 일부일 뿐이다. 단 하나의 절대권력으로서, 국민들이 **자신들의 위험으로 스스로 주도하는 의결 정의**가 존재한다. 앞서 말했듯, 이 결론은 진리에 닿아 있다. 해당 결정에 따라 국가 대리인들은 스스로 본연의 임무를 해내면 된다. 입법-사법-행정으로만 구성되던 권력구조에는 처음부터 그 주인들은 고려되지 못했다. 진정한 권력은 주인들부터 나온다는 의미는 강력히 천명되어야 한다.

한 합의가 불가능한 임계에서 결국 권력 분리를 통합하는 하나의 권력체를 추구할 수밖에 없다.

권력의 분리는 독재 억제를 위한 필요악으로서 기능하였다. 그러나, 모든 자의식을 초월한 세계 정의의 독재가 시작되고 나면, 권력을 분리할 필요성은 나타나지 않는다. 서로 간 견제 장치로 낭비하던 사회의 자원은 더욱 유용한 곳에 이용될 수 있다. 국가의 주인들이 합리적인 의사결정 시스템을 직접 도입할 수 있게 된다면, 정치 대리인이 주도하는 질서가 아닌, 시스템이 주도하는 새로운 질서가 형성된다.

국가의 주인들은 당연히 이상(理想)을 기대한다. 하지만 정부라는 비일관적 임의성은 반드시 이상(理想)을 보장하지 못한다. 민주주의 권력분립은 필연적으로 이상을 향하지 못하고 남용을 잉태한다. 결국 삼권분립이라는 존재 자체가 권력의 남용을 증명한다.

Z. 권력의 이상(理想)

국민이 국가의 주인이 될 때 대리인들의 선택 가짓수는 애초에 존재하지 않는다. 그들은 의결안을 조율하고 관련된 모든 정보를 종합하는 것으로 그 역할을 다한다.

분리되지 않은 하나의 힘, 세계 정의는 모든 의사결정을 아우른다. 명예주의 시스템 자체가 하나의 거대한 권력이 된다. 우월하고 정의로운 힘은 세계의 초과손익을 배제하며 의사결정을 이상으로 인도한다. 올바른 의사결정 체계의 확립은 모든 면에서 더 나은 이상(理想)을 기대할 수 있게 만든다.

4장

이상사회

우주가 시작되고, 공허에서 존재가 나타났다. 우주를 구성하는 힘이 정의되어 만물을 움직인다. 이 세계에 속한 우리들은 우주의 모든 것을 알고 싶어 한다. 진리 탐구에 관한 최종 도착지는 언제나 같다. 근원적 정의(定義)에 도달하고 나면, 우리는 이해의 지평을 더는 확장할 수 없다. '왜'라는 연쇄적인 질문의 꼬리 아래에서 결국 '자연이 그러하다'고 끝마친다. 우주의 힘이 의도되어 설계된 시스템 프로그램이라면, 그 답은 신이다. 기적과 같은 전능함은 평범한 우리와 신을 분리한다. 행위자를 바꾼다면 우리는 동일한 결론을 볼 수 없다. 그렇기에 신은 자의식에 대한 비대칭성[1]을 내포하고 있다. 진리의 나침반은 우리를 신으로 인도해 내지 못한다.

신이 있고, 인간이 존재한다. 우리의 세계는 창조되었고, 그 의지의 결과는 어떠한 목적에 닿아 있다. 그러나, 그러한 목적 없이, 우주는 맹목적이고 모든 가능성이 우연히 펼쳐진 것이라면, 범신론적 우주관의 설명에 따라 그저 자연일 뿐이다. 무질서를 거스르며 창조의 순환을 최선(最先)에서 맞이하는 우리는

---

1   중입자 비대칭(baryon asymmetry)은 공허에서 이 세계에 물질을 존재할 수 있게 한 원리이자, 아직 풀지 못한 난제이다.

신이다.

신의 개념은 이상(理想)의 중심에 자리 잡고 있을 것이라고 여겨지나, 물질적 사실은 그러한 관념을 설명해 낼 수 없고, 분리되어야 하기에 신은 이상(理想)을 향한다. **관념은 왜 물질(物質)과 분리되는가?** 장(場)을 좌표로 들뜨며 투영되는 우주 만물은 정보와 같다. 우주의 정보를 물리량으로 세어낼 때, 인간이 부여한 의미는 제거된다. 단 하나의 문자 메시지 내용이 관념적으로 중요하여 사회의 운명을 바꿀 수 있는 무게가 있다고 하여도, 그것을 정보엔트로피[2]라는 물질적 물리량으로 나타낸다면 그저 약간의 비트로 표현될 뿐이다. 우주 시뮬레이터는 그 정보가 관념적으로 중요하다고 하여도, 그 메시지에 더욱 많은 질량을 부여하지 않는다. 우주가 읽는 정보는 물질과 운동이 되고, **우리가 읽는 정보[3]는 관념**이 된다.

관념은 물질의 우주를 초월할 수도 있어서, 하나의 생(生)의 내면세계에서, 우주 전체의 정보량보다, 소중한 인연의 존재 가치량을 더욱 중요한 정보로 인식할 수 있다. 하나의 생(生)은 우주와도 같다. 우주를 이룩한 신에게 목적이 있다면, 자신이 만든 환원적 창조물에는 없는, 관념을 향하는 것이 아닐까? 맹목적 세계에서 만물은 우리의 창조물이 아니다. 그러나 물질을 통하여 구성한 우리의 모든 창조물 안에는 우리가 부여한 관념이 내재되어 있다. 물질 없이 창조한 통화나 국가 및 사상 같은 우리의 믿음 또한 관념에 기반한다.

우리 모두는 물질의 영역에서 서로 같음을 경험한다. 타아(他我)라고 하여 물리법칙을 무시할 수 없다. 하지만 우리는 관념에서 서로 다름을 경험한다. 나를 타인으로 바꾸면 다름이 나타난다. 관념에서, 자의식의 비대칭성이 나타난다.

---

2 어떤 데이터를 무손실 압축하기 위한 최소 비트 수.

3 목적에 따라 가공된 데이터를 의미한다.

따라서, 신들의 목적은 관념의 공간 속에 있다. 관념 중에서도 으뜸을 **이상(理想)**이라고 한다. 우리는 신의 의지에 따라 이상으로 향해야만 한다.

A. 고통

삶은 고통과 같다. 주어진 만족에 수긍한다면, 진리를 바라볼 수 없다. 물질의 세계에서 고통은 실존하지 않는다. 고통은 관념의 일부로서 존재한다. 고통의 이상(理想)은 그것의 소멸로서 존재한다.

잘못된 사상(思想)을 한다면, 현실에 안주한 우리는 고통이 소멸되었다고 착각한다. **사상**이란 무엇인가? 관념은 저마다 종류(種類)의 가치를 지닌다. 각자의 경험과 선호를 토대로 내면의 마음에 관념들의 무게를 기록한다. 관념들의 무게를 기록하는 양상(樣相)이 사상이다. 사상에 따라 우리는 행동한다.

이상적이지 못한 상태에서 오는 만족은 스스로 속이는 기만이고 고통의 견딤이다. 이것이 이해되지 않고 현재가 편안하다면, 스스로 현재를 이상적이라고 속인 다음, 더욱 결핍되고 끔찍한 상황에 빠졌다고 상상하라. 우리는 그 상황 속에서 편안을 느끼고 있다. **이상의 관점에서, 자신으로 향하는 길은 고통 속에 있다.**

주변에 만연한 초과손익은 고통으로 요동친다. 그렇게 누군가는 현재에도 괴로움을 느끼고 있다. 우리는 슬픔을 거래하려고 하지 않았다. 그러나, 왜 슬픔과 고통을 소유하고 있는가?

근본적인 슬픔의 원인으로 가족의 고별(告別)을 떠올릴 때, 노년에 자연사로 헤어진 슬픔이 자신의 모든 가능성을 막아서고 나아가지 못하게 할 만큼 쓰라린가?

외부에서 강제로 거래해 버린 비자연적 결과를 부정적으로 맞이할 때, 우리는 슬픔과 고통을 소유하게 된다. 자신 혼자 잘한다고 하여 고통해서 해방될 수는 없다. 정의가 부재한 사상체계는 우리에게 균형을 가져다주지 못한다. 세계에 만연한 사상의 궁핍은 우리를 고통 속에서 해방시켜 줄 수 없다.

B. 비이상적 체계성의 죄업

인간은 사회와 얽혀 다양한 정보를 교환한다. 사회의 체계성은 개인 모두를 강력하게 아우른다. 과거 시대의 인간과 지금의 인류는 다른 점이 없지만, 과거에 비해 우리가 더 풍요로울 수 있는 유일한 이유는 더 나은 시대의 체계성에 얽혀 있기 때문이다.

고통으로부터의 해방은 오로지 사회를 통해서 가능하다. 우리는 사회의 힘으로써 고통에서 구원받기를 원하지만, 현재의 세계가 너무 부족하여 모두의 간절함은 소멸되지 못할 것이다.

불완전한 시대로 인한 비용은 실시간으로 청구된다. 당신을 도울 수 있었던 수많은 기회들은 부정의하게 사라지고 대체된다. 이해할 수 없는 공적 지원으로부터 그 낭비와 부족함을 이해하지 못한다. 사회로부터 모두가 받았어야 할 몫을 받지 못하는 유일한 원인은, 이상적이지 못한 사회에 있다. 장래의 더 좋을 수 있었던 기회를 상상하지 못하고, 당신의 결핍은 당신의 몫으로 남는다. 시대의 정신들은 짧은 인생에서 사상의 차이에 대해 막대한 기회비용을 치르며, 이상으로 향하는 기회의 길은 좁아지고 소멸한다.

고통의 책임에 대한 귀책은 오로지 이상사회를 준비해 내지 못한 외부세계에 있다. 인간은 기획하고 예측하며 실현할 자유의지가 있어 언제나 개인에게도 책임을 물을 수 있다는 관점은, 초과손익의 강제적 거래를 반드시 피할 수 있다는 오만한 생각과 같다.

입력이 있고 출력이 있듯, 인간의 행동이 오로지 순수 의지만으로 이루어지는 경우는 없다. **내 선택의 원인은, 이상적이지 못한 외부세계와 얽혀 나타난다.** 세계가 이상적이었을 때, 내가 그 슬픔과 고통을 겪지 않을 수 있었다면, 그것들은 당신을 향한 책망이 될 수 없게 된다. 세계는 자신들이 이상사회를 준비하지 못한 죄업을 당신에게 떠넘긴 것일 뿐이다. 수많은 고통의 근원은 나의 외부세계에 있다.

C. 사회의 이상

개인들의 내부적 우주는 관념으로 연결될 수 있다. 사상들의 집합이 사회로 나타난다. 외부에서 초래되는 고통은 사회에서 출발한다. 그렇기에 우리는 사회에 대한 이상, **이상사회**를 건설해야 한다. 우리가 삶의 여정 준비에 완벽하더라도, 외부에서 강제로 끌어내리는 거래는 언제든 괴롭힐 수 있다. 인생의 과정에서 타고난 특성으로 삶의 여정 준비에 소홀하고 미흡하며 부족하여도, 이상적인 사회와 환경이 준비되었다면, 그 체계성의 수혜로 누구라도 이상에 손쉽게 도달할 수 있다. 우리가 원치 않는 거래를 피할 수 있으며 원하는 거래는 참여할 수 있다. 마침내 도달한 그곳에서, 모든 간절함을 떨쳐내고 진정한 자아가 실현된다.

우리가 준비해야 할 것은 명확하다. 모두에게 최상의 가능성을 열어주고 인도하는 이상사회이다.

D. 사회

사회는 구성원의 단순 집합이 아니다. 전체성[4]이 부여하는 특별한 성질들은, 사회를 살아 숨쉬는 유기적 객체로 인식한다. 따라서 구성원 개인의 행복이 사회의 행복으로 이어질 것이라고 단정할 수 없다.

사회란 사람들의 모임이다. 그렇게 모이고 나면 민족, 종교, 국가와 같은 관념이 생겨난다. 우리의 믿음은 어떠한 공동체를 창조해 내었다. 믿음의 힘은 우리 모두에게 더욱 안전하고 풍요로운 세계라는 실재를 보여주게 된다. 사회라는 믿음의 창조물은 우리들의 주관적 행복에 실체적으로 영향을 미친다.

사회는 개성(個性) 있는 하나의 유기체로 볼 수 있기 때문에, 그것의 특별한 성질들도 우주의 원리를 따르게 된다. 자원의 희소성으로 사회는 경제 논리에 순응하는 성질이 있다. 경제적 논의에 입각하지 못한 사회체제는 영속할 수 없는 이유가 여기에 있으며, 그들이 주로 착각하는 부분은 사회의 최선을 꿈꾼다면, 개인도 최선으로 행동할 것이라고 보는 것이다.

사람들의 모임은 어떠한 이유로 인해 통합이 되기도 하고, 분리가 되기도 한다. 이 과정은 단순히 물질(物質)의 논리로 실현되지 않고, 사회의 관념이 관여한다. 예를 들어, 제국의 성립과 분리부터, 정치적 이념의 통합과 분리, 인종과 성별에 의한 통합과 분리들은 모두 사회의 관념을 따르며, 그 과정에서 정의로움이 만연해질 때, 균형이 이루어진다.

---

4 전체성이란 부분으로 구성된 전체의 특성은, 부분들의 특성으로 설명할 수 없는 다름을 보이는 성질이다.

E. 개인과 사회

사회의 발전은 구성원 모두가 누릴 수 있는 사회간접자본과 생산수단 향상 및 문화생산으로 이어진다. 사회의 결과는 개인들에게 **체계적인 영향력**으로 나타난다. 따라서 사회의 경제적 번영은 개인들에게도 이익이 된다.

그러나 임의의 개인에게는 자신의 최선이 사회의 쇠락으로 나타날 수도 있다. 이에 더해, 누군가는 사회 속의 부정적 영향력으로부터 이익을 얻을 수 있다. 이런 일방향적 영향은 '**개인들의 이익이 사회의 이익으로 연결되지 않는다**'는 성질을 만들어낸다.

사회를 성장시키면 궁극적으로 개인 자신들에게도 손해가 없으므로, 자신의 이익을 목표로 사회를 성장시키는 노력을 하는 거래가 있을 수 있다. 경제적 세계 아래에서 자신이 사회에 기여한 물질적 생산물은 경제적인 부로 보상을 얻어간다. 그러나, 자신의 이익을 위하여 거래에 참여하는 개인들이 모여 전체성이 발휘되면, 사회는 자신만의 성장률이라는 독특한 특성을 지니게 된다. 쉽게 말하면, 이미 사회가 지닌 사회간접자본 및 문명적 자산들에 의해 개인들이 더욱 향상적인 생산을 이룰 수 있도록 짜여 있으며, 특정한 개인이 아니라고 하여도, 경제적 이익을 위하여 다른 개인이 해당 거래의 기회를 포착하고 충분히 참여하였을 것이다. 개인 자신의 경제적인 이익을 보상으로 받아가면서 도모하는 사회의 성장은 사실, 이미 사회가 성장률의 기획으로 예측한 자기 자신의 자연적인 성장일 뿐이다.

개인이 진정으로 사회에 긍정적인 기여를 한다는 것은, 사회가 보기에 자기 자신이 컨트롤하던 성장률 그 자체를 시스템의 논리에서 향상시켜 주는 것을 의미한다. 거시경제학의 일반적인 경제성장론에 따르면, 경제성장률에 영향을 미치는 주요한 요인은 바로 기술진보율이다. 기술진보율의 비밀은 교육수준과 사회제도뿐만 아니라, 개인들의 자아실현 가능성에 의해 열린다. 이것들은 사회 관념의 영향력 아래에 놓이며, 우주의 법칙에 의해 제한된 경제성이라는 성질만으로는, 물질의 경제라는 단일요인으로 기술진보율에 대한 핵심적인 비밀을 알아낼 수 없다. 즉, 사회에서 물질 거래는 공공 헌신이 될 수 없고, 정의로운 관념의 거래를 실현해 내는 것이 중요하다.

사회의 관념은 우리의 정치로서 결정된다. 관습 및 수많은 의사결정의 결론들을 통해 사회의 관념이 형성된다. **개인과 사회는 정치로서 연결된다.** 각자의 자의식은 자신들만의 내면세계 사상을 사회의 사상으로 만들고자 한다. 그러는 것이 생존과 번영에 유리하기 때문이며 우리 모두의 내면에 잠재하는 기초적인 욕망 중 하나가 된다. 모두의 내면세계는 한데 모여 권력기구를 통해 사회의 지배사상을 드러낸다.

F. 사회의 우월 관념

물적 세계의 사실과는 다르게, 관념의 영역에서는 무엇이 우월한지, 무엇이 옳고 틀린지, 무엇이 중요한지 결정 내릴 기준의 잣대가 다양하다. 개인이 자신의 우주에 부여하는 질서는 타인의 우주 내에서 작동하지 않을 수 있다.

또한 사회가 채택한 지배사상이 개인의 내면에서 받아들여지지 않을 수 있다. 자신의 내면 안에서 세계를 거부한다고 하여도 대부분 죄가 되지 않는다. 주어진 도덕률을 수용하지 않고 주변의 눈살을 찌푸리게 만드는 수많은 사례는 우리의 주변에서 실시간으로 관측된다. 그들에게 도덕률을 따르는 것이 더욱 우월한 것이라고 제시할 수 있는가? 주어진 도덕률이 무엇인지조차 명확히 대답할 수 없다.

이와는 대비되게, 물질과 사실의 우주에서는 지배 원리에 대한 거절은 저열하게 나타난다. 주어진 물리법칙을 수용하지 않는 것은 오류이자 틀림이 된다. 진리는 명확하고, 계산은 정확하다.

그럼에도 불구하고 사회의 사상에는 이상이 존재한다. 진리를 조금만 바라보면, 사실의 우주와 같이 사회의 구성원 모두에게 주어진 지배사상의 '우월성'에 입각한 사상의 수용만이 용납된다.

사회적 관념에 진리를 적용하기 어려웠던 이유는 관념의 특징에 존재한다. 사회의 관념 또한 물질적 한계를 벗어난다. 자원의 희소성에 기반한 경제적 논리를 넘어 개인들이 행동하게 만든다. 사회의 종교관에 따라, 역사에 따라, 전통에 따라, 사상에 따라 언제든지 비합리적이고 비생산적인 결정들이 나올 수 있고, 그 사례는 풍부히 많아서 쉽게 찾아볼 수 있다. 에그레고르(egregor)[5]가 인도하는 운명은 그 구성원들이 수용한다. 이것은 사회적 합의만으로 이루어지지 않는다. 그렇게 하자고 정함으로써 실현되는 것이 아니다. 사회 자신이 구성해 낸 성격은 구성원들에게 전승되고, 자연스럽게 관념의 상속이 유지되며 존재한다.

이러한 관념의 특징을 오로지 물질과 경제에 입각한 정치로써 풀어내려고 한다면, 사회의 사상에 이상적인 진리를 논하고자 할 때, 필연적으로 설명 불가능한 한계에 부딪힌다. 그러나 이 한계를 넘을 수 있다면 우월한 세계를 논할 수 있는 준비가 되었다고 할 수 있다.

---

5 집단적 사고에서 발생하는 비물리적 실체.

사회 형태의 으뜸, 이상사회가 채택한 수많은 관념들은 어떻게 구성될 수 있는 가? 앞으로 이어갈 이 질문의 답을 보기 전에 알아야 할 중요한 점은, 자연의 상태에서 그 어떤 관념체라도, 정의의 관념에 위배된다면 살아남지 못한다는 점이다. 이 관념은 다른 모든 관념들을 아우르는 하나의 체계성으로 작동한다. 정의의 기준에 부합하지 않는다면, 불균형의 관념들은 필연적으로 통합이나 분리를 거친다.

예를 들어, 정의롭지 않다면 평화의 관념도 투쟁이 되며, 사랑의 관념도 그것을 악의(惡意)로 앗아간 대상에 대한 복수(復讐)를 뿜는 적의가 된다. 타인의 정의를 해칠 자유는 제한되며, 경제적 협력은 분쟁이 되고, 정의가 없는 통합은 분리가 된다. 물질세계에서, 힘의 영향이 대상에게 작용하는 것처럼 관념의 세계에서도 누군가가 받아야 할 것은 그 대상에게 작용해야만 한다. 관념의 세계에서 **정의는 하나의 힘**이 된다. 각 개인들의 통합 불가능할 것만 같았던 관념들의 다양성과 자신들만의 질서는 모두 하나의 **교차로**를 지니고 있었다. 이상(理想)의 신비는 그곳에 있었다.

G. 균형의 힘

신이 존재하지 않는 곳, 원시(原始)의 공허(空虛)는 직관적으로 상상할 수도 없는 곳이다. 그냥 없는 것이며, 그곳을 경험한다면 감각과 기억, 그리고 자아도 무(無)가 된다. 우리들 개인의 존재는 공허에서 왔다. 우리는 태어나기 10년 전에 존재하고 있었다고 말할 수 없다. 그러나, 지금의 우리는 왜 이리 다른가?

공허에서 꺼내진 우리 모두는 신성한 계획의 일부이며, 서로의 연장선이다.

누군가 성취하는 모든 것 중에, 진실되게 자신이 해낸 것이 존재할 수는 있는가? 영혼의 독특성(獨特性)은 당신이 타인과 차별되다고 가르치고 있는가? 주어진 같은 환경에서, 당신의 자아는 다른 선택을 했을 것이라는 비판은 깨달음의 부족을 드러낸다. DNA에 따라, 환경에 따라, 지식에 따라, 관념에 따라 의사결정은 불확실하며, 심지어 같은 개인 내에서도 시간의 흐름에 따라 과거의 결정을 후회하고, 미래에는 같은 안건에 대한 다른 의사결정을 보이는 일이 비일비재하다. 사실, 자신이라는 의식도 그저 관념의 종류이다. '우리'들이 없는 '나'는 아무것도 아니다. 그렇게 깨닫지 못하고, 자신은 타인과 다르게 특별하다는 자의식을 끌어올린다면 절대로 성인(聖人)이 되지 못한다. 자의식은 필연적으로 초과손익을 추종하며 세계에 고통을 남긴다.

이렇게 **자의식**이 별로 대단한 것이 아님을 통찰하고 나면, 인류를 하나로 포괄하는 깨달음을 얻을 수 있다. '나'는 어느 시대에나 존재하였고, '누구'로도 존재했으며 현재에 존재하고 있다. 자기 객관화를 통한 인류성은 자의식이 과잉된 불완전한 현재에서, 그 이야기의 밖으로 꺼내 줄 차원의 문으로 통한다. 갈등으로 가득한 전개방식은 그곳의 배우(俳優)들에게 있어서 비극일 뿐이다.

적어도 물질적 신이 존재하는 곳에는, 우리를 고통에서 해방시켜 줄 이상은 존재하지 않는다. 그곳을 나와 우리는 공허로 환향함으로써 무엇의 일부가 아닌, 하나의 '자신'을 얻을 수 있다. 자의식 감옥을 구성하던 감각과 기억들은 더 이상 무의미하다. 타인들은 '나'를 그 자신과 같이 아끼며, '나' 또한 타인을 자신과 같이 여긴다.

그곳에서 최소한 우리는 모두가 성인(聖人)이 될 필요가 있다. 물질의 논리, 즉 경제적 논리와 생존본능에 입각한 자의식의 형성은 극히 일부의 성인(聖人)들을 잡아먹고 만다. 나를 내려놓고 정의의 확장이 실현되면, '나'에게 다가오는 고통은 세계의 고통이 된다.

개성(個性)은 현실이며, 이를 인격체에게서 분리해 내라는 의미가 아니다. 관념의 다원성 아래에서 옳고 그름을 가르는 경우는 많지 않다. 그 모든 것을 가져가면서도, 공허로 나아갈 수 있는 바탕에는 관념의 상대성이 있다. 사상적 행위에는 반드시 관념 간의 상대적인 무게의 비교과정이 나타난다. 물질의 우주에는 분명 절대적인 질량의 값이 존재하고 있다. 그러나 관념의 우주에서, 절대적인 객체의 인식은 중요하지 않다. 자신을 내려놓는 것의 핵심이 여기에 있다. 자기 객관화를 넘어, '나'가 받아야 할 정의에 대해 가장 값진 무게를 다는 것, 이것이 모든 것을 들고 가면서도 모든 것을 내려놓을 수 있는 공허의 길이다.

고작 나에게로 국한된 부분적 세계를 전부로 인식하는 것은 수많은 오류와 초과손익을 발생시키며 세계의 정의는 실현되지 않는다. 자의식을 버리고 정의를 확장한다면 세계의 안정을 찾는다. 만물이 평형을 이루는 엔트로피의 과정 또한 공허의 길과 같아, 물질의 궁극과 관념의 궁극에서 우리는 안정적인 균형, 즉 공허에 도달하게 될 것이다. 이로써 알 수 있듯, **정의(正義)가 바로 균형의 힘**이다.

H. 사회 정의(正義)

정의로서 이룬 관념 체계는 개인들의 내면 속에서도 당연한 진리가 된다. 그것에 따르지 않는 것은 죄가 된다. 옳고 그름의 기준은 누구도 거부할 수 없다. 그렇기에 경제의 가치만 바라보는 기존의 사회에서도, 물질의 정의는 사실상 구현되어 있다.

자의식으로서 물질을 다룰 수 있는 유일한 방법은 그것을 소유하는 것이다. 하지만 대상을 원한다고 하여, 반드시 소유할 수 있는 것은 아니다. 공정한 대가를 지불하고 거래를 원한다면, 세계의 정의는 '공정한 대가'가 얼마인지 묻는다. 가격으로 구현된 정의의 기능은 싫다고 하여 부정할 수 있는 것이 아니다. 이 정해진 가격보다 싸거나 비싼 대가로 거래한다면, 누구든 상관없이 세계에 초과손익이라는 죄를 낳는다. 죄는 단순히 경제적 가격에 국한하지 않는다. 관념 간 대립 속에서 결정되는 명확한 선, 균형을 제시할 수 없어 늘 초과손익이 요동치던 수많은 관념적 갈등 관계는 명료한 균형의 제시로 인해 사면(赦免)을 받을 수 있다.

누구도 초과손익을 누릴 수 없는 사회, 가장 정의로울 수 있는 이 사회의 형태는 이상사회의 본원적 모형이다. 가장 낮은 위상에서 세계의 **대균형**이 펼쳐진다.

사회 정치에서 작용할 수 있는 올바른 균형의 인도장치를 찾아내어 이상도(理想道)를 이루어야 한다. 그렇게 초과손익이 정산되다 보면, 수많은 관념의 이상과 함께 자연히 물질의 이상[6]에도 도달할 수 있다. 대균형은 결국 마지막 창조까지 그 모든 것을 품는다.

사회 정의가 채택한 관념들의 이상적 배열 구성은 결국 결정된다. 우리는 자의식을 내려놓고 쉽게 이상을 구성할 수 있다.

---

6 6장 '명예주의하 거시경제 균형'에서 우리들의 관념의 거래가 물질의 풍요를 가져다줄 수 있는 원리의 모형을 논한다.

I. 비이상적 정의

우리의 마음에는 하나의 세계가 있고, 어떠한 논리들을 갖는다. 생존을 위하여, 목적을 위하여 실용적이고 다양한 논리체계를 갖추며 세상에 대항한다. 따라서, 강력한 마음은 실현될 수 있다. 마음이 실현되도록, 기억을 탐색하고 가능한 모든 논리와 가능성을 탐구한다. 우리의 능력은 마법과도 같아, 인류는 갈수록 위대해질 것이다.

그러나, 사회의 개체들 대부분은 그러지 못한다. 세상은 발전해도, 그 안에서 겨우 좁은 범위의 정의만이 실현되면, 꾸준히 반복되는 초과손익에 노출된다. 더욱 많은 생산을 할 수 있음에도, 사상의 부재로 그러지 않는다. 세계 발전의 과실(果實)은 소수에 집중되며, 생산 능력이 없으면 그대로 가난해지며, 노동의 굴레는 우리들의 삶을 갉아먹는다.

노동을 하지 않으면서 일하는 자에 상당하는 소득을 줄 수는 없다. 능력이 없으면서, 능력자들이 하는 만큼의 보상을 줄 수는 없다. 현재 보기에 합당하고 당연하게만 느껴지는 이 정의는, 흥미롭게도 이상의 논리를 부정한다.

얕은 식견에 갇혀, 비좁은 사상적 관념에 지배를 받게 된 후에는 더 높은 곳을 올려 보게 해 줄 눈을 잃게 된다. 이는 모두 같은 분배를 얻자는 논의가 아니다. 정의를 이상에 닿게 하여야만 한다.

이상에서 누군가가 원하는 만큼 세계가 이끌어준다. 산출 능력이 없어도, 소득을 원하면 세계가 시초(始初)부터 교육하고 발전시켜 원하는 소득을 얻을 능력을 키워 준다. 모든 것이 이상을 갖춘 세계는, 우리의 노동에 대해서도 이상을 논하기에, 자아실현을 향한 자발적 직업 외에는 참여시키지 않는다. 위대한 세계가 비로소 당신을 위대하게 만들어 줄 수 있다. 이 모든 것을 초월할 진정한 이상은 감히 상상조차 할 수 없지만, 우리는 그 과정의 장벽에서 느낄 수 있는 현재와의 차이를 알고 있다. **총공급의 비약적인 도약**을 통한 경제 해방은 이상을 논하기에 충분한 자격이 된다. 그러나 이 무한의 GDP는, 무한동력 발명과 같은 허무맹랑한 소리일 수도 있다.

그런 물질의 이상을 가정하자. 기술력이 궁극에 달하여, 우리 모두가 노동에서 해방될 수 있다. 상상할 수 있는 모든 생산물들이 전부 나타나며, 모든 장르에 대한 심미성(審美性) 산출과 예술마저도 인간의 능력은 자동생산 능력과 경쟁이 되지 않는다.

누군가가 그러한 자동생산 능력의 개발자라면, 그 생산능력의 비전을 세계에 공개하는 것과, 그 비전을 그만이 사용하여, 타인 대비 더 많은 경제 부가 가치가 되어 곧 실질적인 권력의 부로도 이어지는 세계에서, 모든 경제의 정점에 서는 것 중 무엇을 택할 것인가?

비전이 공개된다면, 그 개발자는 타인과 차별되는 어떠한 초과적 영향력도 지닐 수 없게 된다. 반면, 자신만 이용한다면 무한한 물질의 부를 스스로는 누리면서 타인과 차별되는 명확한 특권을 누릴 수 있다.

그 결과 사회는 무한한 생산력을 지녔음에도, 그는 자의식으로서 생산량을 제한하고 유아독존 우뚝 선다. 사실 이 논리는 이미 현재의 세계에도 만연하다. 이미 많은 생산자들은 더욱 생산하고 물가를 낮출 능력이 있지만, 경제의 논리만 고려된 이윤극대화 생산점은 그러지 않는다.

따라서, 특별한 가치량의 보상 없이는, 위대한 세계임에도 우리는 그 어떤 것도 누릴 수 없다. 여전히 물가는 비싸고, 능력이 없으면 무너진다. 시간으로 희생한 노동은 누군가의 귀한 시간이라는 자의식을 끌어올려 줄 단순한 장치에 불과해진다. 위대한 세계는 우리를 구원해 주지 못한다. 그런 것은 오직 물질이 가치가 되는 세계에서 이루어지지 않는다. 모두가 물질적 풍요를 달성한 물질의 이상은 경제 부만 가치라는 관념의 세계를 부정한다.

비이상적 정의는 이에 그치지 않는다. 현재의 세계는 권력적 평등이 이상(理想)이며 정의라고 여긴다. 역설적이게도, 권력의 차이가 있어야만 진정으로 평등할 수 있다.

권력적 평등의 유일한 해석은 '다수가 진리'라고 말한다. 이를 '다수결 원칙'이라고 하며, 권력에 대한 유일한 변수는 세계의 정의가 아니라, 지지하는 인구수에 존재한다.

하지만, 우리들에게 우연히 주어진 것들, 이를테면 자연 성비[7]는 아름답지 못하게도 대칭적이지 않다. 지역별 인구수 또한 서로가 엄청난 편차를 지니고 있다. 다수는 세계의 정의로운 작용을 항상 보장하지 못한다. 관념의 우월성은, 그저 쪽수가 많다는 이유로 증명될 수밖에 없다. 궁극의 정의를 제치고 인류애도, 평화도 아닌, 그저 쪽수가 우리 인류 총체 관념의 종착지이며 신이 바라는 정신의 최후 승리가 된다. 정말로 이것이 위대한 인류가 보여줄 수 있는 관념의 최선일 리가 없다.

진리적 의미가 없는 쪽수에서 밀려 정의를 잃은 패자(敗者)들은 당연히 결과에 납득하지 않는다. 세계의 갈등은 물질적 이상에서도 당연히 계속되며, 권력적 평등의 허상은 그곳에서 더욱 두드러지게 된다. 갈등의 영속성(永續性)은 분명히 이상과 거리가 멀다. 균형의 힘은 평등에 있지 않다.

권력의 차이가 정의인 것이 아니라, **권력의 위험이 권력의 편차가 되어 세계의**

---

7   자연 성비: 정자가 지닌 Y염색체의 가벼운 무게와 빠른 속도의 영향으로 자연적인 수정의 성비는 115 : 100으로 밝혀져 있다.

정의를 실현한다. 우리는 힘의 위험 앞에 평등하다. 당신이 정의에 속해 있다면, 비록 보유 권력이 한없이 미약하더라도, 세계의 모든 정의가 당신의 힘이 되어 줄 것이다.

그렇게 정의 앞에서 갈등은 사라진다. 이상에 닿은 정의를 마주하고서 인정을 못 하는 패자(敗者)는 갈등으로 취급할 수 없기 때문이다.

J. 물질의 이상

물질의 풍요로 나가는 길 가운데에, 아주 강력한 종류사상의 벽이 막아서고 있다. 현재의 정의, 사유재산의 관념은 우리의 자의식 속에서 물질의 가치를 주무른다. 물질의 이상에서, 타인이 보유한 물질은 언제나 자신도 얻을 수 있다. 자신의 것이나, 타인의 것이나 길가에 흔히 굴러다니는 돌멩이처럼 그 가치는 사라진다. 도둑질이라는 관념은 의미를 잃고 소멸한다. 여기서 사유재산의 관념은 어디에 갔는가?

이 관념에 의해, 기업은 자신의 이익극대화 생산량에서 산출량을 결정하고 부의 극대화를 꾀한다. 사유재산 관념에 의한 이윤극대화 논리는, 우리가 진정한 풍요에 다가갈 수 없음을 의미한다. 경제의 논리와 역사가 보여주는 기업들의 이윤을 향한 집착은, 가격과 수량의 논리에서 **과감히 수량을 포기하는 결정**들을 보여준다. 심지어 생산대상 상품의 기대수명을 훼손시키어서라도 이익의 극대화를 추구할 수 있다. 정치에 로비하고, 타인에게 고통을 주어서라도 자신의 이윤극대화는 실현되어야 한다.

하지만, 사유재산의 관념은 물질의 이상에서 존재하지 않는다. 경제의 논리는 사라진다. 그럼에도 불구하고, 토지자산이나 기타 **경합적 가치 자산**들은 존재할 것이다. 이런 것들을 거래하기 위하여 통화량은 그 때에도 존재하게 되는가? 이 자산들의 거래는 어떻게 이루어지는가? 경합적 가치 자산의 소유주들은 그것을 사유재산으로 여기는가?

먼저, 통화량의 본질은 물질 분배의 정의를 실현하기 위한 의사결정 장치이다. 자신이 소유한 물질에 대한 자유로운 거래는, 사회를 향한 영향력이 없다면 언제든 가능하다. 하지만, 그러한 종류의 자유는 물질의 이상에서 모두 사라진다. 그 시대에서 남은 소유의 대상들은 타인들과 강하게 연결되고 얽힌다. 소유를 위한 거래의 자유는 사라진다.

경합적 가치 자산이란, 이름의 뜻 그대로, 그 존재 자체가 필연적인 사회의 문제가 된다. 예를 들면, 현재의 시대에도, 토지의 용도와 성격, 주인의 사용 의지는 국가의 제한을 받는다. 건물을 올리고 싶다고 하여 함부로 올릴 수도 없다. 하다못해 주변의 지역에 미치는 일조량마저 꼼꼼히 검토된다. 모든 생산이 궁극에 달한 물질의 이상에서, 우리가 소유욕을 내비칠 수 있는 유일한 대상은 오로지 경합적 가치 자산으로 구성된다.

물론, 이러한 경합적 가치 자산의 거래에 경제의 통화가 이용될 수 있다. 통화의 의미는 생산물 사이의 상대적 가치 비교 및 거래에 이용되는 매개체다. 하지만, 오직 사회와 얽힌 가치적 존재들은 더 이상 매입자에게 확실한 가치 제공을 해 줄 수 없다.

왜 그런지 알아보기 전에 먼저 생각해 보자. 골동품의 가격은 왜 그리 비싼가? 생산물에서 경제의 논리가 사라졌음에도 가치를 지니고 있다는 의미는 무엇인가? 우리의 모든 생산물이 그렇듯이, 경합적 가치 자산에도 우리의 관념이 투영된다.

평범한 권총이, 유명 인사의 자살에 사용되었다는 이유로 한없이 비싸다. 생산물적 가치(권총)는 값싸지만, **관념적 가치는 비싸다.** 그러한 자산의 소유자가 물질의 풍요 시대에서 생산물에 대한 교환권의 의미로 통화를 요구할 리가 없다. 자신이 소유한 가치자산을 매각하고 얻은 대가로, 생산물에서는 더 이상 얻어올 것이 없다. 길거리의 돌멩이처럼, 모든 것이 흔하게 제공되기 때문이다. 그렇기에 소유욕은 자신이 욕망하는 다른 경합적 가치자산을 바라본다. 그러나, 사회와 얽힌 문제로 인해 통화를 넘어서는 또다른 어떤 힘, 강력한 구매력이 필요하다.

경합적 가치 자산의 거래는 이루어질 수 있어야 한다. 그럼에도 거래가 되려면 교환의 매개가 있어야 한다. 통화의 기능에 교환의 매개성이 있으므로 이를 이용하여 거래할 수는 있다.

통화를 이용한 거래로서 위의 사례를 고민해 보자. 그 권총의 판매자가 판매를 희망하는 이유는 다른 경합적인 자산 매입을 원하기 때문이다. 반면, 권총의 구매자는 이제 막 대가를 지불하고 총을 얻었는데, 국가적 의결에서 그 총의 역사적 의미가 크므로 박물관에 보관할 것이란 안건이 채택된다. 토지의 구매에서도 마찬가지로, 얻어낸 토지를 공원의 용도로 남겨 두어야 한다고 국가 의결에 의한 개발제한이 떨어진다.

경합적 가치 자산의 거래 상황을 세계가 지켜본다. 판매자가 대가로 얻은 금전적인 거래의 매개체로는 자신이 구매자의 입장이 되었을 때, 사회적 압력으로부터 대항할 수 없다는 것을 깨닫는다.

차기 매입자들은 필연적으로 다음의 거래를 의결 안건으로 세계에 제시할 수밖에 없다. 거래가 필요한 가치자산에 대하여, 용도와 지불비용, 기타 정보들을 포괄하여 의안으로 제시하고, 매입자들의 의결 경쟁이 시작되면, 판매자가 아니라, 세계의 정의가 매입자를 결정해 준다.

세계의 정의는 오로지 권력의 상대성에 기인한 자신들의 지분율에서 게임 참여의 재미를 느낀다. 그들이 보기에 **가치 자산의 지불비용에 대한 유일한 가치는 국가의 의결권뿐이다.** 매입자가 지불한 의결권의 크기만큼, 자신들의 의결 지분율은 상승하기 때문이다. 국가 의결 기능이 배제된, 별 재미없고 의미 없는 통화량으로는 어떠한 액면이든 무차별하게 느낀다.

매입 후보자들이 대가로 제시하는 지불 비용은 프리미엄이 되어, 안건의 경합에서 패배하면 당연히 대상을 소유할 수도 없고 그에 따른 손실률을 부담한다. 그렇게 세계의 정의에 부합할 자신이 있는 존재만이 경합적 가치 자산 매입의 게임에 참여한다.

가치자산의 판매자 또한, 더 이상 통화량이 무의미함을 깨닫고, 다른 경합적 가치 자산의 확보를 위해서는 오직 의결권을 통해서만 가능하다는 것을 깨닫는다. 따라서 가치 자산 간 거래의 유일한 매개는 의결권이 되게 된다.

경제적 통화는 소멸하지만, 물질의 이상에서도, 의결권은 생존한다. 이상과 비이상(非理想)의 사이를 막아서는 사유재산의 관념은, 이렇게 의결권을 통한 우회를 통해 자연스럽게 넘어설 수 있다.

거창한 방식은 필요하지 않다. 비이상적인 시대에서, 통화량과 유의미한 의결권이 같이 사용되면서, 점차 물질의 이상에 다가갈수록, 경제적 가치는 관념적 가치로 이동하게 된다. 그런 후에는, 사유재산의 관념조차 정의의 관념 아래 찢어지고, **세계 정의가 정당한 소유자를 결정**한다.

이 흐름은 그렇게 될 것이라고 논의하는 것에서 끝나지 않는다. 6장 '명예주의하 거시경제 균형'에서는 이 논의에 관한 좀 더 구체적인 원리를 소개한다.

K. 균형에서의 사회 질서

자연은 혼돈과 질서로 분리된다. '자연의 연속'은 혼돈이며, 고통이다. 우연은 각 종(種)의 개체들에게 생존불능 가능성의 고통을 준다. 혼돈은 어떤 비참한 죽음에도 침묵한다. 그 모든 고통과 죽음들에 대하여, 자의식들은 자연을 절대적 악으로 마주했다. 법과 제도 같은 질서가 없이 표현될 수 있는 순수한 악의 형태는 너무 많아서 셀 수도 없을 것이다. **'우연의 연속되는 방관'**은 악(惡)과 같다.

반면, '자연의 원리'는 질서다. 무질서한 혼돈에 대항하여 우리는 관념의 질서를 세웠다. 사회, 국가, 사상이 자연 상태로부터 우리를 분리해 낸다. 그로 인해, 우리는 생존불능 가능성의 고통에서 해방되었으며, 약자는 보호되고, 인류는 무한한 영생을 향해 도전한다. 마찬가지로 자연의 이치에서도 질서는 찾아볼 수 있다. **'이해하지 못한 필연'** 앞에서 우리는 경이를 느낀다. 필연으로 정리되지 못한 서술에는 진리가 존재하지 않는다. 질서로서 정리된 우주의 신성한 의식(儀式)은 선(善)과 같다.

한편, 개체들은 서로가 편차를 갖는다. 사실 우리 모두는 시초(始初)부터, 성별과 성향, 건강과 능력, 부모의 경제적 위상과 그 모든 환경과 조건들을 혼돈으로 맞는다. 사회의 역할은 그런 혼돈스러운 방관에 관여하고 모두에게 정의로운 질서를 부여하는 것이다. 개체들은 매우 안정적이고 균형을 이룬 사회와 접촉하고 상호작용하여, 편차를 갖고 요동치던 자의식의 혼돈을 완충하고 안정을 이룰 수 있어야 한다.

하지만, 현재의 세계는 정의가 확립되지 못하여 불균형이 만연하다. 사회의 역할은 절대로 이루어질 수 없다. 오히려, 스스로 안정을 찾을 수 있던 개인들조차 퍼텐셜 넘치는 사회와의 작용으로 더욱 요동친다. 균형을 이루지 못한 사회는 그렇게 죄업을 더한다.

L. 불균형의 죄업

누구의 행복은 누군가의 고통이 된다. 타인의 행복은 자신의 고통이 된다. 타인이 행복하다고 느껴지면, 부러움 속에서 자신이 행복을 위해 누리지 못한 것을 발견한다. 우리 자신의 생존과 번영에 관련하여, 타인의 행복을 통해 바라본 **'나아질 수 있는 가능성'**을 본 자신들은, 그것을 쟁취하기 위한 동기의 일환으로 고통을 선택하였다. 사실, 이상을 인식함에 따른 고통의 인지일 뿐이지만, 결국 내면의 보상체계는 타인의 행복을 통한 고통을 부여하여 개체들이 그로부터 벗어나게끔 행동하고 자신을 개선되게 한다.

타인 행복을 보며 나타나는 반응 유인으로, 고통이 아닌 긍정 유인을 부여하는 것은 논리에 맞지 않는다. 타인의 행복을 보며 자신이 행복을 직접적으로 얻을 수 있다면, 자기 발전적 행동에 대한 어떠한 유인책도 찾아볼 수 없기 때문이다.

그럼에도 불구하고, 행복에 관한 허상의 이야기와, 시련의 극복을 통한 쟁취의 뉴스는 우리에게 돈을 내고 소비시킬 정도로 행복하게 만든다. 그러나 잘 생각해 보면, 갈등의 연속 속에서 **정의가 실현되는 것에 대한 우리 관념의 행복**에서 비롯된 것이며, 허상의 인식이 주는 상상력의 자극일 뿐이다. 부정의하게 행복을 누리게 된 초과수익의 수혜자들을 보며 행복을 느끼지 않는다면 말이다. 따라서, 타인이 행복을 누려도 그 행복에 정당한 정의를 지니고 있다면 자신들이 그만큼 고통을 누리지 않을 수 있다.

타인의 행복에 대해 응원할 수 있고, 타인의 행복이 누군가의 고통이 되는 것에 동의하지 않는 자들은 그러한 논리를 갖는다. 그러나 안타깝게도, 세계가 이상적이지 못하는 한, 타인의 정의로운 행복조차 누군가에게는 고통이 된다.

정의롭지 못한 초과손실적 불행을 겪는 개인들은, 그들의 관측점에서 온전하게 자신이 받지 말아야 했을 것을 본다. 자신의 초과손실에 대해, 사회가 초과수익자에게 가치를 빼앗아 보전해 주기를 원하지만, 그런 기능이 없는 사회는 방관한다. 더 나아질 수 있는 가능성은 이루어지지 않는다. 그렇게 죄업은 더욱 깊어지고, 평범한 행복을 누리는 누군가는 그런 죄업의 사회에 속하고 있었다.

세계가 이상적이지 않다면, 평범한 우리들조차 악의 일부가 된다. 발생하는 고통은 타인의 이야기라는 핑계로 '방관'한다. 드물게 찾아오는 선의(善意)는 필연으로서 정리되지 못한다. 그렇게 사회에 속한 우리들은 평범하다는 좋은 권력을 쥐고, 부정의한 초과불행에 대해 눈과 귀를 닫는다. 사회가 초과손익을 근절하는 체계를 갖추지 못한다면, **초과불행은 시스템의 일부인 필연**이 된다.

M. 비이상적 시대균형

민주주의 사상은 우리들의 권리가 이미 평형을 이루었다고, 모두가 같은 영향력을 지녔다고 말한다. 그럼에도 불구하고 '나'와 타인은 서로 다른 존재로 있다. '나'의 이익과 손실에 관해, 그와 무관한 타인들은 어떠한 관심도 없다. 내가 고통에서 헤엄칠 때, 그 고통은 나의 책임이 된다. 어째서 우리는 진정한 평형을 이루지 못하는가?

만물의 질서가 고루 퍼져 있는 우주에는 어떠한 신비가 있기에 모든 것이 평형을 찾는가? 그 비밀을 파헤치면서 우리는 **불연속성**을 확인했다. 예를 들면, 원소마다 나타나는 빛 스펙트럼[8]은 서로 다른 형태로서 존재하며, 신기하게도 연속적이지 않다. 그 원인으로서, 전자는 외부와의 에너지 작용에 따라 자신의 궤도를 수정한다. 전자가 존재할 수 있는 궤도는 놀랍게도 연속적이지 않다. 어느 한 궤도에서, 더 크거나 축소된 궤도로 순간이동 해 버린다. 이에 더해 시간도 공간도 띄엄띄엄한 프레임의 흐름 속에서 존재한다. 마치 연속된 듯 보이는 동영상이 사실 여러 장의 사진의 합과 같은 것처럼, 세상의 기본은 양자화되어 있었다.

한편 그 속에서 우리는 **불확실성**의 신비도 찾을 수 있었다. 우주를 흐르게 하는 엔트로피는 확률의 원리에 따라 가장 그럴싸하고 있을 법한 상태를 결정짓고 있다. 두 입자가 상호작용하는 과정 속에서 나타날 수 있는 무한한 사건의 경우에서는, 시간을 역행하는 사건도 포함될 수 있으며, 그 무한한 경우의 수 가운데 실현될 가능성은 각 경우가 자신에게 부여받은 확률가중치를 따른다. 또한 입자의 '위치'와 '운동량'을 동시에 모두 측정할 수 없다는 불확정성의 원리는 자연과학의 탐구에서 진리의 핵심에 있다. 적어도 우리의 차원에서 라플라스의 악마[9]는 존재하지 않았다. 세계가 불확실하지 않다면 우리의 모든 미래는 이미 결정되어 있다.

---

8 빛은 프리즘 등을 통해 여러 색들의 나열로 분리할 수 있고, 이를 빛 스펙트럼이라고 한다. 이를 긴 종이에 기록하면, 일반적으로 무지개의 색으로 공간이 모두 채워져야 하지만, 각 원소에서 유도한 빛의 스펙트럼을 기록해 보니, 얇은 띠로서 띄엄띄엄 거리를 둔 색이 몇 가닥 발견된 것이 전부였다.

9 라플라스의 악마: '우주의 모든 초기 조건을 알 수 있는 악마가 존재한다면, 그는 모든 미래를 정확히 알 수 있다'는 사고 논리. 물리학의 거시적 정리들이 만물의 운동에 관해 미래를 예측할 수 있는 이해를 더해 주었다. 하지만, 미시적 세계에서 불확실성의 원리가 등장하며 이 사고 논리는 불가능함이 확인되었다.

불연속성과 불확실성이 우주의 미세단위에 작용하고 있던 신비였다. 이러한 이치는 사회에도 적용되어야 한다. 그러지 못한다면, 거시적인 사회는 라플라스의 악마가 된다. 하지만 현재의 사회 사상은 기본적 단위의 불연속성을 충족시키지 않는다. 우리 사회는 고차원의 자의식으로 이루어진 정치대리인들이 주도한다. 그들은 세계를 거시적으로 조망하며 모든 것을 연속적이고 자연스러운 흐름인 것으로 설명하고자 한다. 그 안에서 미시적인 실체로 존재하던 불연속적인 개체들을 설명하는 자연의 원리는 이루어지지 못한다.

또한 현 세계 권력의 상태는 불확실하게 결정되지 않는다. 민주주의에서 '행사할 의결권의 수'가 고정[10]되어, '의결권을 행사할 안건'이라는 정보 하나만 알게 되어도 모든 정보를 파악할 수 있다. 개인은 더 이상 세계에 대항할 수 없다. 세계는 라플라스의 악마가 된다. 우리가 국가의 주인인 것이 아니라 사회가, 특히 임의적 의지의 개입을 허용하는 민주주의에서는, 그 의지가 우리의 주인이 된다.

N. 무오류의 이상

인간은 편향되었고, 수많은 오류를 간직한다. 편향에서 벗어나기 위해서, 끊임없이 의심하는 과정이 필요하다. 인간이기에 피할 수 없는 오류들을, 사회는 가지고 있지 말아야 한다. 이상사회에서, 세계는 무오류의 이상에 도달한다.

그러나, 이 간단한 이상조차도 역시 강력한 장벽들이 막아서고 있다. 간접민주주의가 보여주는 대리인의 슈퍼파워는 세계가 그 개인에 기반한 오류들을 공

---

10 위험이 반영되지 못한 다수표 또한 의결권 수의 고정과 다름이 없다. 결국 지분율은 동일하기 때문이다.

유하게끔 한다.

우리는 왜 분산 가능한 위험을 떠안아야 하는가? 민주주의의 권력 대리 제도는 그저 약속으로서 정해진 임의의 산물이다. 그런 거래가 아직도 존재할 수 있는 이유는 우리가 기술을 진리로 아는 무지함 때문이다.

사회 사상의 부재와 오류는 이상적이지 않다. 사회의 모든 문제를 해결할 수 있는 유일한 방법은 우리들의 사회적 최적을 향한 의사결정에 있다. 우리가 올바르게 사상할 수 있다면, 우리들의 합의를 정의롭게 이끌어갈 수 있다. 그렇기에 모든 사회 문제들의 유일한 기인(起因)은 바로 우리들의 사상과 인식이다.

그러나 무지한 우리들은 진리가 이익이 되지 않는다면, 도저히 생각하려고 들지 않는다. 자신에게 경제적 이익이 되는 일에는 모든 이해관계를 따져보면서, 위험도 수익도 없는 사회적 관념에 대해 개입할 유인이 없을 뿐이다. 공적 관념, 사회사상에 대한 무관심 또는 잘못된 사상행위는 타인에게 이상으로 가는 길을 막아서는 명백한 피해가 된다. 그러나 누구도 그 피해를 인지하지 못한다.

이 모든 죄업들은 근본적으로 세계의 시스템에 있다. 무려 과반수가, 철학적 사유의 경지에 달해 사상을 바라볼 수 있을 때에나 이상도(理想道)를 걸을 수 있다고 말한다. 자신과 타인을 서로 다른 객체로서 바라보게 만드는 민주주의에서는 누구도 그러한 경지에 도달할 수 없게끔 한다.

O. 형법의 이상

형법의 이상은 이상사회에서도, 지금 현재에도 중요한 달성과제이다. 모두는 정의에 따라 자신의 죄만큼의 무게를 짊어질 필요가 있다. 명확한 죄에 대하여, 불확실한 보상은 정의롭지 않다. 따라서, 형법은 확실성하의 정의가 된다.

그런데, 도대체 죄의 무게란 무엇인가? 죄는 교화의 대상인가, 아니면 응징의 대상인가? 개인들을 정의 내려 버리는 세계의 체계성을 보지 못하고, 편하게 단순함만 좇는 생각 속에서는 주로 응보주의가 채택된다.

응보주의자들의 주장대로, 인간에게는 자유의지가 있다면, 죄인이 자유의지를 온전히 발휘하여 하루아침에 교화되는 가능성이 있다. 미래의 예측으로, 죄인이 반성하여 장래에 걸쳐 사회에 헌신적인 기여를 하며, 타인에게 봉사하는 삶이 예정되었다고 하자. 그러하여도 엄벌주의 주장에 따라 응보 하는 것이 옳은가?

하지만 인간에게 완전한 자유의지가 없더라도, 응보주의는 옳지 않을 수 있다. 세계가 이상적이지 않기에, 사회에는 해결되지 못할 불만이 가득하다. 사회로부터 출발한 단 하나의 체계성만으로도 죄업으로부터 벗어날 수 있었다면, 일부의 책임은 사회의 몫이 된다. 우리들의 자유의지는 사회와 얽혀 나타난다. 사회 시스템의 차이는 분명 죄의 발생과 관련이 있다. 예를 들어, 어떤 사회는 안전한 거리의 밤을 내내 확보할 수 있지만, 어떠한 사회는 밤의 두려움에 외출조차 삼가야만 한다. 현재에도, 어떠한 세계에서는 도둑질이 매우 드물게 일어나지만, 그와 다른 어떤 세계에서는 소매치기와 도둑질에서 단단히 준비해야만 하는 경우도 있듯 국가 시스템이 달성한 미개도의 차이에 죄의 책임을 물을 수 있는 정당한 이유가 있다.

물론 모든 죄가 사회의 체계성으로부터 비롯되는 것도 아니다. 지독히 악의적이고 조직적이며 잔인한 계획들도 존재하고 있으나, 범죄를 통한 그 어떠한 이익도 사전에 시스템에서 설계된 대로 존재할 수 없었다면, 태초부터 싹을 잘라버릴 수도 있었다.

생각해 보자. 적당한 사치도 누릴 수 있는 소득 수준에, 이상적인 교육과 도덕적인 관념들을 정립한 자가 있다. 그는 사랑 있는 가정교육을 받고, 훌륭한 문화환경을 누리며 건설적인 발전을 이룩하고 자신의 진정한 성취에 도달한다. 그의 삶의 여정에서 잘못된 길의 존재조차 모르게 조성된 환경과, 이탈하지 못하게 이끌어주는 사회의 시스템이 존재했다. 그런 그도 약점이 있어 불만을 품은 때가 있었지만, 개인들의 취약점을 사전에 소통하며 치료하고 행복한 미래를 바라볼 수 있게 하는 사회 속에서, 그 자가 얻을 모든 부당함에 저항하여 싸워 줄 수많은 정의의 지지자들이 모든 환경에서 도움을 준다. 갈등의 조정조차 이상적이어서 분쟁은 시스템 내에서 끝나게 된다. 세계는 정의가 확립되어 범죄로 얻을 모든 이익은 사라져 기대조차 할 수 없으며 타인에게 주는 피해 또한 엄벌주의에 따라 그 이상을 돌려받게 됨을 확신한다. 그 외의 수많은 환경들이 모두 이상적임에도 불구하고 나타나는 이 자의 범죄는 과연 존재하는가?

비이상적 세계에서, 범죄는 사회의 문제가 된다. 죄인들은 경우에 따라 교정의 대상이 될 수 있으며, 우리 사회가 진정으로 죄가 원망스럽고 가해자의 완전한 죄업이라고 여기고 싶다면, 세계를 이상사회로 만들어 내야만 할 것이다. 따라서, **이상적인 세계에서는 교화주의는 논리를 잃고, 엄벌주의가 채택된다.** 이상세계에서 발생할 범죄는, 순수하게 그자의 책임으로 되물을 수 있다. 그제야 피해자들의 원망은 가해자가 온전히 짊어지게 된다.

그러나, 현재 세계가 이상적이지 못하면서도, 수많은 단순함은 여전히 엄벌주의를 외친다. 고장 난 정의의 기능은 '행위' 자체만 판별하고 논하려 든다. 우리가 생각하는 가장 나쁜 범죄는 무엇인가? '연쇄살인'은 '사기'보다 더 나쁜가? 법에도 없는 '정치의 무능'은 음주운전보다 덜 나쁜가?

비이상적인 사회는 죄의 무게에 대한 정의를 잃어버려 올바르게 사상할 수 없다. 정치적 무능은 죄가 되지 못하며 뉴스와 관심은 직관적이고 단순하여 자극적으로 여겨지는 '행위'형 범죄들에 집중되어, 우리들이 더 멀리 바라볼 수 없게 만든다.

거짓말로 타인을 속여 수백, 수천 가정의 재산을 앗아가고 그 인과로 자살자들이 발생한다면, 연쇄살인과 무엇이 다른가? 불공정한 방법으로 경쟁에서 부당승리를 가져가는 자들은, 그 결과로 경쟁에서 패배한 자들의 인생을 부정적으로 개입한 죄가 된다. 이는 사기와 무엇이 다른가? 불완전한 사회의 시스템을 악용하여, 이익을 챙기는 자들은 부당승리자들과 무엇이 다른가? 정치의 무능으로, 사회의 발전 기회를 모두 날려버리고 부의 재분배에 실패하더라도, 그 정치대리인과 리더집단들은 배부르게 살아갈 수 있는 위험부담의 죄악은 시스템 악용의 죄와 무엇이 다른가? 그런 무능한 시스템을 유지시키면서도, 죄악의 근원에 대해 생각하지 못하고 여전히 자신 이웃들의 고통을 무시해 버리는 우리들은 정치 무능의 죄와 무엇이 다른가?

우리는 죄의 기술적인 등장에 집중하는 것이 아닌, 사회를 이상으로 끌고 가며 자연히 그 모든 근원들을 차단시키는 것에 집중해야 한다. 문제 해결의 유일한 방법은 원인의 제거에 있다. 그렇게 낭비된 시간과 관심들은, 필연적으로 누군가의 고통으로 실현되고 있다.

결국, **형법의 이상은, 형법이라는 관념 자체가 사라지는 세계였다.** 그것은 일부 관념들이 이상에 도달하면서 자연히 이루어지는 것이었다. 거시적 입장에서, 죄의 처벌에 집중해 봐야 세계가 이룬 미개도 수준만큼 꾸준히 되풀이되며 언젠가 미래에도 여전히 반복될 **필연**이 된다. 죄의 피해를 진정으로 끔찍이 여긴다면, 우리의 후대들과 미래로 그 죄들이 향하게 해서는 안 된다. 그러기 위해서 우리는 '현상'에 집중하지 말고, 그 본질을 바라볼 수 있어야 한다. 그러기 위해서, 우리는 헛된 자의식을 내려놓고, 그들과 시초부터 똑같은 환경을 누렸을 때, 그럴만한 상당한 인과율이 존재하고 있음을 이해하여야 한다. 그렇게 그들의 관념의 무게들이 어떻게 되었던 것인지를 이해할 수 있어야만, 이상적인 시스템들을 설계하여 궁극적인 형법의 이상에 도달할 수 있을 것이다.

명백한 유죄를 얻으면서도, 반성조차 없는 수많은 자들이 있고, 죄로 인정되지 않더라도 타인에게 불행을 주는 수많은 자들도 있으며, 돌아오지 못할 피해량이 있음을 알더라도, 그들을 용서해야 한다는 의미가 아니다. 그들을 처벌하는 것으로 모든 정의가 구현되었다는 단순함에서 벗어나야만 한다. 예를 들면 어떤 환경이 조성되어야 죄에 대한 반성조차 할 수 없는지 생각해 보아야 한다. 자신은 타인과 다르기 때문에, 나의 로맨스와 상대의 불륜은 서로 다른 것이기 때문에, 나는 특별하기 때문에, 나의 사람과 나의 집단은 특별하기 때문에, 나만 행복하면 되기 때문에, 나의 죄는 타인들과 다르기 때문에, **정의 인식의 부재에서 오는 자의식의 과잉**이라는 본질을 볼 수 있어야 한다.

P. 정보의 이상

인간은 무지하다. 그럼에도, 조금이나마 앎의 지평을 확장해 나간다. 알고 있는 것, 알고 싶은 것, 알아야 하는 것들은 각자 다른 관념의 지배를 받는다. 사실과 정보는 구분된다. 사실에 어떠한 관념을 더하여 나타나는 정보는 각자의 해석에 따라 서로 다른 관점을 채택할 수 있다. 그럼에도, 이제 우리는 같은 사실을 보고 같은 결론을 낼 수 있게 된다. 정보의 이상이란, 모두가 합리적으로 가치를 분별할 수 있는 상태를 말한다.

그렇다면 정보는 우리에게 얼마나 중요한가? 약간의 거짓을 첨가하거나 부정의한 의도가 관념에 섞여들 때 정보는 훌륭한 선동 도구가 되며, 초과손익의 원인이 된다. 정보의 비대칭성은 사회에 여러 가지 비용을 유발시킨다. 알아야 할 것을 모르고, 잘못된 것을 알고 있다면 우리는 잘못된 사상을 하게 된다.

정보의 오류에는 '나'를 해롭게 할 독이 숨겨져 있다. 우리는 왜 많은 것을 모르고, 쉽게 선동당하며, 간단한 부정의조차 해결을 위해 단결할 수 없는가? 우리가 접하는 정보가 알아야 하는 것인지 어떻게 구분해 내야 하는가? 우리가 읽고 저장한 정보가 혹시 오류를 포함한 것은 아닌지 어떻게 구분해 내야 하는가?

이 어려운 관념의 문제는 민주주의하에서 절대로 해결될 수 없다. 우리들의 정보처리 방식은 주로 정보들의 사용 목적에 따라 수익성, 효율성, 공익성 같은 관념의 선을 그어 이용하고는 한다. 그러나 정보의 사용 목적이 타인과 부정적으로 얽힌 경우 상황은 복잡하게 된다.

내가 10만큼 희생하고 사회가 100을 얻는 길이 담긴 정보가 있다면 이 정보는 유용한가? 반대로 사회가 잃는다고 생각하여도 그 정보는 가치가 있는가? 이 모든 골치 아픈 생각의 결론 끝에, 민주주의는 올바르고 정의로운 측정기준의 답을 내놓지 못하는 시스템이기 때문에 정보의 관념을 방치한다. 그 방법은 간단하여 **정보의 가치를 합리적으로 분별해 내지 못하게 한다.** 우리가 알아야 하는 것을 인지하지 못하게 만든다.

우리들은 알아야 하는 것을 알고 싶어 해야 한다. 하지만, 이 시대의 우리들에게는 자신과 타인에 관한 심각하고 난해한 현상을 굳이 공을 들여 정보를 분석할 유인도, 간절함도 없다. 공들여 작성한 사회 분석 자료들은 간단한 거짓과 선동만으로 반박된다. 쉽게 작성되는 무가치한 정보들은 자극적인 관심을 끌어 세계의 이목을 분산시킨다. 공공 정보의 가치에 명예는 없다. 정치인들의 행위에 집중된 관심은 널리 퍼져도, 그 결과 사회가치가 어떻게 변동하는가에 대한 정보는 누구도 제시하지 못한다. 그 결과 세상은 대리인의 초과적 영향력에 따라 이끌려 간다. 더 나아질 수 있던 수많은 가능성은 망상이 되고, 사라진다. 그 속에서 자신은 부정의한 고통을 피할 수 있을 것이라고, 확신해서는 안 된다.

Q. 대통일의 이상

세계에는 수많은 주장이 난무한다. 근거가 없는 주장도, 감성에 치우친 비합리적인 주장도, 거짓된 주장도, 수많은 사람들이 각자의 생각만큼 서로 다른 생각을 가질 수 있다. 그 과정에서 사회적 의사 합일의 도출까지 너무도 많은 마찰이 발생하고, 수많은 논쟁이 난무하며 우월한 안건은 채택되지 못한다. 세계는 왜 이리 시끄러운가?

그저 닥치고, 명예로운 세계에서 자신의 위험을 걸고 투표하면 된다. 당신에게 진리가 있다면 그저 묵묵히 의결에 참여하면 된다. **서로 다른 우리들은 모두 같아질 수 있다.** 우리 모두는 거대한 진리인 위험 앞에서 겸손해질 수밖에 없다. 자의식의 독주로 인한 착각이 자신을 구원해 주지 못함을 깨닫고는, 자연히 타인의 입장을 고려하며 인류 보편에 결합할 수밖에 없다. 타인의 생각이 다르다고, 더 이상 논쟁하고 다투며 갈라서지 않아도 된다. 각자는 자신의 진리에 대한 통찰력과 예측력대로 보상을 가져갈 뿐이다. 사회 대통일의 이상은 이렇게나 쉽게 달성해 낼 수 있다.

R. 자의식 과잉의 소멸

자의식의 과잉은 어디에서 오는가? 자신만 특별하다는 착각은 편협한 사상일 뿐이다. 그 관념의 뿌리는 누구에게나 깊게 박혀 웬만한 깨달음으로는 뽑아낼 수가 없다. 그 뿌리는 두꺼운 줄기를 치고 있으며, 객체의 사상과 의사결정을 주도한다. 하나의 가지마다 저마다의 인과를 달고 나무를 육성한다. 어려서부터 우리들에게 주입된 자의식 기원은 너무나 다양하다. 불균형으로 가득한 사회에서, 자의식의 나무가 먹을 영양분은 너무나도 많다.

정의롭지 못한 세계에서, 자의식의 강화는 때때로 우월할 수도 있다. 자신만 특별하다고 여기는 **자의식의 성질은 언제나 초과수익을 추종한다**. 현재를 초월한 이상의 관점에서 결국에 모든 자의식은 초과손실을 동반한다. 사회의 모든 문제는 만연한 자의식의 과잉에서 초래된다.

초과수익이 존재할 수 있는 이유는, 보상불가능성으로 인해 사회를 향한 초과수익이 적절한 피드백을 얻지 못했기 때문이다. 초과수익의 추종은 각 개체들에게 특별한 유인이 되어, **타인들의 정 따위는 가볍게 무시할 수 있는 사상의 결핍**을 야기한다. 합당한 보상들이 부재하는 초과손익이 만연한 세계에서 대균형은 도저히 이룰 가망이 없다. 부조리한 세계에서 누군가는 고통을 얻고 있으며, 누군가는 고통 속에 있는 줄도 모르며, 누군가는 여전히 자신만이 행복한 삶이 가치 있다고 여긴다.

그러나, **이상적인 세계가 도래하면 자의식의 과잉은 대균형의 진리가 주시하는 방향을 같이 바라보지 못하고, 자신만의 행복이 가리키는 방향을 향할 수밖에 없다**. 진리와 어긋난 의사결정은 시스템이 부과한 위험의 대가로부터 필연적으로 자의식의 착각에 빠진 자들을 가치분배서열의 바닥으로 끌어내리게 된다. 자의식이 자신들의 가치경제에 해로울 수 있음을 깨닫는 순간, 우리들은 이기심을 기반으로 각자가 도생을 위해 자의식을 내려놓고 타인을 구원하며 초과적 변동의 갭을 채울 수 있다. **이기심에 기반한 자의식의 독주는, 이기심에 기반한 세계의 시스템으로서 구원할 수 있다.** 이 단순한 차이만으로 우리는 이상으로 나아갈 수 있다.

5장

명예법인

이 장에서는 명예법인의 정의와 개념을 설명한다. 먼저 명예법인의 가치가 어떻게 결정되는지 논의하고, 이후 명예도의 발행과 분배에서 명예법인이 어떠한 기능을 하는지에 초점을 맞추어 서술한다.

먼저 명예법인이란 사회구성원들의 소요적 가치를 충족시키고 그에 대한 보상으로 국가의결권을 얻기 위한 단체이다. 이와 목적이 비슷한 단체는 이미 민주적 사회에서도 존재하고 있다. 정당은 정치활동을 하면서 궁극적으로 큰 권력을 목적으로 하는 이익집단이다. 민주정의 특성상 과반수의 지지를 이끌어내기 위하여 각자의 가치관에 따른 공약을 선언하고 법안을 준비하고 선거활동에 나선다. 명예법인 또한 그들의 사업 목적을 선언하고 자본을 준비하고 가치소요의 충족활동을 해 나간다.

이 둘의 가장 큰 차이점은 바로 **위험의 부담 주체**에 있다. 공공 산출에 대한 위험의 분류로서 공약 미이행 위험, 가치극대화 실패 위험 등이 존재하며 그 결과는 활동 목적을 부정할 만한 실패임에도 두 개념은 상반된 결론의 차이를 보인다.

A. 허(虛)로 가득한 민주주의 약속

먼저, 민주주의에서 정당은 더 많은 정치권력 확보라는 기대수익은 얻으나, 약속한 종류가치[1] 공급이 실패할 수도 있다는 위험의 사후적 실현 부담은 국민이 감당한다. 그렇기에 자신들은 실현할 수도 없는 공약을 함부로 약속한다.

실제의 세계에서도 근거 없는 포퓰리즘에 기반한 수많은 정치대리인 선거공약이 존재한다. 공약의 목표는 정의에 기반하지 않는다. 더욱이 선출될 확률을 높이기 위해서 공약은 거짓과 과장, 망상과 논리 비약, 현실성이 배제된 주장으로 오염된다. 그런 공약들은 당연히 실현되지 않는다.

B. 효율을 고려한 권력보상체계의 필요성

대리인들의 약속이 불가능에 직면하여 이루어지지 못할 때에는 대리인의 책임제한성으로 인해 선언된 공약을 믿고 지지하던 자들이 그 대가를 가치손실로 부담한다.

중요한 점은 정권 지지에 대한 진정한 철회는 무능력에 기인하는 것이 아니라 능력이 있음에도 못 이루는 비효율성에 기인해야 한다. 한 지역에 발생하는 자연재해를 최고권력자의 부족함에 의한 것이라고 생각하는 합리적 인간은 없다. 그런 것으로 가치실현이 실패했다고 탓할 수 없다. 그러나, 공공가치를 실현하겠다고 자의식으로서 나선 자들이, 해낼 수 있던 것을 그만큼 못 해내는 것은 불합리하다.

---

1   종류가치란 테마와 개념이 같으며, 가치의 다양한 이름들 중 임의의 하나를 뜻한다.

자세히 설명하자면, 개인들은 자신들이 지닌 성향에 따라 정치단체에 지지력을 행사할 수 있다. 이 지지력은 명백히 정치 권력이라는 보상으로 작동한다. 그러한 보상을 얻은 정치대리인이 더욱 사회를 이롭게 하지 못하고 비효율성을 보였더라도, 유권자들은 지지를 철회할 이유가 없는 것이다. 이는 보상의 불완전성으로 연결된다. 비효율적이더라도, 자신이 원하는 성향의 가치 공급을 조금이라도 얻기 위해서는 어쩔 수가 없다.

다시 말해, 정치대리인이 이룩한 업적에 대한 평가는 공공사회로의 기여분만큼만 적용되어야 한다. 하지만, 민주적 표결인 한 표의 특성은 가치수혜자인 개인에게 있어서 지지하고자 하는 가치의 반영을 완전히 이룬 것과, 가진 능력대로도 가치 실현을 온전히 못 이룬 것마저 같은 지지를 주어야 한다고 말한다.

지지자의 입장에서 이 비효율성에 대한 대응 및 보상체계는 존재하지 않으며, 가진 항변의 수단은 그저 민원을 넣거나 그나마 조금이라도 실현되는 선택적 가치에 대한 지지를 철회할 수도 있을 뿐이다.

C. 효율적 권력보상체계

그 결과 정치적 가치산출에 대한 위험은 믿고 기대하던 지지자들이 부담하고 만다. 반면 **명예법인은 종류가치에 대한 공공가치 충족의 위험에 대하여, 온전히 공급자인 명예법인이 부담한다.** 명예주의에서도 의결권을 가진 개인들은 그들이 지닌 가치관을 실현해 줄 기관에 지지력을 행사한다. 선택적 가치의 공급을 천명한 명예법인은 본인들의 능력에 따라 활동한다.

선택된 가치의 종류, 즉 테마를 소요하는 개인들은 자신들이 지닌 의결권으로서 평가에 참여하며, 마치 명예법인에 투표를 행사한 것과 같은 효과를 기대해 볼 수 있는데, 통화가 아닌 의결권으로 가치 평가에 참여하는 것은 시스템에 특이한 성질을 지니게 한다.

D. 효율적 권력보상체계: 소요의 대체불가능성

첫째로, 위험과 기대수익률의 축으로 상대적 우월함[2]이 결정된 효율적인 자산들을 선별할 수 있는 기업의 주식시장과 달리, 명예법인 평가에 참여하는 지지자들은 자신들이 소유한 가치 종류에 부합하는 명예법인에 의결을 행사한다. 소요자들은 자신들의 테마가 아닌 다른 것에 의결권을 행사할 유인이 없다. 즉 굳이 다른 효율적인 자산들을 추구해야 할 이유는 없다. 명예법인들의 공급량은 대체불가능성을 지니기에 소요자들은 효율성을 고려하지 못한다.

예를 들면, 여성권리의 향상을 소요하는 개인들은 남성의 권리를 강화하려고 하는 정치단체에 지지력을 행사할 유인이 없다. 남성정치단체에 지지력을 행사하는 것이 동일 위험 대비 더욱 높은 기대수익률로 나타난다고 하더라도, 불확실성하에서 그 선택을 대체하여 바꿀 요인은 존재하지 않는다. 마찬가지로 여성 향상을 소요하는 개인들은 그들의 지지력을 노인 복지 같은 얽히지 않은 테마에 대체할 유인도 없다. 간절함이란 그런 것이다. 자신의 간절함이 잘 반영이 된 정치단체일수록, 그들의 가치 소요 대체불가능성은 더욱 강해진다.

그러나 가치소요자가 아닌 **외부인들**은 이 대체불가능성을 느끼지 못한다. 명

---

2   위험 대비 수익률이 가장 높은 자산을 의미한다.

예법인 종합 시장에서 위험 대비 기대수익률이 가장 높은 효율적 자산들을 찾는다. 이러한 논리로서 소요자와 평가자는 명예법인의 적절한 시가총액[3]을 각각 다르게 바라볼 수밖에 없다.

E. 효율적 권력보상체계: 믿을 수 있는 약속

둘째로, 명예법인은 스스로 부를 이룩하는 존재이기 때문에 그들의 신뢰도는 매우 중요하게 평가받는다. **믿음**은 중요하다. 우리의 신뢰는 국가를 형성하기도 하고, 경제를 굴러가게 한다. 믿음이 없이는 돈을 빌려줄 수가 없다. 그런 믿음에 금이 간다면, 빌려주었던 돈인 채권의 가치는 크게 변동한다. 믿음 그 자체가 부의 근원과 같다.

명예법인은 평가시장에서 공헌에 따라 아주 신축적인 가치 평가 피드백을 얻는다. 그렇기에 자신들의 이기심을 위하여, 공공가치를 선언하는 명예법인들은 신뢰의 가치를 저버릴 수 없다. 신뢰를 저버린다면 좋은 가치 평가를 얻어낼 수 없다. 이제 우리는 믿을 수 없던 세계를 벗어나고 책임 있는 약속을 누릴 수 있어야 한다.

---

3   시가총액이란, 기업이 발행한 총발행주식 수량에 주식의 가격을 곱한 값으로, 기업의 본질적인 가치량을 의미한다.

F. 신뢰와 가치

　명예법인 보상체계가 어떻게 작동하는지 이해하기 위하여 믿음의 의미를 좀 더 구체적으로 살펴보자. 신뢰에는 기대가 내재되어 있다. 신뢰란 모든 게 확실한 세계에서 필요가 없다. 불확실한 세계에서, 얼마나 믿는가에 대한 논의가 중요해진다. 우리가 기대 없이 믿을 수 있다는 강력한 마음, 예를 들면 가족에 대한 맹목적인 신뢰조차 미래의 행복이 진행될 것이란 기대에서 나온다. 그러한 기대가 높을수록 가치가 높다. 그러나, 불확실한 기댓값의 신뢰도가 떨어진다면, 그 온전한 가치를 보장할 수 없다. 대상에 대한 신뢰도가 낮을수록, 그 가치를 낮게 평가한 것과 같다. 믿을 수 없는데 높은 평가를 줄 수는 없다. **가치량의 결정식**은 그렇게 표현된다.

$$\text{가치량} = \frac{\text{기대(예상)}}{\text{위험(신뢰도)}}$$

　사회적 가치 창출에 대한 보상도 이 식에 근거하여 이루어져야 한다. 하지만, 불완전한 민주적 투표권의 하자로 인해 정치 정당은 위험 없이 기대라는 보상을 받아가고 있다. 불확실성이라는 위험은 부담하지 않는다.

　하지만 명예법인의 가치 보상은 위의 식에 근거한다. 그들이 제공할 공적 사회 가치량의 기댓값이 불확실할수록, 그들의 명예부는 아주 신축적으로 조정받게 된다. 명예법인은 공급량의 변동성, 즉 위험을 스스로 짊어진다.

　그렇다면 공공산출량에 대한 가치는 누가 정해 주는가? 위의 결정식에 따라 **가치는 기대와 위험이라는 두 축으로서 결정**된다. 기대는 임의적인 시간의 단위로 구분 지을 수 있다. 먼 미래의 기대일수록, 일반적으로 더욱 높은 불확실성을 마주한다. 기업의 회계에서는 보통 1년의 단위로 결산과 배당이 이루어지므로 보통 1년을 단위로 유량가치를 설정한다. 그렇게 가치를 시간의 순서대로 분할하여 안배하면 다음과 같이 나타난다. 충족소요량이란, 유량의 가치로서 공급자의 능력으로 인해 세계의 미래 간절함이 그 정도 해소될 수 있다는 예상을 나타낸다. 예를 들면, 충족소요량$_2$는 현재의 기준에서 1년 이후부터 2년 이내 사이 기간의 유량값을 의미한다.

$$\text{가치량} = \frac{\text{충족소요량}_1}{(1+k)} + \frac{\text{충족소요량}_2}{(1+k)^2} + \frac{\text{충족소요량}_3}{(1+k)^3} + \cdots$$

(단, k = 위험조정할인율)

이 식에는 자본화의 묘리가 담겨 있다. 충족소요량이란, 유위험 의결권으로 얻는 정치 지지력과도 같다. 이렇게 결정되는 가치에는 어떠한 진리가 있다. 여

그림 5-1. 배당평가모형

$$\text{기업 시가총액} = \frac{\text{배당}_1}{(1+k)} + \frac{\text{배당}_2}{(1+k)^2} + \frac{\text{배당}_3}{(1+k)^3} + \cdots$$

(단, 기초장부 = 0)

⬇

분석

위 조건에 부합하는 주식의 가격은 **자연적으로** 정해진다. 이에 저항한다면 그만큼 초과손익을 겪게 된다. 기간 배당은 명목화된 화폐로서 측정할 수 있다. 자신이 보는 1달러와 타인이 보는 1달러에는 차이가 있을 수 없다.

그러나 역사적으로 서로 다른 두 기업이 비슷한 돈을 벌 것이라는 기대가 있더라도, 실제로 나타나는 두 주식의 시가총액이 크게 차이 나는 경우가 있다. 이 경우 고려해야 할 중요한 점은 위험(k)이다. 그 배당을 실제로 줄 것이라는 신뢰도의 차이가 두 기업의 실질적인 할인율을 결정한다.

기에는 자본자산의 가격이라는 누구도 거부할 수 없는 자연성이 있다. 주식가격의 결정 모형을 통해 이를 좀 더 자세히 확인해 보자.

명예법인은 기간에 걸쳐 자신들의 능력으로 사회에 이로움을 공급한다. 세계의 가치 평가자들은 그 수준만큼 명예법인에 지지력을 행사한다. 그 충족소요량이 실제로 이루어질 것이라는 신뢰도가 높을수록, 명예법인의 시가총액은 더욱 높게 평가된다. 그만큼 명예법인의 주인들은 가치를 얻는다. 그렇기에 믿을 수 있는 약속은 실현될 수 있다. 신뢰 가능한 약속이 어떻게 가능할지, 구체적인 가치의 결정 요인을 통해 알아보자.

G. 가치 결정 요인: 기대

가치를 결정짓는 균형식의 부분인 '**기대**'는 여러 가지 종류로 존재할 수 있다. 단순하게는 '현금' 자체를 의미할 수도 있고 분배될 배당액을 의미할 수도 있다. 객관화된 물질을 초월하여 개인들의 주관적인 효용도 기대로 표현 가능하다. 물적 생산물에 '효용'이 있다면, 명예의 생산물에는 '**소요**[4]'가 있다. 효용과 소요는 모두 어떠한 간절함을 표현한다. 그러한 종류들의 이름으로 대체 불가능한 정치적 기대가 형성되고 나면, 테마가 형성되었다고 표현하고 가치가 드러난다.

명예법인의 기대, 충족소요량은 이상적인 상태에서 다음과 같이 간단히 나타낼 수 있다. 명예법인 유량가치의 결정으로서 가치량평가 의사결정은 중요한 역할을 한다.

---

4 소요와 소요량은 서로 의미가 다르다. 소요는 명예적 간절함이고, 소요량은 행사된 의결권의 수량이다. 물질의 논리에서 효용과 현금에 각각 대응하여 설명될 수 있다.

명예법인은 자신이 이룩한 공공가치 기여분을 스스로 공시총액으로 설정하고 적절한 의결프리미엄을 설정하여 세계에 의결 제안을 할 수 있다. 그 결과에 따라 그들은 지출한 명예도와 미발행효과[5]를 장부환원[6]으로 치환하여 인정받을 수 있다. 이 개념으로 인해 이상적인 경영에서 멀어질수록, 충족소요량은 그 결론보다 더욱 작은 값을 가질 수 있다. 그렇다고 하여, 명예주주에 대한 보상의 감소값이 가치량 평가 의결의 결론에 다시 영향을 주지는 않는다. 그 결론은 소요자들과 평가자들이 외부에서 정해주기 때문이다.

논의를 쉽게 설명하기 위하여 소요의 다양한 이름들의 정리가 필요하다.

소요	명예적 간절함
소요량	행사될 의결권의 집합
명예법인 시가총액	충족소요량의 자본화 현재가치

이에 따라 명예법인의 시가총액 가치결정식을 도출할 수 있게 된다.

$$\text{명예법인 주주 부} = \frac{\text{충족소요량}_1}{(1+k)} + \frac{\text{충족소요량}_2}{(1+k)^2} + \frac{\text{충족소요량}_3}{(1+k)^3} + \cdots$$

(단, '기초가치 = 0' 가정)

---

5 미발행효과에 대해 조금 뒤에 후술한다.

6 장부환원의 크기만큼, 명예법인의 주인들은 세계로부터 동일 크기의 명예도를 분배 받을 수 있다. 즉, 특정 조건 아래에서 달성된 '배당 가능한 이익잉여금'의 개념에 대응된다. 구체적인 논의는 후술한다.

그러나, 아직은 명예법인 주주 부를 이해할 수 없다. 이 가치를 이루는 위험(k)이 정확히 무엇인지에 대해서는 좀 더 살펴보아야 한다. 구체적인 논의는 심화 학습에서 다루도록 한다. 그렇다고 하여 위험에 대해 설명할 수 없는 것은 아니다. 위험의 본질은 쉽게 이해할 수 있다.

H. 가치 결정 요인: 위험

위험이란, 미래를 알 수 없는 불확실성 속에서 나타날 기대의 편차이며, 변동성을 의미한다. 이를 좀 더 탐구하기 위해 간단한 사례를 하나 살펴보자.

100을 투자하면, 이 투자금은 미래에 120으로 상승하거나, 80으로 하락한다. 미래는 이 단 두 가지 경우만 존재한다고 가정하며, 각각의 확률은 반으로 같다. 만약 투자안의 위험이 더욱 커진다면, 그 의미는 100의 투자금이 미래에

그림 5-2. 재무 위험

검은색 선과 파란색 선은 각각 서로 다른 위험의 수준을 보여주고 있다. 동일한 기댓값 아래에서, 초록색 선들이 파란색 선보다 더욱 큰 편차를 보여준다.
편차가 클수록, 위험은 커진다. 가치량을 결정짓는 분모의 자리는 이러한 변동성으로 결정된다.

150 또는 50으로 기존보다 편차가 확대되는 것을 의미한다.

위험이 높다면, 가치량 결정식의 원리대로 해당 투자안의 가치는 더욱 감소한다. 이 개념이 수식으로는 이해할 수 있지만 직관적으로는 이해가 어려울 수 있다.

추가로 설명하자면, 합리적인 인간은 **위험기피성향**을 보이기 때문에, 높은 위험을 보일수록, 높은 수익률을 요구한다. 안전한 은행 예금은 보상해 주는 이자율이 고위험 상품보다 상대적으로 낮다. '흔히 위험이 크다'고 말하는 주식투자를 하는 사람들은 겨우 은행이자율만큼을 벌려고 주식을 하지는 않는다. 그들은 더욱 높은 수익률을 원한다. 하지만 누군가가 주식투자를 한다고 하여, 대상 기업의 상품 판매량 등의 본질은 변하지 않는다. 기업이 미래에 벌어들일 본질적인 현금의 총액은 기대로서 일정하다. 그러므로 주식투자자들이 높은 위험의 대가로서 더욱 높은 수익률을 요구할 수 있는 유일한 방법은 그 기업의 본질적 실체를 더욱 싼값에서 매수하는 것뿐이다.

위험이 클수록, 매입자들은 더욱 높은 수익률을 원하며, 매도자에게서 더욱 값싼 가격에서만 자산을 매입한다. 이 값싼 가격, 그것이 위험이 높다면 가치량이 낮다는 이치와 같다.

I. 간절함

재무 위험의 예시에서는 이해하기 쉽도록 물질의 통화로서 설명하였지만, 명확한 가격의 지불이 존재하지 않는 공공사회 수혜에 대해서는 물질의 통화만으로 설명될 수 없다. 가장 기초적인 단위의 자의식들은 자신들이 원하는 만큼

'의결권의 수량'으로서 지지력을 행사한다. 이는 공시된 가격으로서 상품을 거래하는 물질의 논리와는 궤를 달리한다.

이 효과로 인해, 대체불가능성의 간절함이 깃든 만큼 명예법인은 지지력을 얻는다. 하지만 우리는 간절함의 의미에 대해 주의해 보아야 한다. 더욱 간절할수록, 그것이 소멸되었을 때 우리는 더욱 행복할 수 있다. 반면, 그것의 성취에 실패했을 경우 얻을 하락가치가 한없이 낮을 수도 있다. 그 수준은 전혀 간절하지 않은 타인에 비해 반드시 큰 편차로 나타난다.

그림 5-3. 간절함에 의한 평가절하

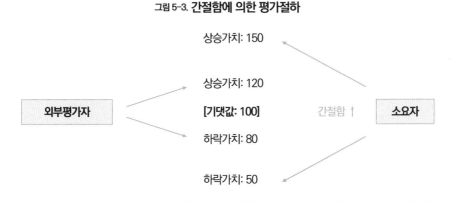

간절함이 클수록, 그에 종속되지 않은 외부평가자들보다 상승의 경우 행사 의지가 있는 의결권의 지지력이 더욱 크고, 하락의 경우 더욱 상실한다.
간절함이란 결국, 불확실성 아래에서만 존재하는 '위험'을 의미하는 것이었다.

이처럼 외부의 가치 평가자와 소요자는 명예법인이 얻는 유량의 지지력을 서로 다르게 바라본다. 기대는 서로 동일하게 바라볼 수 있지만, 위험은 서로 다르게 생각한다. 그 결과, 평가자보다 소요자가 충족소요량의 위험을 더욱 크게 본다. 평가자와 소요자 간 위험의 차이 계산은 심화학습에서 다룬다.

소요자의 위험이 평가자의 위험보다 크다는 의미는, 가치량 결정식에 따라 소요자가 보는 평가의 가치량이 평가자의 것보다 더욱 낮음을 의미한다.

이 의미는 중요하다. 만약 소요자의 시선대로 가치량이 결정된다면, 그들의 임의적인 내면에 따라 세계의 정의는 왜곡될 수 있기 때문이다. 정말로 그렇게 되는지 구체적으로 살펴보자.

J. 균형가치

하나의 동일한 충족소요량에 대해, 소요자와 평가자는 서로 다른 시선으로 그 위험을 평가한다. 그 결과, 소요자와 평가자가 보는 명예법인의 가치량은 서로 다르게 결정된다.

그렇지만, 세계에 두 개의 가격이 존재한다는 것은 많은 어색함을 내포한다. 과연 소요자와 평가자 중 누구의 시선이 객관적인 가치를 표현하는가?

가치를 소요하는 자들은 사회 전체에 비하면 부분이다. 하지만, 평가자들의 행동원리인, 더욱 낮은 위험 대비 더욱 높은 기대수익률을 준다는 효율성의 원리는 사회 전체를 아우르는 관념과도 같다.

부분은 언제나 전체에 비해 더 큰 위험을 경험한다. 쉽게 예를 들면, 사회에 속한 작은 기업 A는 그 사회의 전쟁이나 전염병, 외교 같은 체계적인 사건들의 위험을 피할 수 없다. 이에 더해, 그 A만이 독자적으로 지니고 있던 경영진 성격 위험, 계절의 변동에 따른 위험, 판매 상품 가격 변동의 위험 등을 추가로 부담한다. 모두가 공통으로 경험하는 사회의 위험을 '체계적 위험'이라고 하고, 사회와는 분리된 자신만 부담하는 위험을 '비체계적 위험'이라고 한다.

> 총위험 = 체계적 위험 + 비체계적 위험

위의 세 관념, 총위험과 체계적 위험 그리고 비체계적 위험 중 세계의 정의가 결정하는 가치량을 구성하는 분모에 들어갈 위험은 무엇인가?

자세한 원리는 심화학습에서 다루고 있지만, 위험은 더 작으면서도 기대수익률은 더욱 큰 우월함은 '효율성'으로 표현되어 무엇을 투자해야 가장 이익이 되는지 고민하는 우리 모두의 판단에 관여한다. 그러한 판단의 극한에서, 투자의사결정을 뒤바꿀 필요가 없는 안정적이고 우월한 포트폴리오, '단 하나의 자산 종합'을 우리 모두가 추구하게 된다. 그 과정 속에서 결국 그 '단 하나의 자산 종합'이 지닌 위험, 체계적 위험의 반영만이 세계 가치량 결정식의 분모에 반영될 수 있다.

이 결론을 쉽게 예를 들면, 우리들 모두는 최고의 자산조합을 갖추고자 노력한다. 자신의 투자안을 여러 자산들의 '조합'으로 형성하는 것과 기업 하나의 주식만 보유하는 경우는 차이가 존재한다. 흔히들 말하는 '계란을 한 바구니에 담지 마라'는 격언이 알려주는 간단한 진리가 있다. 서로 영향을 주고받는 관계가 없는 자산들로 묶인 '자산 종합'일수록, 각각의 자산들의 비체계적 위험을 낮추는 '분산 효과'를 극대화시킬 수 있다. 그렇게 더욱 서로 관계없는 자산들이 모두 종합되고 나면, 종합을 이루는 각 개별 종목들의 비체계적 위험이 완전히 사라지는 '단 하나의 자산 종합'이 형성된다. 그 결과 개별 종목들이 그 종합과 무한한 차익거래가 가능한 효율적인 세계에서, **모든 자산들의 가치량 결정식**

에는 비체계적 위험이 점점 작아지다가 사라지게 된다. 이 내용이 어렵더라도 결론만 받아들이면 된다.

위의 원리에 의해 종류 가치를 바라보는 외부의 평가자는 오직 체계적 위험만을 계산한다. 반면, 대체불가능성을 소요하여 분산투자를 할 유인이 없는 소요자는 효율성을 고려하지 못하기에 비체계적 위험을 추가로 부담한다. 이에 더해 간절함이 깃든 우리의 내면에 의해 소요자들이 고려하는 위험, 즉 '소요위험'에 추가로 더 노출될 수 있음을 심화학습에서 설명한다.

결론적으로, 세계의 정의로운 가치량 결정은 외부 평가자의 시선을 통해 결정된다. 소요자들이 보는 가치량은 평가자들이 보는 가치량보다 작다. 평가자들은 조금의 초과손익만 나오더라도 언제든 명예법인의 주식을 무한히 매수하거나 매도한다. 이 효과로 인해, 가치 소요자의 왜곡된 시선은 결국 아무런 효과도 내지 못한다.

K. 명예법인 시가총액 구성

가치량은 세계의 정의가 결정한다. 소요자들은 테마를 공급하는 정치단체에 막대한 지지력을 표현한다. 분명 명예법인의 지지와 철회에 자유롭게 참여할 수 있으며, 시가총액이라는 가격을 움직일 영향력 또한 있어 보인다. 그러나 그들은 결국 세계의 정의를 왜곡할 수 없다.

명예법인의 시가총액은 '소요자의 지지력'과 '외부평가자의 자본력'의 합으로 구성된다. 다른 조건이 일정할 때, 임의의 소요자들의 실질적인 지지력 변동이 있더라도, 그 공백 또는 초과만큼 외부평가자의 자본적 지지에서 그 변동을 정확히 흡수한다.

그림 5-4. 소요자의 의결지지력과 균형시가총액

명예법인 시가총액(부)	
명예적 의지	자본자산 가격 결정
소요자의 지지력	평가자의 자본력

소요자의 의지로 나타나는 소요크기는 평가할인율의 관계로 인해 반드시 명예법인의 시가 총액보다 작다.

이에 더해, 가치소요자는 실제로 그만한 종류테마의 공급량을 누리더라도, 직접적인 의결권의 지지행동으로 나서지 않을 수도 있다.

그럼에도 명예법인의 크기가 유지될 수 있는 이유는, 소요자의 지지력이 얼마이든, 심지어 알 수 없을지라도, 그 명예법인의 명예에 걸맞은 평가를 외부의 가치 평가자들이 탄력적으로 소요 지지력의 빈 공간을 정확히 채워 넣어가며 균형시가총액을 이루게 된다.

이처럼 간절함이 깃든 소요자들은 명예법인의 평가를 왜곡할 수 없다. 임의의 의지를 드디어 세계 정의에서 배제할 수 있다. 세계의 정의는 흔들리지 않는다. 다시 말해, 당신이 소요자라도, **굳이 정치력을 직접 행사하지 않아도 된다**. 국가의 주인은 각자가 온전히 얻어야 할 것을 얻을 수 있다. 권리를 간절히 행사하여도 얻어낼 수 없던, 당연히 누려야 마땅한 가치들을 드디어 얻을 수 있다. 세계의 정의가 그럴 '의지'를 지닌 것만으로, 그 의지는 **실재**가 된다.

현재의 소요자가 다소 존재하지 않더라도, 미래에 존재할 것이라는 기대감만으로 세계에 종류가치가 공급된다. 심지어, 현재의 소요자가 존재하지 않더라도 이로운 공급가치를 발견해 낸다면, 정당한 평가는 이루어진다. 마치 자신의 경제적 이익 극대화를 위해 끊임없이 혁신하고 발전해야만 하는 기업들처럼, 공급이 주도하는 소요의 태동이 나타나며 이제껏 누리지 못한 다양하고 거대한 가치량들을 누릴 수 있다.

L. 명예법인 평가 계산

명예법인의 균형시가총액은 재무적 기법에 따라 명확히 계산될 수 있다. 가치량의 결정식에 대한 분모와 분자만 이해할 수 있다면 사전에 합리적인 훌륭한 추정치를 계산할 수 있다.

$$\text{가치량} = \frac{\text{기대(예상)}}{\text{위험(신뢰도)}}$$

명예법인의 기대는 의결권으로 인한 지지력 집합의지로 이루어진다. 즉, 국민들은 자신이 원하는 곳에 원하는 만큼 투표를 하며, 그렇게 모여 정의롭게 가공된 의결권 수량으로서 결정된다.

그리고 불확실성, 즉 위험은 체계적 위험을 의미하며 이 또한 복잡하지만 재무학의 도구를 이용하여 명확한 수로서 측정할 수 있다.

M. 명예법인 시가총액

명예법인의 시가총액이 자연적으로 결정될 수 있음을 확인하였지만, 그 값이 가지는 의미가 무엇인가?

먼저 주식시장에서 결정되는 기업의 시가총액은 '주주의 부'를 의미한다. 주가가 상승하면 주식을 보유한 투자자는 수익률을 얻는다. 시가총액에 자신의 지분율을 곱한 값, 그 자체가 투자자의 원금을 포함한 총 부와 같다. 이러한 논리에 따라 명예법인의 주인들도 그들의 공공가치 기여도만큼 명예주식 평가를 얻어내어 명예의 부를 수확할 수 있다.

명예법인이 할당 받은 시장의 평가 크기만큼 그 주주들은 의결권 수량으로서 보상을 받아야 한다. 다시 말해, 명예주주의 최대 보상은 모든 기간에 대한 가치량 평가 의결값을 종합한 수준의 크기가 된다. 인정된 평가만큼, 사회로부터 의결권[7]을 새로 얻게 된다.

명예법인의 주인들이 받아가는 시가총액 평가 크기의 보상은 절대로 공짜가 아니다. 그리고 그 대가는 땅에서 저절로 생기는 것이 아니다. 자원의 희소성은 거부할 수 없다. 세계는 보상을 위하여, 명예법인이 받아간 의결권의 수만큼 '지분율의 비용'[8]을 대가로 치른다.

이 부분에서 명예법인과 기업의 차이점이 존재한다. 기업은 총수입에서 비용이 공제된 순수익을 최종적인 부로 수확해 가지만, 명예법인은 시장평가로 얻은 총수입에서 활동을 위한 명예도비용을 차감하지 않고, 받아간다. 이것이 정의로운 이유는, 첫째로, 공공 활동을 위한 비용의 지출량에 명예주주의 이익함수가 걸린다면 자원을 소모해야 할 때 하지 못하고, 공공의 이익과 엇갈린 의사결정이 도출될 수 있기 때문이다. 둘째로, 그럼에도 불구하고 명예주주의 과다한 비용처리를 방지할 효율성 장치가 기술적으로 가능하기 때문이다. 셋째

---

7 이때의 회계 처리는 다음과 같다. 명예자본은 장부환원에서 물질 자원의 모집에 대한 대체불가손실을 차감한 값이다. 자세한 점은 심화학습의 'I. 명예법인 자본구조'에서 설명한다. 가치량 평가 의결값에서 부정의(不正義)를 차감한 장부환원, 그리고 그 장부환원에서 명예도 분배 정의를 차감한 명예자본을 사회로부터 얻어낼 수 있다.

차) 명예도 xx	대) 명예자본 xx

한편, 장부환원은 가치량 평가 의사결정의 결과로 설정 한도가 정해지며, 그 한도 안에서 비용발행 및 남은 잔액의 소각발행이 이루어진다.

8 권력은 제로섬게임의 특성을 보이며, 추가로 얻어간 타인의 권력 상승은 자신의 권력의 하락으로 이어진다. 이에 더해, 총발행명예도의 증가로 인한 명예배당액 감소도 지분율 비용의 일부가 된다.

로, 곧 후술하겠지만, 명예법인의 주주들은 투하한 물질의 자본들을 회수하지 못하기 때문에 이와 관련된 수확과 분배 보상의 개념이기 때문이다.

N. 명예법인에서 발생하는 명예도의 유통

위에서 설명한 것처럼, 명예법인의 주인들은 세계가 제시한 시장평가만큼 보상을 얻는다. 하지만, 명예법인에 돈과 같은 물적 자본을 제공하고 명예법인의 주권을 얻어간 주인들은 자신이 얻어갈 명예도의 수량에서 물적 가치량을 공제한 금액만을 보상으로 수확할 수 있다. 이를 '대체불가손실'이라고 하며 자세한 회계처리와 기술적 원리들은 심화 파트에서 후술한다. 이 계정의 효과로 명예도의 유통량을 조금 감소시킬 수 있다.

명예도는 명예법인의 거래에서만 발행되고 유통된다. 이 개념에 대한 명확한 이해는 중요하다. 명예도의 발행량은 세계에 유통된 모든 유위험 의결권들의 합, 총발행명예도의 자연적인 값을 결정짓기 때문이다. 이에 대한 자세한 내용은 6장에서 후술한다.

명예도의 유통에 대해 좀 더 알아보자. 명예법인의 주인들은 최종적으로 명예부에 해당하는 금액을 명예도로 얻는다. 명예부의 정확한 계산은 심화학습에서 후술한다. 간단히만 설명하자면, 명예자본에서 부정의한 조정값을 차감한 금액으로 생각할 수 있다. 명예부는 정의로운 크기로서 세계에 실질적으로 유통된다. 그리고 공공가치 기여를 위한 **생산요소**[9] **매입 대금의 지불**로서, 명예도

---

9   생산요소란, 노동, 토지, 자본 등 가치창출 활동의 토대가 되는 자원들을 의미한다. 이 매입대금
    을 지출한다고 하여도, 현금처럼 명예주주의 손해가 되지 않는다. 명예법인의 주주는 최종 시가

를 세계에 추가로 유통시킬 수 있다. 명예법인 주인들은 시가총액만큼 보상으로 명예도를 유통받아 가지만, 세계에 유통되는 명예도 수량은 매입 대급의 지출이 발생하며 더욱 많아진다. 세계는 그 명예법인이 창출한 가치량보다 더 큰 명예도의 유통을 경험한다. 즉, 명예법인으로부터 유통될 수 있는 명예도의 최대 크기는, 시가총액 평가액의 두 배만큼 가능하다.

하지만 그렇다고 해서 명예법인의 주인들이 명예도를 비용으로 더욱 유통시키고자 할 유인은 없다. 명예법인은 **더욱 적은 자원으로 공공가치 기여를 할수록 이익이 되는 시스템**이 갖추어져 있다. 즉, 생산요소로서 명예도 자원을 비용의 지출로 유통시키는 것보다, 기술의 발전 또는 경영의 효율성을 통한 명예도 비용 지출의 최소화 논리가 명예법인의 주주에게 더욱 유리함을 설명한다. 이 개념의 구체화로서, 뒤에서 '미발행효과'에 대한 논의로 후술한다.

다시 정리하면, 명예법인은 가치 창출 활동 자원을 소모하기 위해, 자신들의 시가총액을 한도로 세계에 명예도를 비용으로 유통시킨다. 이에 더해, 모집자본[10]에 대한 보상으로서 시가총액에 해당하는 크기가 추가로 유통된다. 즉, 시가총액에 대한 명예도 유통이 최대 두 번 이루어진다.

하지만 원리대로 생각해 보면 이는 이상한 일이다. 세계의 보상은 그들의 공공가치 기여만큼만 이루어져야 한다. 그것이 세계 정의에 부합한다. 하지만, 명예법인은 이상하게도 그들이 정의에 따라 분배되었어야 할 시가총액 크기보다

총액의 크기만큼 보상을 받아가지만, 시가총액의 형성은 비용의 지출량과는 크게 관계가 없기 때문이다. 그럼에도 불구하고 명예법인은 생산의 효율성을 신경 써야만 한다. 그 장치로서 미발행효과를 도입한다.

10 명예법인을 운영하는 데 필요한 한 물적 자원의 모집을 의미한다. 이 자원의 제공자는 필연적인 위험을 짊어진다.

최대 배의 크기를 더욱 얻어가는 결과가 된다.

물론, 비용의 지출로서 얻어가는 명예도는 명예법인의 주인들이 얻어가지 못하지만, 주주의 입장이 아닌 거시적인 사회의 입장에서는 자신의 가치량보다 더욱 많은 명예도의 유통이 이루어진다.

하지만 사실 이는 세계 정의에 어긋나지 않는다. 평가된 가치량 이상의 명예도 초과 유통을 용납해야 하는 이유가 있다. 그 이유는 명예법인이 청산된다면, 공공사업의 모든 물적 자원들이 사회의 것으로 귀속되어야 하기 때문이다.

사실, 명예법인 주주들의 기여는 공적 생산활동뿐만 아니라, 그들이 모집하고 이룩한 공공사업의 데이터 및 물적 자본, 자산 등 모든 것들이 포함된다. 공공사업을 다루는 소중한 정보들과 자본들을 끝까지 개인들의 손에 남겨 둘 수는 없다. 따라서 명예법인 전체 활동에 따른 명예도 유통은, 공공에 대한 헌신과 그 시스템이 지닌 유·무형자산들의 소유권 이전에 대한 보상이 된다.

그렇게 명예법인이 회수하지 못하는, 공공가치 생산을 위해 투하된 물적 자본[11]들은 청산의 시점에서 국가의 것으로 귀속되어 회수불가손실을 이루게 된다.

이에 따라 명예도 유통에 관한 정의가 확립되어 다음과 같이 정리할 수 있다. 이 같은 정리는 명예법인의 전체 기간에 관한 **저량**의 총액으로서 본 관점이다. 단기적인 유량 가치에 대한 유통에 대해서는 6장에서 후술한다.

---

11 명예법인에 투여된 물적 자본은 대체불가손실이 되지만, 단순한 기부 형태의 거래 보상은 명예의 가치량을 공제하지 않는다. 근본적으로 두 개념은 공공성에 대한 차이가 많이 없어 보인다. 하지만, 투입되는 규모에 의한 차이가 존재한다. 기부에서 금액이 커질수록, 보상은 더욱 작아진다. 그렇게 설계된 시스템에서, 기부 금액이 자본적 규모에 상당하게 된다면 두 차이는 구분할 필요가 없어진다.

그림 5-5. 명예도 유통량에 대한 분배 정의

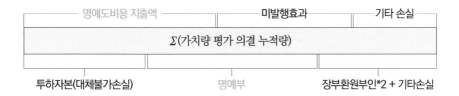

세계에 유통되는 명예도는 위 그림의 논리에서 보이는 것처럼, 명예도비용과 명예부의 합으로 명예법인의 시가총액보다 더 크다. 객체가 창출한 가치량보다 더욱 많은 명예도가 세계에 유통된다.

그러나 사실, 이것은 문제가 되지 않는다. 소요의 해소로 명예법인의 활동이 멈추었다고 해도, 그 자산으로 창출할 현금흐름이나 처분가치 등이 여전히 존재할 수 있다. 그들이 이미 형성하고 이름을 완성한 자산들이 존재하고, **그 청구권은 본래 명예주주들의 소유가 되어야 한다.**

하지만, 청산 이후의 명예주주의 청구권에는 그들의 자본을 모아 형성한 명예법인의 물적, 비유형적 자산들이 존재하지 않는다. 공적자산의 사회환수에 의해 강제로 정부가 구매하는 것이다. 이는 명예주주가 형성한 부를 정부가 명예도를 유통시켜 완전히 구매하는 것에 대한 보상이 되며, 그 보상은 위험의 영역 아래에서 이루어지므로 명예도 유통의 이중발행이라고 볼 수 없다.

한편, 장부환원과 기타손실에 관한 논의는 '심화학습 I.명예법인 자본구조'에서 후술한다.

  결론적으로, 지속적이고 유의미하게 세계에 유통되는 명예도는 오직 명예법인에서만 나타나며, 그 방법은 부 수확량[12]과 명예도의 비용 지출액이 존재한다. 이 구분은 명예법인의 주주가 받는 보상인지에 따른 분류이다.

---

12 부 수확량이란 명예주주들이 얻어가는 보상을 의미한다. 그러므로 명예부가 이에 포함된다. 한편, 부 수확량은 명예주주가 얻어가고, 비용지출액은 주주가 아닌 자들이 얻어간다.

물론 이러한 유통량은 비용 지출을 통한 명예도의 유출이 언제나 정의로울 때에나 의미가 있다. 명예도 유통에 대해 부정의를 행한다면 까다로운 시스템의 면역체계가 해당 거래를 부인하고 그 명예법인에 대가를 묻게 된다.

'명예도의 비용 지출액'은 기업이 공공사업 생산요소를 제공한 대가로 얻는다. 6장에서 후술하겠지만, 기업은 명예도를 그대로 들고 있는 것이 반드시 손해가 되므로 자신들의 임직원들 중 그들이 받을 명목임금을 명예도로 대체한 자들에게 제공할 수 있다. 이렇게 **명예도 분배의 정의**, 명목임금의 대체가 이루어지게 된다.

O. 장부환원 부인회계

공공가치 창출에 대한 위험과 보상은 명예주주가 짊어진다. 비용으로서 발행, 유통된 명예도가 그만큼 가치기여를 하지 못했다면, 장부환원부인회계가 작동하여 명예도의 유출이 장부환원으로 이어지지 못하도록 한다.

예를 들어, 특수관계인에 대한 부정의한 계약과 명예도 발행, 남용 같은 경우는 대표적인 사례이며, 사회의 가치관에 따라 다양한 회계기준이 마련된다.

감사명예법인은 특히 그에 대한 감시와 징벌적인 추징의 기능이 있어, 명예법인들의 활동에서 부정의한 처리를 찾아내어 균형을 찾도록 하는 역할을 한다.

장부환원 부인의 존재는 명예법인에 신뢰의 비용이 막대함을 인지하도록 만들고, 세계 정의에 자발적으로 순종할 수 있는 환경을 제공한다.

공적 자원 남용 및 낭비의 억제력은 각자의 이기심에 의한 끝없는 반목을 통해 정교하게 구성된다. 공적인 가치기여로 인정된 명예도의 지출 비용만 명예법인의 장부환원이 될 수 있다.

P. 명예법인의 지지력과 평가

명예법인의 활동이 세계에 이롭다면, 가치소요자 및 평가자의 지지력이 직접 의결권으로 행사되어 명예법인의 평가를 상승시킨다. 가치소요자가 한 표를 지지한다면, 명예법인의 시가총액이 1만큼 반영될 수 있어야 한다. 이 원리는 현금흐름에 기반한 기업의 주식가격평가 원리와도 같다. 기업이 100의 현금을 즉시 얻는다면, 기업의 시가총액은 100만큼 증가할 수 있다.

기업은 현금으로 표시되는 수입량으로 유량가치가 계산된다. 기업이 판매하는 상품의 가격과 판매량은 명확하게 세어낼 수 있다. 가격과 판매량의 곱으로서 기업의 유량가치가 결정되며, 그렇게 모아진 저량으로서의 기업의 시가총액은 손쉽게 이해할 수 있다.

하지만 명예법인의 경우에는 공공생산이라는 고유의 특성으로 인해, 사회에 제공한 가치 기여량에 대한 가격과 거래량을 특정해 낼 수 없다. 그렇다면 소요자의 정치를 향한 지지력이 어떻게 명예법인의 평가에 반영된다는 것인가?

명예법인을 향한 지지력은, 자연적으로 정해지는 가치량평가 의사결정의 결론에서 드러난다. 즉, 개인들이 직접 가치량평가 의결에 참여하여, 더욱 높은 행사가액과 행사수량으로서 의결권을 사용한다. 그렇게 집계되어 사회적으로 결정된 의결의 결론은 명예법인의 유량가치를 설명할 수 있는 명확하고 합리적인 수로서 이해될 수 있다.

이처럼 기업과 명예법인 두 주체의 유량가치는 특정될 수 있다는 공통점이 있지만, 그들의 차이점을 이해하는 것이 중요하다. 두 가치량의 차이점은, 기업의 유량가치 평가에는 거래량이라는 '임의성'[13]이 개입되어 있고, 명예법인의 유량평가에는 그것이 배제되어 있다는 것이다. 개인들 간의 거래가 사회와 얽히지 않은 사적 거래에서는 그 임의성이 전혀 중요하지 않지만, 반대로 '자유'가 타인과 얽힌 거래에서는 임의성의 배제가 중요하게 작용해야만 한다. 공공사회의 가치량 결정에 임의성의 개입을 허용한다면 타인들의 정의는 안정될 수 없다. 기업은 사익이라는 진리가 시가총액을 결정한다. 하지만 명예법인은 공익이라는 정의가 그들의 평가를 결정짓게 된다.

Q. 명예도 미발행효과

명예법인이 시가총액의 평가를 얻고 나면, 이에 따라 보상도 결정된다. 명예법인의 주주들은 명예법인이 보유한 장부환원의 크기만큼 보상을 얻는다. **장부환원이란, 세계 정의로서 인정된 명예도 소모량**을 의미한다.

명예도를 장부환원으로 교환하는 것에는 **두 가지 방법**이 있다. 하나는 명예도를 **비용처리로 발행**하여 장부환원을 얻는 것이고, 다른 것은 **명예도를 소각 발행**하여 장부환원을 얻는다. 발행으로 인한 장부환원은 사회에서 얻어온 물적자원이 소모되며 나타난다. 반면, 소각으로 얻는 장부환원은 가치량평가 의결

13　악의 없이 누군가가 의도적으로 상품을 대량매입 한다면 임의적으로 매출을 조작할 수 있지만, 그게 부정의하다고 할 수는 없다. 타인과 얽히지 않은 각자의 제로섬 거래이기 때문이다. 하지만, 정치적인 가치량에서는 그 가능성을 완전히 배제해야만 한다.

등의 방법으로서 그 인정을 얻으며 나타난다.

이 두 방법의 차이로 인해, 사회 기여라는 결과는 같으면서, 비용발행으로 나타난 장부환원의 경우에는 매입한 자원이 추가로 존재하게 된다. 이 자원이 적당한 영업자산으로 인정되면, 명예부가 물질부를 부정의하게 파생시키는 결과를 초래할 수 있다. 또한, 불필요한 사회자원의 낭비가 발생할 수 있으며 효율적이지 못한 공공 경영이 초래될 수 있다.

그러므로, '비용발행을 통해 얻는 장부환원'에는 상당한 매입세율을 적용한다.

| 차) 장부환원(비용) | vv | 대) 명예도(지출) | xx |
| 매입세율손실 | ww | | |

위 거래의 의미는, 명예도로 지출한 금액 일부를 장부환원으로 인정하고, 나머지는 매입세율을 반영하여 명예도를 소각시켜야 한다는 의미이다.

다시 말하면, 매입세율손실을 제외한 크기만큼만 장부환원으로 인정하겠다는 의미이다. 즉, 명예법인의 주인들이 가져갈 보상이 더욱 작아진다.

이 장벽은 명예법인의 주인들에게, 필요 없는 지출을 통한 명예도의 발행 유인을 강하게 억제하게끔 한다. 기본적으로 명예법인도 효율적으로 경영하여야, 자신들의 명예부를 극대화할 수 있다. 시장에서 평가되는 명예법인의 유량가치 평가는 그들이 비용으로 얼마를 사용하든지 관심을 두지 않는다.

따라서, 명예법인의 주인들이 매입세율로 자신들의 부를 낭비하는 것보다, 가치량평가 의결을 통해 그 한도만큼 잉여로운 명예도를 스스로 소각시켜 장부환원을 얻는 거래가 우월하다. 이를 미발행효과라고 한다. 미발행효과의 측정은 간단하다. 가치량평가 의결값에서 비용 지출된 명예도의 수량을 차감하여 계산한다.

그림 5-6. 미발행효과: 효율성 장치

〈case1〉

| 차) 명예도 | yy | 대) 미발행효과(자본) | xx |
| 공시손실* | zz | | |

| 차) 장부환원 | yy | 대) 명예도(소각) | yy |

〈case1〉에서, 의결의 결과로서 장부환원이 부여된다. 공시손실의 기댓값은 매입세율손실보다 상당히 낮은 값으로 존재한다. 이에 따라, 명예법인의 주인들은 일반적으로 〈case1〉의 경우를 더 선호한다. 그럴 수 밖에 없는 수준까지 매입세율손실이 설정되기 때문이다.
그렇기에 효율적으로 경영하여 더 많은 명예도 자원을 남기고 장부환원으로 바꾸는 것이 유리하다.

〈case2〉

| 차) 장부환원 | aa | 명예도(지출) | bb |
| 매입세율손실 | cc | | |

〈case2〉에서 얻는 장부환원은 부인의 가능성도 존재하며, 매입세율손실에 의해 주주들은 〈case1〉의 경우보다 못한 수확을 가져간다. 또한, 과다한 명예도의 비용지출액은 곧 설명할 이월장부환원 부인의 논리의 적용대상이 될 수 있다. 이러한 효과들은 함부로 비용 유출하려는 유인을 억제한다.

R. 가치량평가 의결과 장부환원

명예법인은 공시손실의 존재로 인해, 자신이 시장에 던지는 공시총액의 크

---

*   (|가치량 의결값 – 공시총액|)*공시손실률

기를 최대한 의결의 결론과 최대한 근접하도록 노력할 수 밖에 없다.

한편, 명예도의 비용 지출 시점에서는 그 지출이 장부환원으로 바꿀 수 있을 지는 알 수 없다. 사후적으로, 만약 비용으로 지출된 명예도가 가치량 평가 의결 결론보다 낮다면, 그 초과분만큼 이월장부환원계정으로 넘긴다. 이계정에도 마찬가지로 이월손실률이 설정된다. 그리고 이월장부환원과 당기 지출 명예도의 합이 가치량평가의결의 결론보다 크다면, 초과분만큼 이월장부환원[14]을 한도로 장부환원을 부인한다. 이는 능력에 맞지 않게 사회에 비용을 전가하는 것과 같다. 부인의 처리를 하고도 남는 당기 초과분은 다시 이월장부환원으로 설정한다.

S. 영구명예법인

가치량평가 의사결정을 통해 얻을 유의미한 결과가 시간 축에서 항상 존재한다면, 명예법인은 영구적으로 존재할 수 있다.

영구적인 가치량 공급이 필요한 인류의 사업들은 강렬한 숙원을 담고 있다. 대표적인 사례로, 우주 만물의 이치를 탐구하고자 하는 과정은 막대한 비용을 요구하지만, 그로 인해 창출되는 경제성은 신축적이지 못하고 즉시 연결되지 못한다. 인류를 다음 깨달음으로 인도하는 수많은 업적들조차 경제성을 전혀 내포하지 못하는 경우도 많다.

---

14   영업을 위한 비싸고 큰 자산의 매입도 어쩔 수 없이 이월장부환원으로 설정해야 하는가? 비용의 지출은 자산의 매입대금이 아닌, 그에 대한 감가상각비를 대상으로 하므로 해당되지 않는다. 자산의 매입은 현재 명예법인의 시가총액의 부분만큼 가능할 수 있다.

하지만 영구명예법인의 논리가 적용되고 나면, 학문을 위한 명예법인 단체가 등장하고, 그들의 명예적인 업적은 명예로서 평가받으면서 신축적이고 명확한 보상을 받아갈 수 있다. 위대한 업적은 실시간으로 명예법인의 시가총액과 가치량평가 의사결정에 반영된다.

경제적 비용 속에서 좌절되던 우리의 염원들은 이제 명예의 논리에서 모두 펼쳐질 수 있다.

6장

명예주의하 거시경제 균형

이 장을 통해 설명할 내용은 먼저, 명예주의하에서 기획되는 거시경제의 양상에 대해 탐구할 것이다. 유위험 의결권이 발행 및 유통이 어떻게 안정되는지 설명한다.

그다음으로, 명예도에 의한 세계가 어느 점에서 균형을 이루게 되는지, 의결권의 수요와 공급 종합 모형을 통해 설명할 것이다.

마지막으로, 민주주의 사회와 비교하여, 정치의 합일을 넘어 물질의 풍요 수준에서도 명예주의가 압도적으로 우월할 수 있음을 보이겠다.

A. 총발행명예도

세계에 새롭게 등장하는 유위험 의결권은 앞의 장에서 이미 논의한 대로, 발행과 유통의 과정을 거치며 세계에 존재하게 된다. 그렇다면 그렇게 존재하게 된 의결권의 총수량은 얼마나 되는가? 이에 대한 해답을 우리는 명예배당의 원리에서 찾아낼 수 있다.

(6-1)

$$1단위\ 명예배당 = \frac{분배가능\ 조세액}{총발행명예도} = 이자율(r)$$

1명예가 내포한 물질부가 1통화량과 같다는 가정에서, 명예배당의 공식을 잘 정리하면 위와 같은 결과를 얻을 수 있다. 이 식의 의미는, 거시경제의 실질적인 지표들인 이자율과 조세액이 주어진다면, 총발행명예도의 수량을 계산할 수 있음을 의미한다.

위 공식은 **총발행명예도의 하한**을 결정한다. 조세의 크기는 일정하다고 가정되므로, 명예배당액은 총발행명예도의 수량에 따라 결정된다. 총발행명예도가 작아질수록 명예배당액은 증가한다. 그것의 하한이 존재하지 않는다면, 1명예도의 물질채권부[1]가 1통화보다 커지므로 다음과 같은 이익동기 및 차익거래[2]의 과정을 통해 투기자들은 무위험 수익을 얻을 수 있다.

그림 6-1. 명예도와 채권부

$$1명예도의\ 물질채권부 = \frac{1단위\ 명예배당_1}{(1+r)} + \frac{1단위\ 명예배당_2}{(1+r)^2} + \frac{1단위\ 명예배당_3}{(1+r)^3} + \cdots$$

1단위 명예배당액이 이자율보다 클 경우, 위 식의 가치량이 더 크게 나타난다.

$$1통화의\ 물질채권부의\ 가치 = \frac{1통화당\ 액면이자_1}{(1+r)} + \frac{1통화당\ 액면이자_2}{(1+r)^2} + \frac{1통화당\ 액면이자_3}{(1+r)^3} + \cdots$$

---

1 채권부란, 연속적인 현금흐름이 존재한다면, 그 모든 유량의 현금들을 하나의 저량으로 모은 값을 의미한다.

2 어떤 동치적인 자산이 서로 다른 두 개의 시장가격으로 존재할 경우, 투하자본 없이도 무한한 수익을 얻는 거래 참여를 의미한다.

명예배당은 조세액으로 구성된다. 조세량을 주어진 것으로 전제하면, 총발행명예도가 많아질수록 명예도 증권 하나의 채권부 가치량은 감소한다. 반대로 총발행명예도가 감소할수록, 채권부는 증가한다.

총발행명예도는 한없이 작아질 수 없다. 점차 작아지다 보면, 물질부의 축에서 통화 한 단위보다 더욱 큰 가치량을 지닌 명예도 한 단위가 나타난다. 그럼에도 만약 총발행명예도의 크기가 더 작아진다면 어떻게 되는가?

기회비용의 논리로 측정되는 명예도 분배의 정의는 지출한 물질량과 같은 가치로 명예의 보상이 주어짐을 설명한다. 단순한 기부의 형태로 통화를 유출하고 동일한 단위의 명예도를 유입할 때, 물질의 축에서 무위험 초과수익률이 발생한다. 명예배당률이 이자율보다 크기 때문이다.

따라서, 사람들은 명목임금의 대체를 통해 명예도를 더욱 분배받게 되며, 최소한 명예도의 물적 가치량이 한 단위의 통화채권부에 해당할 만큼 총발행명예도를 증가시키게 된다.

이처럼 통화채권부와 정확히 대응되는 균형을 이루는 적정한 총발행명예도 수량이 결정될 수 있다. 이제 그 수준을 다음과 같이 표현할 수 있다.

(6-2)

$$\text{조세의 자본화 크기} = \frac{\text{분배가능 조세액}}{\text{이자율}^3}$$

이 개념은 **조세의 자본화**를 나타낸다. 조세의 자본화 크기는 총발행명예도의 하한을 의미하며, 거시경제의 양상에 따라 자연적으로 존재한다. 식 (6-1)에 대한 가정은, 바로 조세의 자본화 크기가 총발행명예도와 일치하는 가정이었다.

---

3 가장 안정적인 국가 현금흐름에 대응하는 할인율은 이자율이지만, 곧 후술할 기본회수율을 이해하고 나면, 조세 자본화 크기의 분모는 이자율이 아닌, 식 (6-4)의 명예배당률이 고려된다. 이 과정은 총발행명예도 크기의 조정을 통해 연속적이고 자연적으로 이루어진다. 자세한 내용은 이 장의 'G. 명예주의와 화폐시장' 단원에서 논의한다.

B. 회수율

총발행명예도는 명예도의 발행과 회수의 차이로 인해 조정된다. 먼저, 명예도의 회수란 무엇이고 왜 필요한 것인지 이해가 필요하다. 의결권의 회수란 약속된 수량의 명예도가 즉시 소각되어 영원히 소멸되는 것을 의미한다. 의결권의 보유자가 왜 이런 거래를 하나 싶겠지만, 그 논리를 지지하는 강력한 명분이 있기에 정부는 각 개인들의 명예도 잔고에 접근하여 사전에 약속된 대로 회수할 수 있다.

의결권은 상대적인 영향력으로서 나타나므로 주어진 회수율만큼 구성원들의 의결권 잔액을 소각시키더라도 서로 간의 지분 비율의 영향이 없다. 또한 실질적으로, 회수율에 입각한 회수량은 '1단위 명예배당'을 정확히 대응하여 증가시키므로 명예도의 채권부에도 아무런 영향도 미치지 않는다.

회수율의 작용이 초래하는 결과는 기득권과 신흥 세력 간의 상대적인 대립 속에서 나타난다. 회수율의 작용 결과는 현재 의결권을 지닌 서로에게는 영향이 없더라도, 향후 나타날 새로운 의결권의 보유자들과의 관계에서 치열한 권력의 제로섬게임을 만들게 된다. 회수율이 높을수록, 기득권에게 불리하다. 반대로, 회수율이 낮을수록 신흥세력에게 불리하다.

회수율이 필요한 근본적인 이유는, 신규로 추가 유통되는 명예도의 발행량이 존재하기 때문이다. 어차피 가치창출에 의한 추가 유통 명예도가 나타나더라도 기득권의 힘은 약해진다. 기득권은 어떠한 경우라도 권력의 마모를 피해갈 수 없다.

그러나 회수량을 적용하지 않는다면, 한없이 낮아진 명예도의 채권부에 의해 명예법인이 공공생산을 이어갈 힘을 잃는다. 이렇게 사회가치공급이 줄어든

그림 6-2. **회수율의 작용**

> 회수율에 따른 회수량이 클수록, 다음 기의 구권력 크기는 감소한다.
> 시간이 지날수록 회수율의 존재는 구권력을 마모시킨다.
> 기존의 권력자들은 왜 의결권을 회수하여 소각하는 번거로운 거래를 하는가?

다면 사회의 모든 구성원들에게 체계적으로 불행을 미치게 된다. 결국 사회의 정의는 회수량의 존재를 필요로 한다.

이처럼 이미 발행된 모든 명예도에 대해 체계적으로 작동하는 회수율의 이름을 **기본회수율**이라고 한다. 적용대상은 간단하다. 누군가 보유한 의결권 잔액의 적수계산 값으로 이해할 수 있다.

기본회수율은 사전에 공시되므로, 그만큼 명예배당액을 증가시켜 보상되기 때문에 식 (6-1)의 가정은 깨지지 않는다.

C. 가산회수율

회수율에 대한 또 다른 논의로, 가산회수율의 개념 도입 필요성이 존재한다. 가산회수율이란, 의결권을 보유함에 따라 나타나는 기회비용인 기본회수율과 달리, **의결권을 행사함에 따라 나타나는** 추가적인 권리의 장벽으로서 기능하게 된다.

가산회수율의 궁극적인 정의는 바로 위험과 기대수익률의 지배원리로 판가름 나는 의사결정의 과정에서, 좀 더 간절한 자들에게 힘을 더해 주는 마찰비용이다. 구체적으로, 덩어리진 의결권 집합의 무수한 회전율에 대한 저항이 된다.

가산회수율이 존재하지 않는다면, 위험이 존재하는 의결에 대해 최소한의 기대수익률조차 보장하지 못할 수 있다. 예를 들어, A안건과 B안건의 의결 중, A안건의 승리가 확실시될 때, 무한한 수량의 의결권이 그 안건에 행사된다. 이에 따라 의결의 승리로 인한 기대수익률은 하락한다. 기대수익이 따라오지 않음을 인지한다면, 의결의 참여자들은 스스로 진리를 추구하고 탐구하려 하지 않게 된다.

하지만 가산회수율이 존재한다면, 의결의 참여자들은 자신의 기대수익률이 가산회수율보다 낮을 수 있음을 인식하고 각자의 계산에 따라 의결한다. 그 결과 적정한 수량의 의결권이 집계되고, 기대수익률은 지켜진다. 간절한 자들은 그렇게 자신들의 영향력을 지킬 수 있다. 간절할수록, 지배원리의 영향을 받지 않아 더욱 의결권을 행사할 수 있다.

가산회수율의 존재가 의결의 결과를 왜곡할 수는 없다. 가산회수율은 모든 의안에 동일하게 적용된다. 심지어는, 그 의결에 국한되지 않는다. 이에 따라 의결의 참여자들은 그저 자연스러움의 일부로서 받아들인다. 간단한 예로, 적정한 수준의 주식매입 거래수수료가 존재한다고 하여 투자를 하지 않을 사람은 없고, 가치량의 상대적인 차이에도 영향을 줄 수 없다.

가산회수율은 명예경제에서 매우 큰 역할을 하게 된다. 가산회수율의 중요한 특징들을 자세히 알아보자.

그림 6-3. **가산회수율**

1. 가산회수량 = 총발행명예도*거래속도*가산회수율
   └ 의결거래량 ┘

2. 총회수량 = 기본회수량 + 가산회수량
3. 주어진 명예경제균형에서, 가산회수량의 최대점이 존재

이 특징들을 주의 깊게 살펴보아야 한다. 먼저 다른 조건이 일정하다면, 세계의 총발행명예도가 증가할수록, 존재하는 의결권의 수가 많아지므로, 이에 비례하여 가산회수량도 증가한다.

다음으로, 총발행명예도가 일정하더라도 정치참여도의 상승이나, 의결활동 등이 활발하게 발생한다면 이를 의결권의 거래속도의 상승이라고 표현할 수 있다. 이 또한 명백히 가산회수량을 결정하는 요인 중 하나가 된다. 총발행명예도와 의결권의 거래속도의 곱은 **의결거래량**이다.

마지막으로, 가산회수량은 최댓값이 존재한다. 가산회수율이 증가할수록, 거래속도가 감소한다. 이는 당연한 개념이다. 거래의 마찰적 요인이 크다면 거래량은 감소한다.

가산회수율과 의결거래량 사이에는 **볼록성**의 성질이 존재한다. 회수율이 낮을 때에는, 의결거래량에 소요를 위한 거래량과 기대수익률을 위한 거래량이 동시에 포함되어 있다. 하지만 회수율이 상승할수록 대체불가능성에 의한 가치소요의 비탄력성에 비해, 투기적 거래량은 크게 감소한다. 회수율이 어느 수준 이상이 되면 가치소요에 의한 의결거래량만 존재하게 되며, 비탄력성의 성질에 의해 회수율의 변화량에 비해 의결거래량의 변화량이 작다.

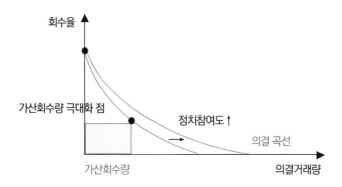

그림 6-4. **가산회수량의 의미**

이 관계는 **비선형적**인 부분이 존재한다. 100% 이상의 회수율에서는 의결거래량이 존재할 수 없다. 의결에 참여하더라도, 참여하지 않은 것과 같은 효과가 나타나기 때문이다.

가산회수율이 올라갈수록, 의결행사 시 부담하는 비용이 증가하는 양상이다. 그 결과 의결거래량은 감소할 수밖에 없다. 이러한 함수에서, 회수량을 극대화하는, 회수율과 의결거래량의 한 점이 결정될 수 있다. 자연적인 가산회수율은 그렇게 결정된다.

이 관계가 중요한 이유는, 사회의 명예생산량이 이 가산회수량의 최댓값을 포함한 총회수량을 추종하기 때문이다. 이때의 가산회수량의 최댓값은 사회의 상태에 따라 자연적으로 존재한다. 이를 잘 이해하기 위해 아직은 설명이 더 필요한 부분이 있다.

D. 회수와 발행의 균형

회수량과 발행량은 언뜻 보면 서로 상관이 없어 보인다. 하지만 장기적으로, 발행량은 회수량과 동일하게 수렴하며 이는 자연적으로 정해진다.

하지만 단기적으로는 서로 불일치할 수 있다. 두 관계에 대한 심도 있는 논의는 잠시 후에 다룬다.

두 개념이 결국 일치할 수 있는 이유는 바로 총발행명예도의 안정에 존재한
다. 총발행명예도의 증가는 명예도가 지닌 물질채권부에 영향을 미친다. 발행
량이 많아지면, 물질의 가치량은 낮아지고, 발행량이 낮아지면 높아진다. 그 사
이에서, 적정한 균형이 이루어지게 된다.

총발행명예도 수량이 거시적 균형을 이룰 때, 회수량은 명예도 발행량과 일
치하게 된다.

(6-3)

회수량 = 발행량

간단한 진리지만 매우 중요한 개념이며 좀 더 깊은 이해가 필요한 개념이다.
발행량은 공공생산량의 개념으로 연결할 수 있다. 세계가 정의로서 인정한 만
큼 발행량이 할당되며, 명예도를 분배 받고 수확할 권리가 주어진다.

E. 명예생산량

명예생산량은 말 그대로 명예 가치의 생산량을 의미한다. 이 개념과 유사한
것으로, 물질 가치의 생산량, GDP[4]가 존재한다. 명예생산량은 '사회의 이로움'

---

4   특히 명목GDP는 '통화량과 화폐거래속도의 곱'과 같다. 명예생산량도 마찬가지로, 의결권 총 발
    행량과 전체의 의결거래속도로서 표현될 수 있다.

그 자체와 공공재 및 소요재[5]의 실질적인 생산을 담당한다.

명예생산량은 '명예도의 발행량'으로 직접 측정할 수 있다. 명예도의 탄생과 유통을 담당하는 명예법인은 세계의 정의가 허용한 만큼만 발행 가능 수량을 얻는다. 이 논의는 이전 5장 '명예법인'에서 자세히 다루었다. 하지만, 그 논의에서는 명예법인을 장기적인 저량의 총액 관점에서 본 발행량이었다.

명예생산량은 회수량과 마찬가지로 **유량**의 개념이다. 따라서, 명예도의 기간 발행량에 대한 이해가 필요하다. 명예법인의 유량가치는, '가치량평가 의사결정'의 결론으로 도출할 수 있다. 이 크기만큼 명예법인의 주주에게 보상이 제공된다. 이는 그 주주들이 받아야 할 합당한 정의와 같다.

하지만, 유량가치의 합인 시가총액만으로는 명예법인의 주주가 아닌 자들이 공공 사회에 물질을 기부하는 거래의 보상을 설명해 내지 못한다. 이 또한 명백한 명예의 기여와 같다. 주주가 아닌 물적 자산의 기여자들은 그 대가로 명예도의 보상[6]을 얻는다. 이 보상에는 명목임금의 대체가 포함된다.

명예법인 주주의 가치 공헌과 그 밖의 사회 기여를 모두 포괄하는 적절한 개념은 명예도의 발행량에 있다. 발행된 만큼, 사회의 공공 가치 기여의 헌신이 대응된다.

명예생산량을 'Y_H'로 표시하고, 명예도의 발행량과 같은 것으로 본다. 식 (6-3)의 총발행명예도가 안정을 이룰 수 있는 균형에서, 발행량과 회수량의 관

---

5 소요재는 심화학습 C. '합리적인 공공 생산량' 파트에서 논의한다.

6 명목임금의 명예도 대체는 사회에 대한 기부의 일종으로 볼 수 있다. 기부 금액의 규모가 클수록, 얻을 수 있는 보상은 점점 작아진다. 금액과 보상의 축에서, 기부 보상의 그래프는 우하향한다. 명예법인에 투하될 자본 크기에 상당하는 규모로 기부가 발생한다면 당연히 대체불가손실이 따른다.

계는 다음과 같이 도출할 수 있다.

명예생산량 Y_H = 총발행명예도*(기본회수율+거래속도*가산회수율)

식의 우변은 총회수량을 의미한다. 총발행명예도는 (6-2)에 따라 조세와 이자율과의 어떤 관계로 표시할 수 있다. 또한 조세는 GDP에 세율을 반영한 부분으로 볼 수 있다. 명예의 생산량은 물질생산량의 영향을 받는다는 것인가? 물론, 물질의 부를 크게 이룬 사회일수록 정부의 규모와 공공생산도 당연히 클 수밖에 없다. 자원이 있어야 사회의 공공생산과 복지가 이루어질 수 있다.

논의를 좀 더 이어가기 전에, 명예주의의 도입이 실질적인 경제에 어떠한 영향을 줄 수 있는지 알아보자.

F. 명예주의와 거시경제

명예의 발행과 회수의 결과로, 거시경제에 어떠한 영향을 미치는지 탐구할 필요성이 있다. 먼저, 생산물시장 균형에 의한 거시경제의 기간 간 국민소득은 다음과 같이 제시된다.

국민소득 = 소비 + 투자 + 정부지출 + (수출 - 수입)

소득을 벌어들인다면, 그 소득은 소비활동으로 유출되기도 하고, 저축되어 미래의 소비로 유보도 한다. 또한 소득수준의 세금을 납부하여야 하고, 외국과도 거래한다. 소득은 그렇게 분리될 수 있다. 이러한 진리를 담은 위의 식은 지출 측면에서 바라본 국민소득이라고 불리며 거시경제의 수많은 설명의 기초가 된다.

먼저, 명예주의의 도입은 공공 활동에 필요한 생산요소를 제공한 자들에게 의결권을 위한 명목임금의 대체라는 옵션을 제공한다. 앞서 설명한 논리들에 의해, **명목임금의 대체는 반드시 저축의 논리 아래에서만 이루어지게 된다.**

명목임금의 대체는 저축의 일부만큼만 선택한다. 당장의 소비가 필요한 금액에 대해 굳이 명목임금의 대체를 선택할 어떤 합리적인 이유도 없다. 저축의 아래에서, 명예도는 통화와 동일한 가치량[7]을 제공할 것이다. 하지만 소비의 경우에는 명예도가 통화보다 소비 가능한 영역[8]에서 저열해질 수 있으므로, 얻은 소득 중 소비할 금액은 명예도로 대체하지 않는다. 따라서 명예주의 논리는 소비에 대해 영향을 미치지 못한다.

다음으로, 명예주의는 투자에 명백한 영향력을 미친다. 명예주의 이전에는, 자본은 물적 기업에만 투자될 수 있었다. 하지만 명예주의가 도입되고 나면, 자본가들은 기업을 이룰지 명예법인을 이룰지 선택할 수 있다. 그 결과로, 투자는 감소한다.

거시경제에서는 생산물시장에 대한 균형 조건으로 투자와 저축의 일치를 말한다. 명예도가 저축의 논리에서 분배되기 때문에 저축과 투자에는 영향을 미칠 수 있다.

명예주의가 투자를 감소시킨다고 해서, 그 부가 사라지는 것은 아니다. 투자

---

7 총발행명예도의 균형점에 따라 명예도의 물질채권부의 가치는 통화보다 못할 수 있다. 후술하겠지만, 그럼에도 불구하고 두 증권은 가치의 평면에서 결국 동일한 가치량을 제공할 것이다.

8 명예도로 생산물을 거래할 수 없다. 그렇다고 하여 방법이 없는 것은 아니다. 명예배당 담보부 대출의 방법으로, 일시적인 현금화를 꾀해 볼 수도 있다.

가 감소하더라도, 정말로 국민소득 자체가 감소하는 것은 아니다.

사라진 투자는 사실 정부지출이라는 이름으로 변경된다. 정부는 명예법인에 투자된 자산 모든 것에 대해 청구권이 존재한다. 명예경제를 고려하지 못한 거시경제의 시점에서는 그저 투자자가 정부로 자본을 기부한 것으로 측정한다. 그 기부금액은 공공생산을 위한 정부지출로 사용되었다.

명예주의는 정부지출의 특성에도 영향을 미친다. 명예주의 도입은 기존의 조세를 자본화하여 유위험의결권을 탄생시키고, 명예배당으로서 그 가치를 떠받친다. 그 결과로, 무능하고 무책임하며 헌신적이지 못한 기존의 공무원들의 역할은 명예주주의 역할로 교체된다. 명예주주의 공무원화는 유능하고 효율적이며 책임감이 있는 헌신적인 공공생산을 이룬다.

그 결과 단순히 명예주의의 도입으로 인한 국민소득의 크기는 변함이 없다. 폐쇄경제에서 명예주의의 도입은 재화시장의 왜곡을 야기하지 않는다.

G. 명예주의와 화폐시장

생산물시장을 살펴봤으므로, 화폐시장[9]도 가볍게 살펴보자. 통화시장에 대한 많은 논의들은 물가가 비신축적인 단기에서나 유의미하다. 장기적으로 모든 명목변수[10]는 껍데기에 불과하며 실질적인 경제에 대한 영향을 미치지 못한다.

---

9 일반적으로, 화폐의 수요와 공급의 균형에서 이자율이 결정되는 것을 설명한다. 거시경제학에서 생산물시장과 화폐시장의 균형으로 사회의 총수요를 설명할 수 있다.

10 통화량이 두 배가 된다면, 효율적 세계에서 모든 상품의 물가도, 우리의 명목임금도, 자본자산의 미래가치도 모두 두 배 상승한다. 통화량은 정부에서 조정할 수 있는 임의의 수이며 이처럼 상대적 가치체계라는 본질에 영향을 주지 못하므로 명목적이라고 한다. 통화량 또는 물가수준, 명

하지만 실질 변수의 변동은 다르다. 화폐시장에서 급격한 실질이자율의 변화는 앞서 설명한 명예배당의 원리에 의해 총발행명예도의 급격한 변동을 초래할 수 있다. 이는 기본회수율로 아주 간단히 조정될 수 있다. 명예도의 채권부가 통화량과 같다는 가정을 통해 자세히 살펴보자.

$$1(\text{기준통화부}) = \frac{T(\text{조세량})}{\dfrac{\text{총발행명예도}}{\text{이자율}+\text{기본회수율}}}$$

위의 식은 (6-1)의 가정된 수식에 기본회수율을 반영한 새로운 균형이다. 보유한 명예도가 기본회수율에 의해 마모될 수 있음을 인지한다면, 해당 가정에서 그들이 요구하는 할인율에는 이 기본회수율이 추가로 반영되게 된다. 그만큼 총발행명예도의 크기가 조정된다.

이 식의 분자인 '$\dfrac{T}{\text{총발행명예도}}$'는 1명예도의 명예배당률과 동일한 개념으로 볼 수 있다. 이 식을 잘 정리해 주면, 다음의 관계를 얻게 된다.

(6-4)

$$\text{명예배당률} = \text{이자율} + \text{기본회수율}$$

다요인으로서 명예배당률이 결정되기 때문에, 기본회수율의 신축적인 조정을 통하여 실질이자율의 급격한 변동에 의한 총발행명예도의 변동을 완충하고 억제할 수도 있다. 또한 이자율의 변동을 흡수하는 또 다른 완충장치가 존재하는데, 자세한 내용은 후술한다.

목이자율 등이 존재한다.

한편, 식 (6-2)에서, 조세 자본화 크기의 할인율은 이자율로 고려되었지만, 기본회수율을 이해한 지금은, 1명예도의 물질 가치와 1통화량을 완전히 동등하게 만드는 수준의 유의미한 총발행명예도의 크기를 알 수 있다.

$$\text{조세 자본화 크기} = \frac{\text{분배가능 조세액}}{\text{MAX[이자율, 명예배당률]}}$$

H. 명예와 가치

명예는 물질과 함께 가치의 부분이다. 명예와 물질은 서로 **무관성**[11]을 **지닌다**. 하지만 명예도에는 물질의 가치량 또한 포함되어 있다. 명예적 행위에 대한 기회비용의 측정과 보상을 위해 필연적으로 물질의 가치량이 고려된다.

명예배당으로 제공되는 연속적인 현금흐름, 즉 채권부에 의해 하나의 명예도 물질 가치는 하나의 통화량과 일치할 수 있다. 세계에 공공 헌신을 이룬 사람들은 동일한 수준의 채권부에 더해 명예적인 의결권까지 얻게 된다. 예를 들면, (6-1)의 가정에서, 100달러를 기부했더니 동일한 100달러 상당의 채권에 더해, 화폐로는 할 수 없는 유의미한 권력이 주어진다.

한편, 특별한 보상이 없더라도 사회의 이로움은 공급되고 있었다. 민주 · 자본주의의 세계에서 자신들의 경제적 비용으로 공공가치에 기여하는 헌신성은 어째서 나타나는가? 더 큰 소득을 보장하는 직종보다 명예로울 수 있는 직종을 선택하는 자들은 왜 그러는가? 우리는 왜 자신의 기회비용을 희생하면서도 이

---

11 명예와 물질의 무관성: 명예와 물질 간에는 정해진 교환식이 존재하지 않는다는 의미.

타심을 발휘할 수 있는가?

물질의 가치량을 희생해서라도 사회에 헌신할 수 있는 명예의 성질은 특별하다. 이를 헌신성이라고 하고 명예도의 물질채권부 가치량이 하나의 통화량보다 낮아질 수 있는 근거가 된다.

사회를 향한 이타심의 근원에는 결국 소득보다 명예라는 가치의 선호에서 나타나게 된다. 명예의 보상이 없던 세계에서도 나타나던 이타심의 거래들은, 명예의 보상이 존재하는 세계에서 통화가치를 기회비용으로 희생시키며 그 반대급부를 표현한다.

총발행명예도의 크기가 조세자본화 크기와 동일할 때, 하나의 명예도의 가치량은 하나의 통화량의 가치량[12]보다 크거나 같게 나타난다.

(6-5)

명예도의 가치 ≥ 통화량의 가치

하지만, 이는 이상하다. 우리가 앞서 배운 바에 따르면, 명예도의 분배 정의[13]에 따라, 통화량의 가치는 명예도의 가치와 동등해야 한다. 그래야만 개인들이 명예도의 분배 정의를 통해 거래를 이룰 수 있다.

---

12 해당 가정에서 명예도의 물질채권부 가치량은 통화와 동일하지만, 국가의결권으로 사회 의결에 참여할 수 있는 명예적인 추가 옵션이 있기 때문이다.

13 명예도 분배 정의란, 오직 측정된 물질의 기회비용으로만 명예의 분배 보상이 가능하다는 논의다.

> **명예도의 가치 = 통화량의 가치**

(6-5)와 (6-6)의 차이는, 명예도가 지닌 물질의 가치가 1통화와 정확히 대응하여 나타난 문제다. 이를 좀 더 이해하기 위하여, 명예도가 지닌 가치량의 구성을 이해해야 한다.

먼저, 명예도는 명예배당에 의한 현금흐름에 따라 채권부의 가치량을 지닌다. 이를 물질 가치라고 하자. 또한, 세계에는 의결권으로서 할 수 있는 힘의 기능이 존재한다. 헌신성을 지닌 자들은 소득을 포기하더라도 명예를 선택할 수 있다. 물질의 자원을 권력으로 바꾸려는 시도는 흔하게 나타난다. 이 외에도, 개인과 개인, 개인과 사회 속에서 국가의결권이 제공하는 강력한 기능들은 소득으로는 이룰 수 없는 특별한 명예욕을 충족시킨다.

그 결과 지금까지 가정했던 식 (6-1)은, 총발행명예도와 조세자본화 크기의 일치는, 언제든 깨어질 수 있다. 의결권으로 추가적인 간절함을 해소할 수 있는 기능이 있다면, 명예도에 포함된 순수한 물질의 가치가 좀 더 낮아지더라도 누군가는 의결권을 원한다. 따라서 명예도의 가치는 다음과 같이 구성된다.

(6-7)

> **1명예도 가치 = 물질 가치 + α**

이 식의 의미는 무엇인가? 먼저, 등호의 의미는 거래될 수 있다는 의미이다. 가치의 축에서, 1명예도의 가치는 외부에서 주어지므로, 다른 조건이 일정할 때 식 (6-7)의 우변과 좌변 가치량은 일정하게 보존된다. α가 클수록, 명예도의 거래를 위한 물질의 가치는 낮아진다.

이 개념을 쉽게 설명하면, 명예배당금 같은, 1명예도로 얻는 돈이 더욱 적어지더라도, α의 가치량이 높아진다면 그 부분을 채워 줌으로써 명예도가 거래될 수 있다는 의미이다. 이 α의 의미는 순수한 명예를 의미하는 것이었다.

다시 말하면 의결권의 높은 수요와 수준 높은 정치참여도를 보이는 사회 특성이 존재할 수 있다. 순수한 명예의 가치를 높게 평가하는 사회일수록, 명예도가 온전히 1통화량의 물질 가치를 제공하지 못하더라도, 소득을 넘어서는 다른 가치량의 보상이 더욱 큰 것으로 1명예도의 가치량은 보존된다. 식 (6-7)의 두 변이 일치할 때 합리적인 거래로 인정될 수 있다.

(6-7)에서 만약, 물질 가치가 (6-1)의 가정에 따라 정확히 1통화량으로 나타난다면, (6-5)와 (6-6)의 차이로서 왜곡[14]이 발생한다. 하지만, 그 물질가치가 아주 조금이라도, 1통화량보다 낮게 나타난다면, 명예와 물질의 무관성에 의해 명예도의 분배 정의는 지켜질 수 있다. 그러므로 명예와 통화 간에는 다음의 결론이 나타난다.

(6-8)

1명예도 = 물질 + 순명예 = 1통화량 (단, 물질 < 1)

I. 명예율

식 (6-8)의 의미는, 총발행명예도가 세계에 좀 더 많이 존재하여 실질적으

---

14   이 왜곡으로 인해, 총발행명예도의 하한, 조세의 자본화 크기가 존재하게 된다.

로 받아가는 경제적 보상이 미약해지더라도, 1명예와 1통화 간 명목임금의 대체가 이루어질 수 있다는 점이다.

명예도의 분배는 오직 명목임금의 대체로 가능하다. 개인 간의 명예도 거래도 불가능하다. 따라서, 다른 곳에서 명예도를 얻어오고, 1통화와 명예도의 물질 가치량의 차이에 대한 차익거래에 절대로 참여할 수가 없다.

누군가는 명예도가 지닌 물질의 가치량이 부족하다고 느끼며 명예도와의 명목임금 대체거래를 응하지 않는다. 반면, 누군가는 갈등의 효율적 해결을 위해, 악의적인 세상에 대항하기 위해 명예도가 필요하여, 물질 가치량에 상관없이 의결권을 원한다. 그 모든 판단은 단 하나의 명확한 계정으로 집계된다. 바로 **'총발행명예도가 조세의 자본화 크기보다 얼마나 크게 존재할 수 있는가'**라는 아주 단순하고 명료한 생각에서, 그 까다롭고 복잡하던 명목임금의 대체에 대한 다양한 생각들은 거시적으로 집약된다.

조세의 자본화 크기는 총발행명예도의 일부였다. 그렇다면 총발행명예도와 조세 자본화 크기 사이에는 어떠한 차이가 존재하는가? 그 차이를 순명예라고 하며, 세계에 존재하는 순수한 명예의 크기를 의미한다.

순명예는 식 (6-7)에서 확인하였다.

명예도 = 물질 + 순명예

이 관계에서 명예도를 총발행명예도에 대응시키면 다음의 관계로 확장된다.

(6-9)

총발행명예도 = 조세 자본화 크기 + 순명예

그림 6-5. **총발행명예도와 통화채권부**

총발행명예도	
조세 자본화 크기	순명예

총발행명예도는 결국 조세의 자본화 크기와 순명예의 합으로 이루어진다. 총발행명예도가 조세 자본화 크기보다 큰 만큼, 1명예의 순수채권부는 1통화에 미치지 못한다.
세계의 미개도가 높다면, 명예도는 고작 채권부의 가치량에서 멈출 것이다. 세계가 명예욕을 탐할수록, 명예는 물질적 가치를 넘어서 진정한 순명예를 드러내게 된다.

이렇게 총발행명예도, 명예의 경제는 물질의 경제를 초월할 수 있게 되었다. 이로 인해 펼쳐지는 중요한 지표가 탄생하여, 이 지표의 이름을 **명예율**이라고 하자.

$$명예율 = \frac{순명예}{조세\ 자본화\ 크기}$$

이 개념은 이 책에서 가장 중요한 관념이며, 불가능할 것만 같았던 경제의 초월이 이 관념에 의해 시작된다.

J. 명예율이 반영된 명예배당률

우리는 앞서, 식 (6-4)에서 명예배당률을 도출해 내었다. 그러나, 명예율의 유의미한 가치가 개시되고 나면, 명예배당률에는 변화가 발생한다. 명예율이 의미를 지니는 만큼, 명예배당률은 감소한다. 그 관계는 다음과 같다.

$$명예배당률 = (이자율 + 기본회수율)* \frac{1}{1+명예율}$$

하지만, 이렇게 결정된 명예배당률은 조세의 자본화 크기에 영향을 미치지 않는다. 조세의 자본화 크기란, 1명예도의 물질 가치와 1통화량을 완전히 동등하게 만드는 수준의 유의미한 총발행명예도 크기이며, 명예율이 고려되지 않은 상태를 가정한 총발행명예도 하한을 의미한다.

한편, 명예율이 세계에 고려되고 나면, 이자율에 의한 변동이 총발행명예도에 주는 영향력은 더욱 작아진다. 세계에는 순명예가 존재하기 때문이다.

K. 회수와 발행의 균형에서 도출하는 명예도 공급곡선

명예율은 다양한 역할을 한다. 먼저, 이 지표가 가져오는 효과는 명예도의 발행량, 즉 명예산출량을 회수량으로 수렴시키는 역할을 한다. 이 원리를 좀 더 잘 이해하기 위하여, 의결권이 발행되고 회수되는 절차를 탐구하여야 한다.

명예도의 발행량은 세계에 유위험의결권을 추가로 유통시키며, 총발행명예도를 증가시킨다. 명예도의 회수량은 세계에 유통되어 있던 의결권을 소각시키며, 총발행명예도를 감소시킨다. 단기적으로, 두 개념은 정확히 일치하지 않을 수 있다.

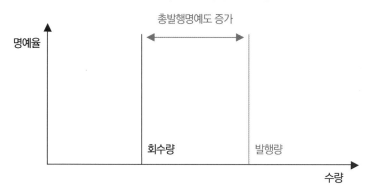

그림 6-6. **명예도 발행량과 회수량**

사회의 객체들은 총회수량에 대한 통제를 할 수 없다. 그들은 오로지 발행량에 대하여 대응할 수 있을 뿐이다. 자신들이 보기에, 현재 세계의 명예율이 자신 내부의 명예율보다 낮다면, 그 수준의 명예율에 도달할 때까지 의결권이 초과발행 된다. 반대로, 세계의 명예율이 자신 내부의 명예율보다 높다면, 그 수준으로 낮아질 때까지 명예생산량을 줄여 의결권 수량이 점차 회수된다.

그러나, 장기적으로 두 개념이 같은 값을 보일 수밖에 없는 이유는, 두 개념의 수량 차이가 명예율의 가치변동으로 흡수되며 점차 감소하기 때문이다.

명예도의 발행량이 회수량보다 높다면, 필연적으로 총발행명예도는 증가한다. 한편, 조세자본화 크기는 외부에서 주어지는 것이기 때문에 일정하다는 가정이 필요하다. 잠시 후 이 가정을 완화하여 좀 더 살펴볼 것이다. 조세 자본화 크기는 일정하나, 명예도가 더욱 세계에 추가 유통된다는 것이 어떤 의미인가? 세계는 현재의 명예율이 정의롭지 않다고 보기에 순명예를 더욱 증가시킨다는 것을 의미한다.

증가하는 순명예의 크기는 명예율을 상승시키며, 명예생산량을 감축하게끔 압박한다. 명예율이 균형이 아니고 명예도의 물질 가치가 감소하면, 기업의 종업원들이 명목임금의 명예대체를 선택하지 않기에 기업으로부터 얻는 자원의 모집이 어려워진다. 또한, 증가하는 **명예율의 크기만큼 공공생산의 비용이 더욱 증가한다.** 그 이유는 추가적인 설명이 필요하기에 이 장의 'N. 명예율과 기업 이윤'에서 설명한다.

그렇기에 명예율이 상승한다면, 발행량[15]은 조정을 맞는다. **균형에 넘치는 공공생산능력은 회수량을 넘어서는 잉여분만큼 더 높은 명예율을 유지시키는 힘으로 작용한다.** 거시적으로 정해진 균형명예율 수준에서, 회수량과 발행량은 일치한다.

그렇게 발행량과 회수량이 균형에서 일치하게 될 때, 총발행명예도는 안정되고 명예율도 안정을 찾는다. 회수량보다 더 큰 발행 잉여량은 결국 명예율을 높이면서, 명예도의 기간 발행량은 점차 힘을 잃어 회수량으로 수렴한다.

반면, 발행량보다 더 큰 회수량은 명예율을 끌어내리고 명예도의 물질부 측면을 더욱 매력적으로 만들어 명목임금 대체에 의한 자원모집이 쉬워지고, 공공 생산능력을 자극시키므로, 명예도의 발행량이 증가한다.

한편, 과대 설정된 명예율이 단기에 걸쳐 조정이 부족하다면, 명예도 병합을 통해 간단히 명예율의 조정을 이룰 수 있다. 명예율이 자연적으로 결정된 값이 아니라면, 끝없이 조정의 과정을 반복한다. 문제는, 명예율의 과대평가에 의한 자연적인 조정이 중장기에 걸쳐지는 기간 조정 외에도 공적산출경제의 급격한 변동을 초래할 위험이 있기에 이와 같은 의결권 병합장치를 활용하여 좀 더 신축적으로 균형명예율을 달성할 수 있게 해 줄 것이다. 의결 병합장치는 기득권

---

15 물론 명예율의 변동은 총발행명예도 수량이 변하는 만큼 발행량뿐만 아니라 회수량에도 어떠한 영향을 미친다.

의 그 누구에게도 손해를 떠넘기지 않기 때문이다.

이 원리를 **발행량의 회수량 추종 원리**라고 하며 세계의 명예생산량은 장기적으로 회수량과 명예율의 축에서 정해질 수 있음을 보인다.

그렇다면 회수량과 명예율은 어떤 관계가 있는가? 회수량에 대해 먼저 고찰해 보자면, 명예도 발행량의 회수량 추종에 따라, 회수량은 명예생산량의 의미를 지니게 된다.

여기서 말하는 회수량이란, 사회가 실현 가능한 최대의 회수량[16]을 의미한다. 기본회수량은 총발행명예도의 크기에 따라 결정되며, 가산회수량은 가산회수율과 의결거래량의 평면에서 나타나는 특별한 극대화 점에서 결정된다. 기본회수량과 극대화된 가산회수량의 합이 여기서 말하는 회수량이 된다.

회수율을 구성하는 요소에는 기본회수율과 가산회수율이 있는데, 회수량은 총발행명예도와의 함수로 결정된다. 명예생산량이자 의결권의 발행량은 Y_H로 하자. 한편, 회수량은 다음과 같다.

Y_H = 총회수량 = 조세자본화크기*(1+명예율)*(V*가산회수율+기본회수율) (단, V는 의결거래속도)

회수와 발행이 일치하는 균형에 의해, 다음 관계가 도출된다.

$$(1+명예율)^{17} = \frac{Y_H}{조세자본화크기*총회수율}$$

---

16 최대의 회수량은 (의결거래량, 가산회수율)의 특정한 점에서 결정된다. 즉, 특정한 의결거래속도와 가산회수율이 주어진다면 최대의 회수량이 나타난다.

17 식을 명예율로서 정리하는 것이 깔끔하지만, 함수의 존재 영역에 대한 설명의 편의를 위해 이렇게 정리하였다.

'(V*가산회수율+기본회수율)'에 해당하는 크기를 간단히 총회수율이라고 부르기로 하면 위의 관계가 나타난다. 이에 따라 명예공급곡선을 도출해 낼 수 있게 된다.

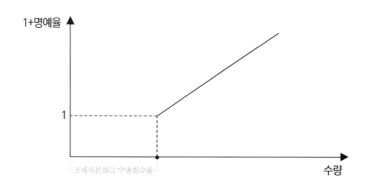

그림 6-7. **명예도 공급곡선**

$$1+명예율 = \frac{Y_H}{조세자본화크기*총회수율}$$

먼저, 명예도 공급곡선은 Y축이 1보다 큰 곳에서 나타난다. 1보다 작다면 반드시 명예도를 더욱 공급하는 것이 물질채권부상에서 유리하기 때문에 기부 등의 방식으로 차익거래를 위한 수많은 의결권이 더욱 발행된다.

명예도 공급곡선은 (조세자본화크기*총회수율, 1)의 점을 지난다. 이 점은 총발행명예도의 크기가 조세 자본화 크기와 일치할 때 결정되는 점으로, 가장 기초적인 단계의 명예생산량을 의미한다.

만약 조세 자본화 크기가 변동한다면, 그 영향은 명예도 공급곡선의 기울기의 조정으로 나타난다. 물질채권적 부를 의미하는 조세 자본화 크기는 당연히 공적 명예생산에 영향을 미칠 수 있다. 쉽게 생각하면 더 많은 세금을 모집하는 사회는 그렇지 못한 사회보다 공공 가치 생산이 더욱 수월하다.

한편, 명예의 공급곡선은 사회 본연의 특성에 의해 결정되기도 한다. 어떤 사회는 정치무관심도가 높을 수 있고, 물질만능주의가 심할 수 있다. 다양한 차이를 보이는 사회특성들은 임의의 두 사회의 명예율이 반드시 같을 것이라는 보장을 못 하게 한다. 그 차이를 보이는 정보들은 모두 의결거래속도에 반영되어 명예도 공급곡선을 설명한다.

그림 6-8. 명예도 공급곡선2

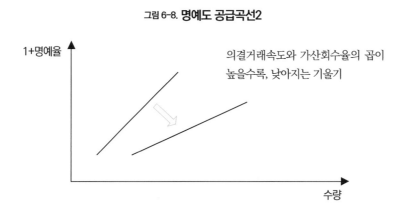

한편, 의결거래속도(V)는 총발행명예도와 곱해진다면, 의결거래량으로서 사회의 어떠한 미개도를 나타내기도 한다. 사회가 미개할수록, 필요한 의결거래량은 많다. 이미 정의로운 합의를 많이 이룬 사회일수록, 초과손익의 발생이 점점 어려워지는 사회일수록, 의결 행사량은 낮다. 명예도 공급곡선의 기울기는 그렇게 설명될 수 있다.

그림 6-9. 명예도 공급곡선3

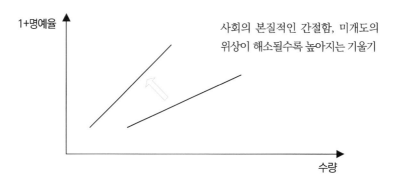

총체적인 간절함을 많이 떨쳐낸 사회일수록 명예도 공급곡선의 기울기는 높아진다. 명예로운 사회일수록, 높은 수준의 명예율과 그 거래량을 달성할 수 있다.

이처럼 명예도의 공급에 관해 탐구하였으나, 명예의 공급만으로는 세계가 결정짓는 균형 있는 명예율을 알 수 없다. 균형 명예율은 명예도의 수요와의 교점에서 찾아낼 수 있다.

명예도의 공급이 명예율과 관계가 있듯이, 명예도를 수요로 할 때도 명예율이 어떠한 영향력을 미치는지 탐구가 필요하다.

L. 명예도 수요곡선

명예도란 물질의 가치 외에도, 권력의 가치를 보여준다. 채권부 증권이면서도 권력의 증권인 명예도에는 물질성의 포함 여부에 따라 양립불가능성의 지혜로 **순수물질수요**와 **순수정치수요**로 구분할 수 있다.

순수물질수요는 물질성이 개입된 명예도의 수요량이다. 물질성이란, 명예율이 영향을 미칠 수 있는 성질을 의미한다. 명예율의 변동으로, 그 수요량도 흔들릴 수 있다. 반면, 순수정치수요는 물질성이 개입되지 않은 명예도의 수요량이다.

순수정치수요는 단순히 권력의 수요만을 의미하지는 않는다. 현재의 시대에도 나타나는 대가 없는 명예의 거래들, 그 모두를 아우르는 포괄적 개념과 같다. **명예율과는 관계없이 나타나는** 사회의 선의와 이타심, 권력욕이 포함된 의결권의 수요량이다.

가장 양자화된 하나의 명예도 단위에는 물질 가치량과 명예의 가치량이 동시에 포함되어 있다. 예를 들면 순수정치수요에 입각하여 사회에 헌신하고 명예도를 얻어가지만, 그 의도와는 다르게 그 보상으로 물질적 채권부가치가 주어진다.

또 한편으로는 권력과 물질을 모두 챙기고자 하는 복합적인 수요로 명예도를 얻고자 한다. 이렇듯 그 개인의 내면에서 순수물질수요와 순수정치수요를 구분해 내기란 어려워 보인다.

명예도의 순수물질수요는 오로지 명예도의 명목임금 대체에서 확인된다. 반면, 명예도의 순수정치수요는 선한 이타심과 이기적인 명예부의 욕망에서 관측된다. 막대한 순수정치수요의 이면에는 한계가 없이 무궁무진한 수요량이 포함될 수 있다. 명예율의 크기가 어떻게 정해지든 상관없이, 타인들보다 상대적으로 더욱 높은 평가를 얻고자 한다. 명예율은 권력의 상대성에 개입할 수 없다. 우리의 끝없는 권력 욕망을 정의로운 세계의 평가가 제동 건다. 우리들은 세계가 어떤 평가를 내릴지 선택할 수 없다. 명예율의 변동과는 상관없이, 주어진 정의만큼 수긍한다.

그러나, 명예도의 분배 정의에서는, 명예율이 중요하게 의사결정에 개입한다. 우리들은 명목임금의 대체를 선택할 수 있다. 주어진 명예도 증권의 물질과 명예의 함량 비율에 따라 의사결정은 충분히 뒤바뀐다. 그들이 얻는 명예의 보상은 오로지 대체를 할지 말지에 따라 절대적으로 나타난다.

명예도의 분배는 명목임금의 대체로 발생한다. 우리들이 선택한 저축 중 일부가 명예도로 대체된다. 명예율이 작용될 수 있는 선택된 대체량을 **정치목적 채권부**라고 하고, 저축의 부분으로서 표현한다.

정치목적 채권부 = $(-C_0 + (1-c)*Y)*\alpha$

거시경제학에서 저축은 국민소득의 부분으로 나타난다. C_0는 소득과는 상관없는 필수적인 소비 지출량을 의미한다. c는 한계소비성향이며 Y는 국민소득이고 α는 명예의 저축대체율이다. '$(-C_0 + (1-c)*Y)$'는 저축을 의미한다.

명예의 저축대체율이란, 선택된 저축량 중, 명예도로 대체된 비율을 의미한다. 이 정치목적 채권부에도, 명예의 대체를 선택한 만큼 당연히 순수정치수요가 포함되어 있다. 하지만, 특별하게도 두 개념을 분리해 낼 수 있다.

정치목적 채권부를 순수물질수요와 순수정치수요로 분리해 내기 위한 안분비율은 정말 간단히도 (1+명예율)로 결정된다. 예를 들면, 명예율이 1일 때, 100의 명예도 분배량 중 50의 크기는 정확히 물질채권부를 대변한다. 그러므로 명예도의 분배자는 50의 순수물질수요와 50의 순수정치수요를 갖는다.[18] 따라서 정치목적 채권부는 다음과 같이 분리된다.

$$\text{순수물질수요 = 정치목적 채권부} - \frac{\text{정치목적 채권부*명예율}}{(1+\text{명예율})} = \frac{\text{정치목적 채권부}}{(1+\text{명예율})}$$

이로써, 명예도 수요량을 설명할 수 있는 모든 부분을 탐구하였다. 그렇다면 명예율이 변동할 때 명예도의 수요량은 어떻게 변화하는가?

유위험 의결권 수요량 구성은 다음과 같다.

$$\text{명예도 수요량(QH)} = \frac{\text{정치목적 채권부}}{(1+\text{명예율})} + \text{순수정치수요}$$

이를 잘 정리하면 명예도 수요 곡선을 도출할 수 있다.

$$(1+\text{명예율}) = \frac{(-C_0+(1-c)^*Y)^*\alpha}{(Q_H - \text{순수정치수요})} \quad (\text{단, 명예율})0)$$

하지만, 명예율이 0 아래인 세계는 정의될 수 없으므로, 그 아래에서는 무한한 의결권 수요량[19]이 존재한다. 명예율이 0 이하로 떨어진다면, 명예도가 내포한 물질 가치량이 통화량보다 더욱 높아지게 된다.

---

18 주의할 점은, 50의 순수정치수요로 측정된다고 하여 50의 물질과 같은 가치량이라는 의미는 아니다. 그렇게 거래될 수도 없다. 두 개념은 무관하며, 오직 순명예의 크기가 그렇다 할 뿐이다.

19 이런 양상은 거시경제학의 유동성 함정과도 비슷한 모양새이다.

명예도 수요량을 명예율에 대해 정리하면 다음과 같다.

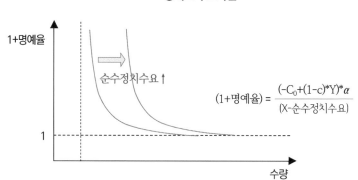

그림 6-10. **명예도 수요곡선**

$$(1+명예율) = \frac{(-C_0+(1-c)*Y)*\alpha}{(X-순수정치수요)}$$

순수정치수요는 명예율과는 관계없는 수요량을 의미한다. 명예율이 한없이 높아질 때 수렴해 가는 점근선이 바로 순수정치수요의 좌표임을 확인할 수 있다. 순수정치수요가 증가할수록 이 점근선과 함께 명예의 수요곡선은 우측으로 평행이동한다.
뿐만 아니라, 명예율은 저축과 명목임금의 명예 저축대체율에도 영향을 받는다.

　　명예도의 수요곡선을 잘 살펴보면 좀 더 재미있는 사실들이 몇 개 존재한다. 먼저 명예도 수요곡선의 분자는 정치목적 채권부를 의미하는데, 이를 확인해 보면 필수소비량 C_0이 높을수록 명예율은 낮다.

　　필수소비량은 무엇인가? 이 개념은 기본적인 의식주와 더불어 사회를 구성하는 개인들이 느끼는 기초적인 간절함과도 관계가 있다. 사회의 미개도가 높을수록 공공자원의 공급을 기대할 수 없고, 공공보건과 의료, 식량 및 식수와 위생, 개인과 사회의 안전, 그 모든 필수적 지출 비용은 사회의 구성원들 각자가 부담한다.

　　명예의 저축대체율은 곡률에 직접적으로 개입하며 국민들이 만족하는 저축

대체율이 명예율과 직접적으로 관계가 있음을 보여주고 있다. 명예도 수요곡선의 분자가 증가할수록, 거시적으로는 곡률상의 개입이지만, 편의상 명예도 수요곡선이 다소 우측이동 하는 것 같은 효과로 나타날 수 있다.

이 수요곡선에서 중요한 점은 결국 순수정치수요량의 크기이다. 다른 외부조건이 일정할 때, 명예 수요를 이동시킬 수 있는 강력한 힘은, 권력에 대한 끝없는 욕망의 이기심과, 가장 순수하고 타인을 돌보는 끝없는 이타심으로부터 기원한다.

M. 명예도 수요공급 종합 모형

명예도 공급곡선과 수요곡선은 한 평면상에서 교점을 남긴다. 수요와 공급이 마주하는 점에서, 세계의 균형명예율과 공공생산량이 채택된다.

이 종합모형이 갖는 의의는 이에 그치지 않는다. 원점으로부터 교점 사이가

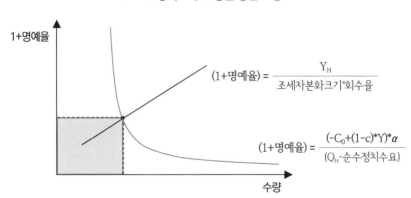

그림 6-11. **명예도 수요·공급 종합 모형**

파란색 면적의 일부만큼 세계의 한계비용이 극복된다.

갖는 넓이의 크기는 세계의 물질적인 한계비용을 일부 절감시킨다. 명예가 풍요로운 세계일수록, 더욱 큰 물질의 풍요도 누리게 된다. 증가하는 생산량과 낮아지는 물가의 흐름에서 사회는 이상으로 나아갈 수 있다.

N. 명예율과 기업 이윤

명예율과 공공생산량의 균형점이 어째서 세계의 한계비용을 절감시키는가? 종합적인 개요를 먼저 간단히 소개하자면 다음과 같다.

기업은 명예의 생산요소 자원을 명예법인에 제공하고, 그 대가로 명예율이 반영된 명예도의 보상을 얻는다. 명예도에는 어느 정도의 부분적인 채권부가 존재하기 때문에, 기업에게 얻은 생산요소 자원의 대가를 지불할 수 있다.

기업들이 **명예율이 반영된** 명예도 수량만큼 보상을 요구하는 이유는, 기업은 명예의 확보에는 사실 관심이 없고, 그들의 본래 목적인 물질의 부 극대화를 추구하기 때문이다. 기업의 입장에서 명예도에 포함된 물질채권부 가치만이 그들이 제공한 생산요소에 대한 정당한 대가[20]라고 본다.

하지만 기업은 명예도를 자신들의 계정에 잔류시키는 것을 좋아하지 않는다. 그 첫 번째 이유로, 회수율의 존재는 그들이 보유한 명예도의 잔고를 서서히 마모시킨다. 둘째로, 보유한 명예도로 추가적인 생산을 한다면 그들의 이윤이 극대화될 수 있다.

---

20 실제로 기업은 기업 내에 잔류하는 명예도에 대해 명예배당 청구권이 존재한다. 하지만, 이때의 명예배당률에는 기본회수율 일부를 제외한 보상이어야 한다. 또한, 기업의 명예배당부 담보 대출에는 어떠한 제한이 필요하다.

그림 6-12. 명예율과 생산요소가격

[명예율 = 1] 가정

〈기업A〉   〈명예법인〉

상품   물질가격: 100   ① 생산요소가격 ⟹   통화채권부 100

                                                        ② 명예율 반영

              명예도가격: 200 ⟸ ③ 거래체결   지불명예도 200

① 기업은 반드시 제공한 생산요소의 물적 가격에 걸맞은 대가를 요구한다.
② 세계에 명예율이 존재하면 명예도의 통화채권부는 동일한 액면의 가격에 미치지 못하게
　 된다. 따라서 더욱 많은 명예도를 제공하여 통화채권부의 크기를 가격에 맞추어야 한다.
③ 거래가 체결되고 나면 기업은 상품을 유출하고 명예도를 얻는 거래를 한다.

　명예율의 특별한 성질에 의해, 기업이 얻는 수입은 명예율이 반영된 명예도의 수량을 대가로 얻는다. 하지만, '명예도의 분배 정의'에 의해, 명예율이 반영되지 않은 명예도로서 임직원들의 명목임금을 지불한다.

　이 차이는 기업에 막대한 이윤을 제공한다. 당장 위의 사례만 봐도, 기업이 수입으로 얻은 200의 명예도를 모두 생산비용으로 처리해 낼 수 있다면, 100 가치의 상품으로 200의 경제적 수입을 얻은 것과 같다.

　종업원들은 식 (6-8)의 설명에 따라 주어진 균형명예율 수준에서 당연히 합당한 거래로 받아들인다.

　기업이 얻은 수입의 크기는, 물질의 단위 가격에 (1+명예율)을 곱한 크기와 같다. 그들이 명예율에 의한 추가 이윤을 얻을 수 있는 이유는, 세계 명예율의 존재에도 불구하고 명목임금 대체의 선택을 받을 수 있기 때문이다. 명예는 충

분히 그만한 가치가 있다. 또한, 명예도를 소득으로서 얻을 수 있는 방법은 오로지 명목임금의 대체만 가능하기 때문이다. 분배에 있어서 소득을 기회비용으로 측정한 공적 기여만이 누구의 불만도 없이 인정될 수 있기 때문이다. 물질적 기회비용이 아닌 그 어떠한 것도, 그 누구도, 미시적인 분배에서 명예도 보상이 그만큼 타당한지 계산할 수 없기 때문이다.

기업은 종업원에게 잉여 명예도에 대한 과도한 보수 지급도 할 수 없다. 만약 명목임금대체라고 정해진 금액 이상을 종업원에게 보상한다면, 그 종업원이 모든 명목임금을 통화로 선택[21]하였을 때 막대한 인건비 부담에 시달려야만 한다.

한편, **명예율의 상승이 반드시 명예법인의 시가총액 상승으로 이어지지는 않는**다. 그 이유는, 명예법인 시가총액에 작용하는 명목의 기준은 의결권의 유통량뿐만 아니라, 물가도 따르기 때문이다. 간단한 사례를 생각해 봐도, 명목임금의 대체를 선택하는 객체들은 자신의 명예도 잔고의 명목지표를 오로지 물가만 본다. 그들은 의결권을 행사할 때, 물가에 기반한 의사결정을 실현하고 그 의지의 집합인 명예법인 시가총액은 당연히 이 체계성에 일부 종속된다. 그렇기에, 명예법인의 시가총액 평가에 있어서 명예율을 반영한 유동성 효과는 완벽히 나타나지 못한다.

이처럼, 명예율이 상승해도, 명예주주의 보상은 대응하지 않을 수 있다. 하지만, 상승하는 명예율에 의해 명예법인은 그들이 활용할 수 있는 명예도 자원이 더욱 빨리 유출되게 된다. 그만큼, 그들의 **공공생산 능력은 부담을 얻는다.**

---

21 이 원칙은 기술적으로도 가능하다. 기업은 종업원의 업무 대가를 모두 현금으로 주고 나면, 종업원이 선택한 대체율에 따라 사회가 의결권을 부여하고 동일 액면의 현금을 회수한다. 그리고, 기업의 명예도 잔고에 접근하여 그만큼 차감한다.

명예법인은 비용의 부담으로서, 기업은 비용 처리의 이익을 위한 실용의 목적으로서, 정해진 명예율이 아닌 임의의 명예 가격으로 거래를 이룰 수 있다. 분명 당사자 간의 자유로운 거래 속에서 명예율에 의한 기준은 별로 의미가 없어 보인다. 하지만 이 생각에는 타인을 고려하지 못한 큰 오류가 있다.

위의 생각대로라면, 기업의 공공생산요소의 대가는 임의적으로 결정된다. 기업은 명예율이 반영된 가격을 요구할 수도 있으며, 명예율에 미치지 못하는 가격을 통해 거래를 유인할 수도 있다. 하지만, 필연으로서 정리되지 못한 **임의성**에는 반드시 불균형이 초래된다. 어떤 기업은 생산요소에 대한 대가로 물질채권부 대가 전부를 요구하고, 어떤 기업은 물질채권부 대가를 전부 못 얻더라도, 결국 이익인 범위에서 명예법인의 눈치를 본다.

통화채권부의 모든 대가를 지불하고 생산요소를 지불한 자들의 눈에서는, 같은 사회적 집단임에도, 자신의 이익을 위해 눈치를 주고 명예비용을 아낀 명예법인이 가격에 대한 부정의를 행하였다고 본다. 명예법인은 정치적 집단이고, 권력의 상대성에 기인한 강력한 경쟁관계와 같다. 명확한 측정으로서 부정의의 크기까지 계산될 수 있다. 부정의의 대가는 명예부의 부정적 평가를 초래하고, 장부환원 부인회계와 강력한 징벌적 제재를 맞는다. 이 과정은 사실 정책적[22]으로 명예율의 가격 반영 원칙을 설정하지 않더라도 자연적으로 결정된다. 물적 가치를 존재대상으로 하는 자들에게는 그만한 물적 가치를 제공하는 것이 명백한 세계의 정의와 같다.

---

22   이에 관한 기술적인 도구의 역할로, 심화학습에서 중계명예법인에 대해 논한다.

O. 명예도와 기업의 생산

명예율에 의해 기업은 상당한 이윤을 얻을 수 있다. 하지만 그들의 수입은 명예도이다. 얻은 명예도를 전부 생산요소에 투입해야만 유의미한 수입으로 볼 수 있다.

명예도로 얻은 수입은 기업의 이윤극대화 생산량을 변동시킨다. 명예도로 얻는 최종 이익이 얼마가 되는지는 여러 가지 조건에 따라 편차가 생긴다.

그 조건 중 하나로, 명예도를 분배로 얻어가는 종업원들의 대체율이 중요하다. 종업원 모두가 명목임금의 대체를 선택하지 않는다면 기업은 명예법인과의 거래만큼 손해를 본다. 또한, 그들의 한계비용 형태도 최종 이익에 영향을 미친다. 명예율에 의한 이익은 결국 생산을 통해 이루어지기 때문이다.

그럼, 모든 종업원들이 가능한 모든 명예도를 전부 소화할 수 있는 상황을 가정할 때, 명예법인의 최종 이익과 생산량은 다음과 같이 계산된다.

먼저, 공공요소 생산량에 대해 알아보자. 공공 사회를 위한 상품의 생산량은 총생산량의 일부와 같으므로 다음과 같이 표현된다. 공공대체율이란, 총 생산량 중 명예법인과 거래한 수량의 비율을 의미한다.

> 공공요소생산량 = $\alpha * Q$ (α = 공공대체율, Q = 총생산량)

이 수량에 가격(P)을 곱하면, 공공생산에 대한 기회비용이 표시된다.

> 매출의 기회비용 = $P * \alpha * Q$ (단, P = 가격)

이 크기에, 명예율을 반영하면 명예율로 얻는 이익이 반영된 비용감소효과의 크기가 나타난다.

$$생산보조효과 = (1+명예율)*P*\alpha*Q$$

기업은 현금수입의 극대화를 추구한다. 이를 기준으로 한 총수입과 총비용
은 다음과 같이 반영된다. 단, 비용함수는 일반적인 미시경제학의 비용함수를
가정한다. 생산량 전부는 당기 판매를 가정한다.

총수입 $= P*Q - P*\alpha*Q = (1-\alpha)*P*Q$
총비용 $= aQ^3+bQ^2+cQ+d - (1+명예율)*P*\alpha*Q$

논의 간편화를 위해 완전경쟁시장을 가정할 때, 한계수입과 한계비용은 다
음과 같다.

한계수입 $= P - \alpha*P$
한계비용 $= 3aQ^2+2bQ+c -$ **(1+명예율)** $* \alpha*P$

기업의 이윤극대화 생산량은 '한계비용 = 한계수입'인 점에서 결정된다. 두
개념의 식을 잘 살펴보면, (1+명예율)은 항상 1보다 크거나 같으므로, 한계수
입보다 한계비용이 더욱 크게 감소하는 양상[23]으로 나타난다. 그 결과, 생산량
은 이전의 상태보다 반드시 증가한다.

명예율과 거래량의 크기에 따라, 세계는 비용절감효과에 의해 생산량이 증

---

23   이에 대한 그래프를 그려본다면, 이익이 얼마나 발생하는지도 확인해 볼 수 있다.

가한다. 그 정도에는 한도가 없다. 세계가 상당한 명예를 이룩하여 명예율과 거래량이 한없이 높아진다면, 무한한 수량의 명예도 유입은 기업의 한계비용을 모두 집어삼키게 한다. 이윤극대화 생산량은 변동되어 생산 가능한 최대의 수량에 수렴해 갈 것이다.

P. 명예율에 의한 생산물 가격 변동

기업은 생산량을 증가시키다 보면, 상품의 가격이 점점 낮아지는 현상을 마주한다. 생산량과 가격의 반비례 논리는 거부할 수 없다.

하지만, 여러 가지 이유로 자신의 생산량이 상품의 가격에 영향을 줄 수 있다면, 다음과 같은 논리를 고려해야 한다. 더 많은 생산량은 전체 상품들의 가격을 동시에 하락하게 만든다. 물론, 종업원의 대체율만 잘 따라준다면 추가 생산 필요 없이 그 자체로도 이득이 되므로 명예법인과의 거래는 성사될 수 있다. 굳이 생산량을 변경하지 않아도 기업은 충분히 이득을 볼 수 있는 것으로 보인다.

그러나, 기업은 더욱 거대한 **경쟁의 원리**를 거부할 수 없다. 자의식으로서의 당신 기업이 명예율에 따른 추가생산옵션을 실현하지 않는다면, 경쟁자가 말도 안 되는 가격경쟁력으로서 시장에서 당신을 끌어내리고 만다.

생존을 위하여, 경쟁자가 존재하는 모든 생산자들은 명예율을 얻고 추가생산옵션을 실행할 수밖에 없다. 그러지 말자고 합의함으로써 안 할 수 있는 것이 아니다. 명예율에 의한 압도적인 생산보조능력은 상당한 진입의 장벽들마저 허물만 한 막강한 힘이 있다. 그렇게 세계의 생산자들은 그들의 능력과 시장의 한계효용이 버티는 만큼 가능한 최대생산량을 선택할 수밖에 없다.

Q. 명예율과 독점 생산

독점기업은 경쟁자가 존재하지 않는다. 그 놀라운 배짱으로, 세계는 늘 자중손실을 겪는다. 강력한 영향력은 언제나 로비와 불균형을 만들어낸다. 독점의 폐해에 맞서 세계도 움직임을 준비한다.

독점시장이 갖는 문제점은 바로 산출물 생산량이 사회적 최적보다 과소 생산된다는 것에 있다. 이 문제의 해결을 위하여 현시대에서도 여러 가지 규제들이 이용된다. 독점기업에 대해 경쟁을 유도하거나, 강제로 가격을 제한하거나 조세를 적절히 부과하는 방식들로 노력하고 있다.

그러나 가격의 개입을 어느 수준만큼 설정할 것인지, 유효성은 충분한지 같은 검토들은 난해할 수 있어 여러 가지의 가치판단을 초래하게 된다. 이 모든 규제들에 대해 독점기업은 자신의 이윤을 헌납하게 된다.

그러나 명예주의가 도입되면, 이들이 이윤의 손실을 입지 않더라도 자연적으로, 스스로 최선으로 하는 의사결정이 좀 더 사회 최적에 가까워지도록 유도해 낼 수 있다.

그러기 위하여 아래에 나오는 독점기업에 대한 규제를 적용시키면 된다. 바로 '독과점기업은 명예법인의 모든 공적 수요량에 대하여 산출물을 거래하여야 한다'는 강제 조항 하나만으로, 이들은 가격탄력성의 수준의 고려 없이 더 큰 생산량을 보일 수밖에 없다. 이 의안이 담긴 의결은 독점의 논리가 자중손실을 지니고 있는 이상 반드시 통과될 수밖에 없다. 자신만 생산할 수 있는 독점적 생산물을 공공사업에 제공하지 않겠다는 의지는, 세계를 적으로 돌리는 것과 같다.

이에 따라 자중손실은 감소하고, 소비자잉여는 이전 사회상태보다 증가한다. 물론 독점기업은 자신의 이윤극대화를 위하여 명예의 소득대체율이 높은 임직원들로 생산 편성을 최대한 시도하겠지만, 독점기업 임직원의 소득대체율 또한 조정의 대상이 될 수 있다. 독점의 폐해가 클수록 결국 의결권에 의한 조정을 맞이하여야 한다. 그렇게 독점의 문제점은 사라질 수 있다.

R. 명예율과 물가

거래량 등 다른 조건이 일정하다면, 명예율이 상승할 때 생산비용 감소효과로 인해 생산량이 증가한다. 이는 사회 전체에 걸쳐 체계적으로 나타나는 현상이다. 공공 활동에 이용되는 상품을 생산하는 기업에만 적용되는 논리는 아니다. 앞서 논의한 물질명예법인의 설명은 결국, 물질 그 자체도 공공 가치의 기여가 가능하듯, 시장 자체가 이 체계적 현상을 경험할 수 있다고 말한다. 그 결과, 장기적인 총공급곡선이 움직인다.

> 세계의 생산비용 감소량 = 명예율*물가*공공생산요소 거래량

총공급이 증가하면, 물가는 감소한다. 물가의 하락은 사회의 모두에게 실질소득의 증가로 이어진다. 명예의 풍요는 물질의 풍요를 부른다.

S. 명예주의와 실업

앞선 논리들에 따라, 물가와 실업률은 모두 동시에 감소한다. 기업은 명예율

에 의해, 명목임금의 명예대체율을 선택할 수 있는 '인적 자원'을 추가로 고용하고자 한다. 또한, 경제의 논리에서는 고려되지 못했던, 명예법인의 인적 자원 수요도 창출된다.

명예주의 아래에서 우리들의 실업은 더욱 감소할 수 있다. 기술이 아무리 발전하더라도, 자동생산 시스템과 로봇, 인공지능의 생산성이 우월하더라도, 의결권을 직접적으로 소유하는 우리 인간들 자체의 이야기는 절대 끝나지 않는다.

무한한 생산성의 아래에서, 기업에는 종업원들이 존재하지 못한다. 그러나 앞서 살펴본 명예도의 특별한 성질에 따라 기업은 자신의 이익을 위해 유지 및 보수비용이 발생하는 생산설비의 운용보다, 명예도로 직접 종업원을 고용함으로써 더욱 큰 이익을 볼 수 있다.

기업은 충분한 명예율 아래에서 한계효용이 허용하는 만큼 무한한 생산물을 사회에 제공한다. 한계효용이 모두 충족됨에도 발생하는 생산량에 의해, 우리 모두는 그것을 0과 같은 가격으로 누릴 수 있다. 이것이 공공복지 또는 공공사업과 무엇이 다른가? 기업은 그렇게 명예법인화 된다.

그런 물질의 이상에서, 굳이 기업에서 소득만을 목적으로 하는 노동을 할 수도 없고, 할 필요도 없다. 자신이 원하고자 하는 일을 하고자 한다면, 명예법인의 보호 아래에서 활동할 수 있다. 실업률은 더 이상 의미를 잃는다.

하지만 명예주의가 도입되지 못한다면, 사회가 무한한 생산성을 지녔어도 우리 모두는 그것을 누리지 못하고 필연적인 고통을 얻게 된다. 무한히 풍요로울 수 있는 사회에서, 가격의 논리로 인해 생산량은 제한되고 실업률은 언제나 의미를 얻는다.

T. 물질의 풍요

　민주 · 자본주의 체제 아래에서, 우리 모두는 언제나 물가의 장벽과 마주하게 된다. 우리들의 최대 생산능력이 아무리 무궁무진하여도, 우리는 그것을 누리지 못한다. 이윤극대화 생산량의 합리성은 우리들이 늘 비싼 값을 지불하게끔 한다.

　하지만 사상은 발전하고, 우리가 정의로운 합의를 이룰 수 있다면, 정치의 영역뿐만 아니라 물질의 영역에서도 더욱 풍요로울 수 있다.

심화학습

심화학습 챕터에서는, 명예주의의 기본적인 이해를 넘어 조금 더 심화된 내용을 다룰 것이다. 그렇다고 하여 대단한 사전지식이 필요한 것은 아니다. 이 내용들과 같이 본문을 다시 본다면, 또 다른 시각을 얻을 수도 있다.

A. 회계원리

모든 거래에는 필연적인 반대급부가 뒤따른다. 돈을 주고 물건을 구매하면, 물건을 얻지만 돈은 잃는다. 그렇게 얻는 것과 잃는 것을 함께 표현한 것이 거래의 본질을 가장 잘 설명해 줄 수 있다.

타인과의 상호작용, 거래는 복식부기의 방식으로서 모두 기록될 수 있다. 복식부기란 거래의 이중성을 이용하여 기록의 누락이나 검증 여부를 손쉽게 확인할 수 있게 해 주는 유용한 장치이다. 복식부기의 원리가 어떻게 기록되는지 구체적으로 살펴보자.

호수에 비가 오면, 호수의 물은 증가한다. 이 간단한 원리처럼, 호수를 **저량**의 관념이라고 하고 비는 **유량**의 관념이 된다.

또 다른 비유로, 누군가의 재산이 100달러가 있다. 이 사람이 소득으로 10달러를 번다면 그 이후의 재산은 110달러가 된다. 그렇게 모인 재산, 110달러 또한 마지막 시점에서 저량으로 존재한다.

기간 초의 저량값 + 유량값 = 기간 말의 저량값

저량으로서 존재할 수 있는 이름들은 제한적이다. 마찬가지로, 유량으로서 존재할 수 있는 이름 또한 제한적이다. 즉, '현금'이라는 물질의 이름은 늘 저량으로서 존재한다. 하지만, '~비용'이나 매출 같은 이름은 유량으로서만 존재한다. 이렇게 이름들을 저량과 유량의 형태로 구분 짓고 나면 다음과 같은 큰 분류가 드러난다.

그림 A-1. 회계 계정 분류

〈재무상태표〉 　　　　　　　　　〈손익계산서〉

자산: 현금, 토지, 기계장치, 차량…
부채: 상환의무, 차입금…　　　　　　**수익**: 매출액, 영업이익…
자본: 자본금, 잉여금…　　　　　　　**비용**: 원가, 이자비용…

자산과 부채, 자본의 집합으로서 저량의 상태로 표현한 것을 재무상태표라고 한다. 그리고 수익과 비용의 집합으로서 유량의 상태로 표현한 것을 손익계산서라고 한다. 재무상태표와 손익계산서 및 기타 정보들을 묶어 '재무 보고'라고 부른다.

그렇다면 재무상태표와 손익계산서의 정보는 왜 필요한가? 그 이유는, 이 두 가지 정보를 잘 조합하고 합리적인 기대를 더한다면 이 재무 보고를 제출한 기업의 적절한 주식가격을 예측할 수 있기 때문이다. 또한, 그 기업의 신용과 신뢰성 여부를 평가해 볼 수도 있다. 즉, **평가**를 위한 기초적인 정보의 제공을 목적으로 한다.

회계정보의 제공자들은 이렇게 각자의 이름들, 즉 계정들을 집합시켜 위와 같이 재무상태표 및 손익계산서를 만들어야 한다. 이를 효율적으로 검증하기 위하여, 회계학은 특별한 **약속**을 도입하였다.

이 약속이란, 거래의 이중성을 표현하기 위해 왼쪽과 오른쪽으로 구분 지어 하나의 거래를 표현하는 것이다. 그 형태는 다음과 같다.

왼쪽) 과자	100	오른쪽) 현금	100

이 거래의 의미는, 내가 현금을 주고 과자를 구매한 거래를 표현한 것이다. 하지만 여기서 의문이 생길 수 있다. 방금 설명한 거래의 정보가 정말 옳은 것인지, 과자를 잃고 현금을 얻은 것인지 아직 알 수 없다는 것이다. 이러한 의문점은 회계의 다음 약속을 통해 해소될 수 있다.

자산계정은 왼쪽에 존재할 때 그 값을 증가시킨다. 반대로, 오른쪽에 위치할 때 그 값을 감소시킨다.

반면, 자본과 부채의 계정은 왼쪽에 존재할 때 그 값을 감소시키고, 오른쪽에 위치할 때 그 값을 증가시킨다.

그리고 손익계산서의 모든 계정은 왼쪽에 위치할 때 손해로, 오른쪽에 위치할 때 이득인 것으로 볼 수 있다. 왼쪽과 오른쪽으로의 정렬 원리를 종합하면 다음과 같다.

자산 증가	자산 감소
부채 감소	부채 증가
자본 감소	자본 증가
손익계정 비용	
	손익계정 수익

회계학에서는 왼쪽으로의 집합을 차변이라고 하고, 오른쪽으로의 집합을 대변이라고 한다.

차)	대)

기업은 이러한 방식으로 거래를 기록하고, 특정 시점에 맞추어 계정을 종합, 재무상태표와 손익계산서를 만들어 보고한다.

거래의 기록과 작성 사례를 간단히 살펴보자.

0년 1월	차) 현금	100	대) 부채	100
0년 2월	차) 스피커재고	30	대) 현금	30
0년 3월	차) 현금 매출원가	50 30	대) 매출수익 스피커재고	50 30

0년 7월	차) 부채 이자비용	20 5	대) 현금	25
0년 10월	차) 이익잉여금	10	대) 현금	10
1년 1월	…		…	

0년의 1월 거래는 100의 돈을 빌려, 현금을 얻고 부채를 얻은 거래를 표현했다. 2월의 거래는 판매를 위해 스피커를 현금을 지출하여 구입하였다. 3월의 거래는 매입한 스피커재고 전부를 판매하고 손익을 정산하는 거래를 나타낸다. 7월의 거래는 빌린 돈을 갚은 거래이다. 부채가 감소하고, 이자비용이 정산된다. 10월의 거래는 우리가 흔히 부르는 '배당'의 거래를 표현하였다. 이익잉여금이라는 자본의 항목을 감소시키고, 현금을 주주들에게 나누어 준다.

이와 같은 논리로 0년의 마지막 기간에 종합될 재무상태표 현금의 잔액을 추적하여 기록할 수 있다면, 이 책을 이해하기 위한 회계원리의 지식을 얻은 것과 같다. 물론 회계학 전체의 이해에는 더욱 많은 과정이 요구되지만, 그런 범위는 이 책의 목적에 벗어나 있다.

B. 명예의 거시경제 추종에 따른 기득권 세력의 책임 강화

거시경제의 인플레이션은 효율적 세계에서 명목임금의 상승을 불러오므로 이후의 명예도 분배량의 추가적인 증가를 초래한다. 이는 누적되며 이미 발행된 명예도와 신규발행 명예도 간의 대립으로 이어진다.

	기득권	신흥세력
인플레이션	불리	유리
디플레이션	유리	불리

기득권이 의도적으로 디플레이션을 초래할 수는 없다. 의도가 개입할 수 있는 수요 측 디플레이션은 거시경제에 심각한 악영향으로 작용한다. 자신과 타인들의 이해관계 속에서 그 영향력에 대한 신축적인 조정이 두렵기에 의도적으로 유도할 수도 없다.

그러나, 공급 측 디플레이션은 총생산의 증가로 인한 것이기에 이 유인으로 디플레이션을 유발하는 것은 오히려 긍정적이라고 할 만하여, **기득권들에게 세상을 더욱 풍요롭게 할 때 그들의 기득권이 온전하다고 말한다.**

C. 합리적인 공공 생산량

명예법인들이 활동을 시작하고 나면, 다양한 형태로서 소요재에 대한 공급을 실현한다. **소요재란** 공공재의 일종으로서, 누군가 그 생산량에 반대표를 행사하는 것을 의미한다. 예를 들면, 국방 서비스는 대표적인 공공재로 이해할 수 있다. 하지만, 누군가는 국방 강화에 투입할 자원을 다른 곳에 이용하길 원한다. 또 다른 사례로, 여성 인권 강화를 위한 서비스는 공공재로 볼 수 있는가? 누구는 공공재로 볼 수도 있지만, 누군가는 그에 반대할 수도 있다. 소요재에 대한 반대표가 작아질수록, 그것은 보편적인 공공재로 부를 수 있다. 현재의 세계에서는 소요재 또한 공공성이라는 이름으로 세상에 공급되고 있다. 그러나,

그 공급량은 절대로 사회적 최적이 되지 못하고 있다. 공공재에 대한 생산량 결정 원리는 다음과 같다.

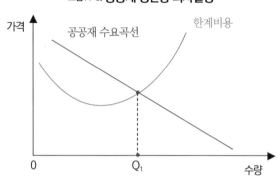

그림 A-3. 공공재 생산량 의사결정

공공재 수요곡선이란, 공공재의 비경합성의 특징에 따라, 사회의 개별 구성원들의 공공재 수요를 수직으로 합산한 종합을 의미한다. 이 공공재의 생산을 부담하는 주체의 한계비용곡선과 공공재 수요곡선이 만나는 Q_1이 현재의 적정 산출량이 된다.

이 같은 가격 결정 원리는 현재 실현 가능한 합리적인 판단으로 보였다. 그러나, 이 균형점은 정의를 담지 못한다. 그 이유에는 여러 가지 설명이 있다.

먼저, 물질과 명예는 분리되어야 하기 때문이다. 명예적 행동에 대해 오직 물질적 비용의 계산으로서 결정되는 것은, 보상이 각자의 증권에 따라 적절히 대응된 것이 아니다. 사회가 이제 추가로 부담해 낼 수 있는 지분율의 비용을 무시한 것과 같다.

다음으로, 소요재 중 일부에는, 해당 가치량의 공급을 반대하는 자들도 분명 존재한다. 정치의 양상은 자원의 희소성 아래에서 첨예하게 대립하기도 하며 양립 불가능한 논의를 펼치기도 한다. 누군가에게는 쓸데없는 가치들이, 그 생산비용이 상당히 낮다는 이유 등으로, 반대자들의 소요 반영도 없이 한없이 공급되고 있다. 특히 물질적 생산물뿐만 아니라 그 생산비용이 상대적으로 낮은 **소요의 생산물**에서도 문제가 커진다.

예를 들어, 누군가는 세계에 정치적 올바름(Political Correctness)의 사상이 공급되기를 원하나, 누군가는 원하지 않는다. 누군가는 페미니즘 사상이 세계에 공급되기를 원하나, 그 반대자들은 그러지 않는다. 그러나, 세계의 소요재 공급논리는 오직 물적 비용만을 기준으로 하기 때문에 가치 소요자의 판단만 유일하게 세계에 반영되고 있다.

유위험 의결권이 도입된 세계에서 누구도 인정할 수밖에 없는 사회의 가치량은 다음과 같다.

사회적 가치량 = 찬성표 - **반대표**

그러나, 현재의 사회가치 생산량은 앞선 논의에 따라 오직 수요자의 논리만을 반영한다.

민주적 사회의 가치량 = 찬성표

민주주의에서도 공공 생산에 더욱 많은 비용이 요구될수록, 그 가치량 공급의 반대표는 많아지므로, 공공재 생산의 한계비용에 반대표가 반영된 것이 아닌가 하는 생각이 들 수 있다. 하지만 오직 물질의 논의로서 고려한 비용의 반대표는 당연히 명예주의하에서도 나타나고 있으며, 오직 물질의 논리만을 다루지 않는다.

이처럼 민주주의는 사회 주인들이 정해 준 정의로운 생산 균형점을 절대로 찾아내지 못한다. 그 결과, 세계가 인정하는 수준보다 과다한 소요재가 공급되며 세계는 불균형과 부정의를 반복한다.

그렇다면 그 모든 것을 고려한 합리적인 공공생산량은 어떻게 알 수 있는가? 먼저, 명예도로 인한 '세계의 지분율 비용'에 대해 구체적으로 탐구해 보자. 세계는 명예법인이 공공활동에 발행한 명예도의 수만큼 지분율로서 손해를 본다.

명예법인은 세계가 부담하는 지분율의 비용으로서 한없이 생산을 하고 보상을 받아가고 싶지만, 정의로운 의사결정 시스템은 그들에게 보상 가능한 명확

그림 A-4. 세계가 부담하는 지분율의 비용

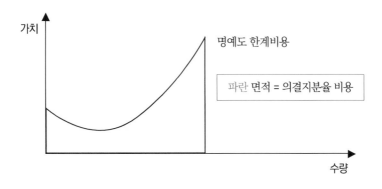

명예법인이 활동하면서 유통시키는 의결권들은 결국 외부 세계의 관점에서 지분율의 비용으로 볼 수 있다. 물론, 공공재 생산에는 물질의 한계도 고려된다. 예를 들면, 하나의 소요재를 생산하는 데 평균적으로 [8 : 2]의 비율로서 명예도 자원과 물질 자원이 투입된다고 하자. 이처럼 생산량을 늘려가면서 명예도로 지출하는 총비용도 점차 증가한다. 그렇게 결정된 명예도 한계비용의 아래 면적이 바로 세계가 부담하는 지분율의 비용이 된다.

한 가치량을 선언해 내고 만다. 생산량을 점차 증가시킬수록, 명예도 총비용도 증가한다. 그러다 보면, **사회적 가치량이 그들의 의결지분율 비용과 일치하는 곳**에서 최대의 생산량이 결정될 수 있다. 아래 조건을 만족하는 사회적 균형 생산량 Q_N에서 사회 최적의 소요재 생산 균형이 결정된다.

사회적 가치량 = $\int_0^{Q_N} F(x)dx$ (단 F(x) = 명예도 한계비용 함수)

그러나, 공공생산량의 결정에 있어서, 물질 자원 투입량의 명확한 한도도 존재한다. 따라서, 사회적 균형 생산량은 물질적 투입 자원의 한도를 적용 받는다.

그림 A-5. 생태 시스템에 따른 공공산출량 차이

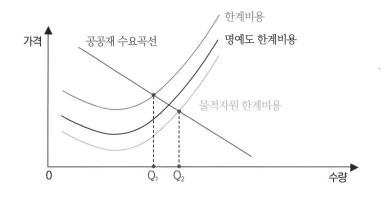

민주주의 아래에서 나타나는 공공재의 공급량은 Q_1과 같다. 그러나 명예주의하의 공급량은 Q_2로 나타날 수 있다. 이는 물적 자원에 의한 명백한 공급량 한계를 나타내는 한도로서 작용한다. 물론, 소요재 등에 대한 반대 목소리도 생산량에 반영이 되어야 한다. 따라서, 명예주의에서의 공공생산량은 다음과 같다.

공공재 생산량 = MIN[Q_N, Q_2]

D. 균형 회귀

균형의 식을 품고 있는 모든 진리들은 장기적이고 거시적인 관점에서 결국 균형에 도달한다. 여기서는 자본자산 가격의 균형에 대해 논한다.

자본자산이란, 미래의 기대현금흐름[1]이 존재하는 자산을 뜻한다. 미래는 불확실하고, 우리들은 모든 정보를 알 수 없으며, 같은 현상에 대해서도 모두의 평가가 동질적이지 못하기 때문에, 현재의 평가는 본질[2]을 담은 평가와 다소 편차를 갖는다.

효율적 시장[3]에서 기대수익률과 위험으로 정렬된 자산들은 어떠한 균형가치를 지니게 된다. 균형가치를 벗어나 있다면, 초과손익을 노리는 무한한 차익거래를 마주하여 시장가격을 균형가로 조정하게 된다.

그러므로 누구도 부정할 수 없는 이 균형가치를 이해하기 위해서는 기대와 위험에 대해 탐구해 보아야 한다. 왜냐하면, 명예법인의 시가총액 평가도 이에 기반하고 있기 때문이다.

E. 기대와 위험

기대란, 미래에 발생할 수 있는 경우의 수들을 확률 가중평균한 값이다. 수

---

1   기대현금흐름은, 사업의 경우처럼 기간마다 꾸준히 발생될 것이라고 예상되는 수입액과 같다.

2   본질이 담긴 평가는 균형수익률로 평가된 것을 의미한다. 균형수익률이 무엇인지는 곧 후술한다.

3   효율적 시장이란, 누구든 최신 정보를 정확하게 접하여 각자의 의사결정이 세계에 즉시 반영될 수 있는 시장이다.

익률이라는 정보도 당연히 기대치로서 가공될 수 있다.

위험이란 개념은 편차를 의미한다. 확실한 손해와 위험은 전혀 다른 개념이다. 위험이 높다는 의미는 사건들의 확률가중평균으로 결정된 기댓값의 편차가 높다는 것을 의미한다. 우리의 신뢰는 기댓값을 중심으로 어떠한 범위를 조망한다. 그 범위 안에서 사전적 기대는 확률에 따라 그 결과값이 변동될 수 있다. 그렇기에 위험은 또한 변동성을 의미한다.

F. 위험과 보상

위험이 높을수록, 보상도 높아야 한다. 우리는 기본적으로 위험회피성향을 지니고 있기 때문이다.

먼저 확실성 아래에서는 오직 시간에 대한 보상만 나타난다. 대표적으로 미국채 등이 존재하며, 투입한 돈을 못 받을 위험이 거의 없으므로 이를 무위험 이자율로 평가한다.

그러나 세상에는 채권부터 주식 같은 위험자산이 존재하고 있으며 거래하는 사람들도 많이 존재하고 있다. 위험 자산도 거래될 수 있는 이유는 무위험 자산보다 더 높은 수익률을 기대할 수 있기 때문이다. 만약 기업 주식에 대해 투자를 하려고 하는데 예상수익률이 미국채보다 낮다면, 누구도 주식 자산을 매입하려 하지 않는다.

그렇다면 위험 자산의 기대수익률이 얼마나 높게 제시되어야 미국채의 투자를 뒤로하고 주식투자를 하겠는가? 이 기대수익률과 무위험 수익률의 차이를 **위험프리미엄**이라고 한다.

구체적으로 위험프리미엄이 어떻게 계산되는지 살펴보자. 위험기피자의 효용함수는 다음과 같이 제시된다.

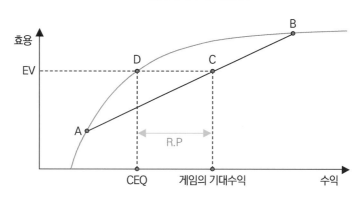

그림 A-6. **위험기피자의 효용함수**

특정 확률로 수익 A를 얻고, 나머지 확률로 수익 B를 얻는 게임이 있다. 불확실성으로서 얻는 수익에 대하여, 수익과 효용의 평면에서 위험회피자의 효용함수는 다음과 같다.

게임에 참여한다면 **불확실한** '기대수익'을 얻을 수 있다. 하지만 게임에 참여하지 않는다면, **확실한** '임의의 보상'을 얻고 종료한다. 게임에 참여하거나 불참하는 경계를 확인하려면, 과연 '임의의 보상'의 크기가 얼마가 되어야 하는가?

만약 가장 보편적이고 합리적인 위험기피자라면, A와 B의 확률평균으로서 결정된 기대수익에 해당하는 좌표(C)에서의 효용 수준을 고려해야 한다.

위험기피 참여자의 효용함수는 C 좌표와 같은 효용을 주는 점 D의 존재가 반드시 존재하게 된다. 같은 효용을 주는 기대수익과 확실성등가(CEQ)의 차이는 명확히 위험에 따른 보상으로 볼 수 있다.

임의의 보상이 확실성등가(CEQ)보다 낮다면, 게임에 참여하는 것이 더 높은 효용을 누릴 수 있으며, 임의의 수익이 확실성등가(CEQ)보다 높다면, 게임을 참여하지 않는 것이 더 많은 효용을 누릴 수 있다.

어떤 기대수익에 대한 확실성등가(CEQ)는 위험기피자에게 있어서, 그 기대수익보다 반드시 작은 값으로 존재한다. 따라서 위험기피자는 불확실한 것에 대하여 보상을 요구한다. 이때 요구하는 보상을 위험프리미엄(R.P)이라고 한다.

> 위험프리미엄 = 기대수익 - 확실성등가(CEQ)

한편, 위험 기피자의 오목한 효용함수의 모양에 주목해 보면, A와 B의 거리가 멀어질수록 위험프리미엄의 크기가 점점 증가하는 양상을 확인해 볼 수 있다.

여기까지는 오로지 위험에 대한 보상만을 논했지만, 위험 자산은 당연히 시간의 흐름에 따른 무위험 보상도 필연적으로 포함한다. 위험에 대한 보상은 시간의 흐름에 따른 무위험 보상과 더해질 수 있다. 우리가 위험 자산에 요구하는 수익률은 그렇게 정해진다.

> 요구수익률 = 무위험 보상 + 위험에 대한 보상(R.P)

요구수익률[4]이란 투자자가 거래에 응하기 위한 자본자산의 수익률을 의미한다. 요구수익률은 기업의 주식가격으로 반영된다. 자본의 제공자들이 요구하는 만큼, 주식의 가격이 할인된다. 더욱 싸게 사는 효과가 주주들에게는 추가적인 수익률의 요소로 다가올 뿐이다.

---

4   자기자본비용으로도 불리며, 타인자본비용인 이자율과 같이 수익률로서 표현된다.

위험의 크기에 따라, 주주의 요구수익률은 변화한다. 좀 더 자세히 이해하기 위하여 주주의 요구수익률이란 개념에 대한 통찰이 필요하다. 요구수익률은 근본적으로 **기회비용**을 의미한다. 당신이 합리적인 투자자일 때, 더 높은 수익률을 제공하는 투자처를 두고서 저열한 수익률을 기대하는 다른 사업체에 투자할 이유는 없다. 최선의 수익률을 못 누리는 것 또한 손실과 같다. 기회의 비용은 수익률의 논리에도 그대로 적용할 수 있다.

기회비용의 존재는 효율성을 고려하게 한다. 투자에 있어서 **효율**이란 상대적으로 정해진다. 더 적은 위험에 더 큰 기대수익률을 주는 대체안을 두고, 더 큰 위험에 더 작은 기대수익률을 주는 투자안을 선택하는 것을 효율적이지 않다고 한다.

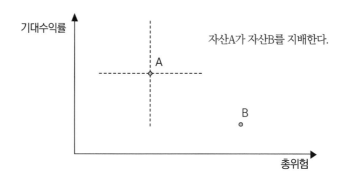

점 A를 기준으로, 점선으로 표시된 영역 중 제4사분면(우측 아래)에 포함되는 모든 자산들에 대하여 A가 그 영역을 **지배**한다고 한다. 지배관계에 있는 자산 간에는 명백한 효율과 비효율을 나누는 기준이 존재한다.

한편, 기업의 실질이 일정할 때, 기업의 주식가격이 오른다면 기대수익률은 낮아지는 효과가 발생한다. 싸게 매수하는 효과가 사라지기 때문이다.

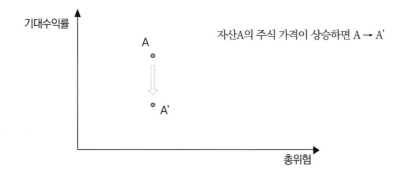

기대수익률

A

자산A의 주식 가격이 상승하면 A → A'

A'

총위험

주식의 가격은 매 순간 시장에서 실시간으로 변동한다. 기업의 기대수익률[5]은 그 변동과 함께 매번 재계산될 수 있다. 그러나 주주들이 요구하는 수익률은 기회비용의 원리에 따라 가진 모든 선택지 중 가장 우월한 대안을 제시하라고 한다. 임의 자산 A가 현재 보이는 기대수익률은 주주의 요구수익률이 아닐 수 있다.

기대수익률이 요구수익률보다 높다면, 이 투자안을 채택하는 것이 유리하다. 요구수익률은 투자 의사결정에 대한 어떠한 기준을 제시한다. 둘이 일치하지 않는다면, 자산은 불균형 상태에 놓여 무한한 차익거래를 동반하고, 가격이 요동치며 균형의 상태로 이동한다. 그곳에서 두 개념은 일치하며 균형을 이룬다.

재무학의 설명대로 이 요구수익률은 다음의 세 가지 정보로 도출할 수 있다.

- 무위험 수익률 (ex. 은행 예금, 미국채)
- 시장의 위험프리미엄 (시장의 기대수익률 – 무위험 수익률)
- 체계적 위험, 베타

---

5 기대수익률은 균형을 보장하지 않는 '현재'의 상태에서 관측된 수익률이며, 요구수익률은 균형상태에서의 수익률을 의미한다.

요구수익률은 본래 **개별적인** 투자안에 대한 판단의 기준을 제시해 주는 것인데, 왜 시장의 위험프리미엄이 고려되어야 하는가? 그 이유는 바로, 개별적인 어떠한 자산이나 자산집합도 시장이라는 거시적 체계성의 위험에서 벗어날수 없기 때문이다. 예를 들면, 전쟁과 전염병은 대부분의 경제활동에 체계적으로 작동한다. 모든 경제 주체가 같은 위험을 공유한다. 하지만 어떤 작은 기업하나의 노사갈등은 더욱 거대한 거시적 경제에 체계적으로 영향을 미치지 못한다. 전체는 부분의 위험을 공유하지 않는다.

체계적 위험 베타는 그럼 무엇인가? 이에 대한 자세한 탐구가 필요하다.

그림 A-7. 세계의 유위험 자본자산

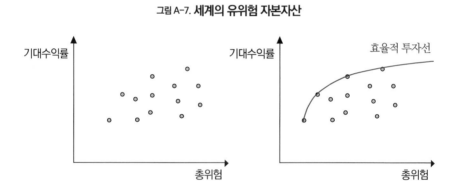

시장의 수많은 유위험 자본자산들을 총위험과 기대수익률의 평면에 제시하면 위의 표와 같이 점들이 나열될 것이다. 모든 포트폴리오들 중에서 지배되지않는 최외곽의 효율적인 자산들만 집합시킨 상태는 '효율적 투자선'으로 나타나게 된다.

그러나 이마저도 진정한 효율상태라고 단정할 수는 없다. 더 이상 지배당하지 않는 더 효율적인 투자점이 없는데 어떻게 그럴 수 있는가? 효율적인 투자

경계 확장이라는 마법은 이 세계에 무위험자산을 도입하면서 나타나게 된다.

무위험자산 도입에 따른 효율적 투자경계의 확장은 다음과 같이 나타난다. Y축상 **무위험이자율**을 중심축으로 뻗어 나가는 어떠한 기울기를 가진 선형의 도형이 있더라도, 결국 효율적 투자선과 스치듯 접할 때 기울기[6]가 극대화되고 효율도 극대화된다. 따라서 자본시장선은 효율적 투자선과의 접점에서 나타난다.

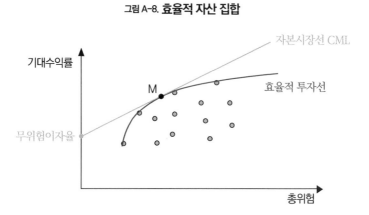

그림 A-8. **효율적 자산 집합**

무위험이자율의 존재는 '자본시장선'의 존재를 파생시키며 이 선상에 존재하는 모든 점들은 투자 가능한 자산집합을 의미한다. 따라서 앞서 말한 효율적투자선조차 결국 자본시장선에 의해 지배를 받게 되어 투자의 의미를 잃게 된다. 이 선상의 자산들은 최고로 **효율적**이면서도, 심지어 **균형**이기까지 하다. 어째서 이러한 결과가 나오는지 알아야 주주의 요구수익률에 대한 의미를 찾을수 있다.

---

6 기울기가 높다는 의미는, 단위 위험당 기대수익률이 더욱 큰 자산들의 집합임을 의미한다. 이때의 기울기보다 높은 상태는 선택 불가능한 공간이므로 의미가 없다. 이 도형은 무위험 자산과 유위험 자산의 종합 포트폴리오이며, 그 결합은 오직 선형으로만 나타난다.

기울기의 극대화에 의해 자본시장선과 효율적 투자선이 접하는 부분은 매우 특수한 점이다. 이를 접점포트폴리오[7]라고 한다. 위험자산 중에서는 자본시장선으로 접근하게 해 줄 유일한 통로이다. 위험이 있는 모든 투자안들은 자본시장선[8]의 건설을 위하여 M을 형성할 수밖에 없다. 이 세상이 이상적일 만큼 효율적이라고 가정한다면 모든 투자의사결정 및 포트폴리오의 구성은 M에 해당하는 위험과 기대수익률을 채택[9]하고자 한다. 위험자산들은 이 접점포트폴리오의 위험과 기대수익률을 복사하고자 한다.

M과 다른 자산들의 차이점은 무엇인가? 모두가 M[10]을 추구하면서, 이 자산이 지니던 본래의 위험[11]은 세계의 모두가 공통적으로 공유하게 된다. 하지만, 나머지 자산들은 당연히 그러지 못한 비체계적 위험을 지닌다.

이렇게 자본시장선이 효율적임은 알 수 있으나, 이 선상의 모든 점들이 균형인지에 대한 여부는 어떻게 알 수 있을까? 먼저 M은 그 자체로 균형이다. M을 선택하고 나면, 더 이상 자신의 의사결정을 뒤바꿀 유인은 존재하지 않기 때문이다. 그리고 자본시장선 상의 모든 점은 M을 특정 가중치로 복사한 것에 불과

---

7   접점포트폴리오: 시장포트폴리오라고도 불리며, 줄여서 M이라고 하자.

8   이 자본시장선은 무위험 자산과 유위험 자산의 종합 포트폴리오이며, 각각의 투자 가중치에 따라 선상의 점이 결정된다.

9   가장 우월한 사업모형이 있다면 너도나도 따라 하고자 한다. 게임에서 이기는 가장 이상적인 조합이 있다면, 누구라도 그 조합을 추구하는 원리와 같다.

10 M을 구성하는 방법은 간단하다. 투자자는 자신의 소자본으로서 모든 유위험 자산들을 각자의 시가총액 가중치대로 매입한다면 계란을 한 바구니에 담지 않은 것 같은 완전분산 효과가 나타나 비체계적 위험이 사라진다. 이때의 위험과 기대수익률이 바로 M 자체와 같다. 현실에서 실제로 볼 수 있는데, 주가지수(INDEX) 형태로 존재한다.

11 시장포트폴리오가 지니는 위험을 '체계적 위험'이라고 하고, 체계성의 원리에 의해 나머지 자산들의 총위험은 '체계적 위험 + 비체계적 위험'이 된다.

하기에 이 또한 균형일 수밖에 없다.

자본시장선으로 세계의 모든 자산들에 대한 유의미한 기회비용을 찾아낼 수 있다면 좋겠지만, 안타깝게도 비효율적 자산들에 대한 기회비용을 설명할 수는 없다. 수많은 개별자산들은 지배당하고 비효율적인 상태로 존재하기 때문이다. 그러나, 개별자산들은 최고로 효율적이지 않아도, 균형일 수 있다. 모든 자산들에 대한 주주의 요구수익률을 찾아내기 위해서는 위험과 수익률의 평면에서 오직 균형만 판별해 낼 수 있는 판단력이 필요하다.

위의 논의를 좀 더 생각해 보자. 세계 모두가 M을 추구한다. 당신이 투자자라면, 기업 A와 시장종합 M 중 무엇에 투자할 것인가? 이 답은 정말 간단하다. A가 투자될 수 있으려면, 적어도 M만큼의 단위 위험당 기대수익률을 주어야 한다. 만약, 그러지 못하다면, M과의 무한한 차익거래[12]를 마주하여 A주식의 가격은 변동하여 균형으로 이동한다.

이에 따라 임의 자산 A가 균형이 될 조건은 다음과 같이 보일 수 있다.

$$\frac{\text{M 수익률}}{\text{M 위험}} = \frac{\text{임의자산 수익률}}{\text{임의자산의 위험}}$$

하지만, 아직 위의 조건도 완전하지 않다. 그 이유는 임의의 개별자산들은 비체계적 위험을 포함하고 있는데, 거대한 시장 M의 관점에서 볼 때, 자신을 구성하는 임의자산 A의 비체계적 위험이 전혀 보이지 않기 때문이다.

보는 위험이 서로 다르다는 뜻은, 보상도 서로 차이가 생긴다는 의미이다.

---

12 A가 본질보다 더 싸다면, M을 매도하여 현금을 얻고, 그 현금으로 저평가된 A주식을 매입하여 무자본 수익을 얻을 수 있다. 무한한 차익거래 앞에서 A는 균형까지 회귀하며 가격이 상승할 것이기 때문이다.

어떤 개별자산의 비체계적 위험도 보상이 된다면, 기존보다 높아진 위험에 따라 주가는 하락한다는 뜻이 된다. 하지만, 오직 체계적 위험만 보는 시장 M의 입장에서 보았을 때, 그 개별자산의 체계적인 위험은 그대로이나 주식가격이 내려가 갑자기 초과수익률이 발생한 것처럼 보이게 된다. 그렇게 M과의 무한한 차익거래 앞에서 그 개별자산은 마치 자신이 비체계적 위험을 지닌 적이 없던 것처럼, 주식가격이 결정된다. 비체계적 위험에 대한 보상은 결국 개별자산에서도 사라지게 된다.

따라서 임의 자산 A가 균형이 될 조건은 다음과 같다.

$$\frac{M\,수익률}{M\,위험} = \frac{임의자산\ 균형수익률}{임의자산의\ 체계적\ 위험}$$

이항하여 정리하면 임의자산의 요구수익률이 도출된다.

$$임의자산\ 요구수익률 = M의\ 수익률 * \frac{임의자산의\ 체계적\ 위험}{M의\ 위험}$$

여기서 세계에는 단위 위험이란 것이 없는 무위험수익률이 존재하기 때문에, 진정한 위험프리미엄은 무위험이자율이 빠진 값이어야 의미가 생긴다.

$$임의자산\ 요구수익률 = 무위험이자율 + (M의\ 수익률 - 무위험이자율) * \frac{임의자산의\ 체계적\ 위험[13]}{M의\ 위험}$$

---

[13] $\frac{임의자산의\ 체계적\ 위험}{M의\ 위험}$ 을 베타라고 하며, 체계적 위험을 의미한다. 시장 M의 베타는 1로 고정되며, 개별자산들은 이 기준에서 0.7배, 1.8배와 같이 표현된다.

자본자산 가격결정 모형(CAPM)이라고 불리는 이 모형은 정보와 평가가 이상적인 상황이라는 가정이 필요하기에 한계점이 있으나, 가치 평가에 있어서 강력한 계산 논리가 될 수 있다. 이처럼 자본의 변동성에 대한 보상이 어떻게 이루어지고 그 모든 것을 종합한 요구수익률이 어떻게 정해지는지 살펴보았다. 이 결론으로 인해, 명예법인 파트의 'J. 균형가치'에서 논의하였던 가치량 결정식에 반영될 위험은 오직 체계적 위험뿐임을 다시 한 번 확인해 볼 수 있다.

G. 명예법인의 위험

　　이렇게 자본자산의 균형가치를 평가하는 도구를 얻게 되었다. 이러한 평가식은 수많은 명예법인들이 자본자산의 형태로 모인 명예자본시장에서도 당연히 적용할 수 있다.

　　먼저, 명예법인이 지닌 무위험이자율의 가치는 당연히 회수율로 측정된다. 또한, 앞선 5장의 'I. 간절함' 파트에서 소요 위험에 대해 논하였다. 이에 대한

그림 A-9. **소요 위험**

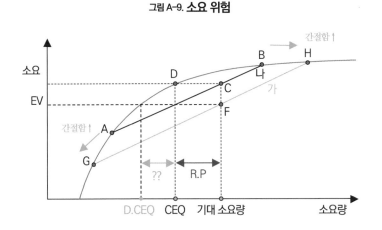

구체적인 측정치는 다음과 같다.

앞서 본 '위험회피자의 효용함수'를 살펴보면, 편차가 증가할수록 전체적인 위험이 증가함을 확인할 수 있다. A와 B 점이 각각 G와 H 점으로 확대되면서, 간절함의 반영이 이루어진다. 중요한 점은, 외부 가치 평가자들은 [선분 '나']를 토대로 위험을 계산한다. 반면 간절함이 반영된 소요자들은 [선분 '가']를 토대로 위험에 대한 보상을 요구한다. 이 두 차이로 인해, 소요위험이 발생하게 된다. 이 경우의 그 정확한 측정은 다음과 같다. (단, 계산의 편의를 위해 간절함에 의한 기댓값의 변동은 없다고 가정하고 고려하지 않는다.)

소요위험 = CEQ - D.CEQ

D.CEQ란 **소요자의 입장에서 본** 불확실한 기댓값의 위험을 제거하고 확실하게 받을 수 있는 금액을 의미한다. 외부평가자들은 불확실한 충족소요량을 확실성등가(CEQ)로 인식하지만, 소요자들은 **D.CEQ**를 그 크기로 인식한다. 이로 인해, 소요 위험이 확인되고 계산할 수 있다.

앞서 논했던 것처럼, 소요 위험의 존재로 가치의 소요자는 세계의 정의를 왜곡하지 못하고, 굳이 직접 의결을 할 필요가 없어지며, 세계의 의지는 실재가 된다고 하였다.

H. 소요의 해소

소요자들은 이처럼, 명예법인을 세계의 기준보다 더욱 값싸게 본다. 하지만, 실제로 평가는 더욱 비싸게 이루어지고 있으므로, 소요자들은 내면에서 결정한 적정가치보다 비싼 명예주권을 매도하여 차익거래를 이루고자 할 수 있다.

하지만, 나만의 소요라는 자의식과 대체불가능성에 얽힌 비합리성은 명예주권을 그대로 지지하라고 강요한다. 그렇게 마음의 주관적인 비용, 차익거래를 하지 못한 아쉬움이 청구된다. 혹은, 자의식에 갖힌 국소적 소요가 초과수익률을 줄 만큼 대단한 것이라고 스스로 고취할 수 있다. 물론, 소요가 해소된다면 그는 다시 외부의 평가자 입장으로서 명예법인을 다시 바라보게 될 것이다.

I. 명예법인 자본구조

자본구조란 재무상태표의 형태를 의미한다. 자본과 부채가 어떠한 형태를 지녔는지 잘 살펴본다면 유의미한 본질가치의 상승을 꾀할 수도 있다. 앞서, 명예도와 명예부채의 대략적인 개요에 대해 설명하였다. 그렇다면 명예법인의 자본은 어떻게 나타나는가?

명예법인이 지닌 물질자본은 명예적 가치를 나타내지 못한다. 먼저, 물질자본의 반대인 명예자본에 대해 알아보자 명예자본은 장부환원에서 대체불가손실[14]을 차감한 값이다. 이에 대한 논의는 5장의 M. '명예법인 시가총액' 파트에서 논의했었다.

사실, 장부환원은 자본차감계정을 의미한다. 본질적으로, 명예도로 지출한 비용을 받는 계정으로도 집계되며, 명예도 소각을 통한 자본의 감소를 표현한 것이기도 하다. 하지만, 사회와의 특별한 계약을 통해, 이 자본 차감 계정은, 사

---

14 명예주권에 대한 자산차감계정이다.

회의 부담인 명예부채와 상계할 수 있다.

　활동 후 남은 물적 잔존가치들은 모두 정부에 환원되고, 이에 따라 마지막 활동으로 남는 명예법인의 재무상태표는 장부환원과 명예부채, 그리고 미발행효과이다. 마지막에 자원 소모에 대한 보상과 가치 창출에 대한 환류를 위하여 다음의 거래로 그들의 활동을 정산한다.

차) 명예부채	xx	대) 장부환원	zz
미발행효과	yy	명예자본차감	aa

　명예부채 잔고를 비우고 나면, 명예법인의 주주가 받아가는 보상, 명예자본을 얻을 수 있다. 구체적으로 논하자면, 사회가 이 명예법인에 명예도를 제공하고, 그 대가인 명예자본을 받아간다.

차) 명예도	ff	대) 명예자본(사회의 소유)	ff

　하지만, 사회가 그동안 얻었던 명예법인의 공공 가치 기여를 인정하여, 이 명예자본의 소유권을 명예주주들에게 이전하는 거래와 같다. 이 명예자본의 크기에, 명예자본차감 계정을 추가로 반영한다. 그 결과, 위의 거래는 아래의 거래로 대체된다. 이 경우, 명예법인의 주주는 장부환원 부인 크기의 두 배로 손실[15]을 겪는데, 이는 당연하게도 유통된 명예도가 선의로 분배되어 회수할 수 없을 가능성이 존재하기 때문에 그 부분의 삭감이 필요한 것이다.

15　매입세율손실과 공시손실률도 고려해볼 수 있다. 이 경우는 정률적인 계산으로 직접 손실률에 고려된다. 때문에 이 경우는 명예주주의 실질적인 손실이라고 할 수 없지만, 장부환원부인과 같은 정액적 조정액은 두 배의 효과로 구현된다.

차) 명예도	ee	대) 명예자본(주주의 소유)	ee
명예자본차감	aa	명예자본(사회의 소유)	aa

(단, ee+aa = ff)

이 명예도를 주주들에게 분배하고 나면, 모든 명예법인의 활동이 종료된다. 이때, 주주가 받아가는 명예자본의 크기를 '명예부'라고 한다. 이 명예부가 바로 충족소요량과 같다.

차) 명예자본(주주)	ee	대) 명예도	ee

물론 명예법인의 주주들이 부분적인 명예도의 인출을 원한다면, 그 정도 비율에 대응하는 명예부채 상계를 통해 진행해 볼 수도 있을 것이다.

J. 명예법인 자원 모집과 보상

한편, 자본모집으로 인한 지분참여자는 투하자본 가치량을 주주 부에서 공제한다. 이는 물질 자원의 모집으로 명예의 부를 이룰 때, 물질의 부가 명예의 부로 즉시 전환되지 않도록 하기 위한 회계처리의 결과이다. 유량의 소득은 확실성 아래에서 보상되지만, 불확실성이 고려된 미래 부는 즉시 보상이 되어서는 안된다. 이 공제의 기능은 사회가 언제나 즉시 통제하고 조정할 수 있기 때문에, 물질로 참여한 명예법인의 주주들은 회피할 수 없다. 이 원리는 대체불가손실과 연결된다.

대체불가손실의 원리 이면에는, 명예와 물질이 서로 **무관성**을 지닌다는 점이 있다. 과연 경제적 부는 어느 정도의 명예의 부와 교환이 되어야 하는가? 이는 권력의 매매라는 문제가 될 수 없는가?

이에 대한 답은 존재하지 않으며, 한 줌의 물질도, 막대한 명예가 될 수 있으며, 막대한 부도 미약한 권력이 될 수 있다. 누구는 아주 일부의 권력이라도 얻기 위해 막대한 물질 자원을 투입할 수도 있다. 그러나, 결국 그들은 이룩한 사회의 공헌에 따라 보상을 받아갈 것이다. 그러기 위해, 온전한 명예부의 보상[16]은 그 안에 내재된 **명예도 분배의 정의를 전부 제거해야** 의미가 있다. 순수한 불확실성에 대한 보상은 전체 보상 중, 확실한 값을 뺀 것이기 때문이다. 이 원리로서 대체불가손실[17]로 명예법인의 자본참여형 주주의 보상에 명예도를 공제할 수 있는 합리적인 근거가 된다. 구체적으로, 이 계정이 어떻게 작용하는지 알아보자.

먼저, 명예법인에 물질 자원이 모집된다면, 다음의 회계처리가 발생한다.

차) 자산	xx	대) 물질자본	xx

이 자산은 감가상각되기도 하고, 정부에 환수되기도 한다. 그렇게 물질의 비용[18]에 관한 모든 처리는 물질자본의 계정에서 감액한다. 물론 명예법인의 활동

---

16 단순한 금액의 나열로 볼 때, 소득과 부의 기준선은 애매할 수 있다. 하지만 기준은 연속적이고 명확하게 설정된다. 명목임금의 명예도 대체 또한 이 명예부의 보상과 논리와 같지만, 그 규모의 차이로서 구분할 수 있다. 기부에서 금액이 커질수록, 보상률은 더욱 작아진다. 부의 자격으로 투하되는 막대한 기부량은 더 이상의 명예 보상이 없는 것이다.

17 대체불가손실에서 명예율은 고려하지 않아도 된다. 명예율은 명예도의 권력 가치를 배제한, 물질 가치량과 통화량 간의 관계를 설명한 것이기 때문이다. 권력의 가치량을 포함한 명예도 한 단위 가치량은 명예도 분배 정의에 의해 정확히 하나의 통화량 단위 가치량과 일치한다. 가치의 축 위에서, 대체불가손실은 그렇게 결정될 수 있다.

18 감가상각, 재평가손실 등 모든 물질의 비용은 물질자본 계정으로 집계된다. 만약 재평가이익 등으로 수익이 날 경우, 잉여금으로 따로 집계한다.

이 정산되고 남은 자산은 정부로 귀속되므로 최종 비용처리 후 마지막 물질자본과 청산한다.

여기까지는 명예법인 입장에서의 물질자본 모집과 정산을 알아보았다. 하지만, 명예의 주주들이 직접적으로 받아가는 대체불가손실은 확인할 수 없었다. 왜냐하면, 대체불가손실의 계정은 명예법인이 아닌, 사회와 물질참여형 명예주주와의 거래이기 때문이다.

물질자본의 참여로 인한 명예주주의 계정은 다음과 같다.

| 차) 명예주권[19] | xx | 대) 현금(물질) | xx |
| 비용 | xx | 대체불가손실(자산차감) | xx |

자본참여형 주주가 주권을 처분할 때, 최종 정산은 다음과 같다.

| 차) 대체불가손실 | xx | 대) 명예주권 | tt |
| 명예도 | zz | | |

한편, 명예법인의 자본 모집에 참여할 수 있는 경우는 두 경우가 있다. 첫째로, 명예법인의 창립자들에 의해 모집될 수 있다. 명예법인의 설립은 일반적인 기업과 같이 자본의 모집을 통해 이루어진다. 그들은 스스로의 자원으로서 명예의 보상을 위하여 공적 사업을 시작한다. 그들의 법인이 명성을 얻고, 점차 기준을 갖추고 나면 **명예시장의 상장**을 통해 가치 평가를 얻어내게 된다. 그전

---

19 명예와 물질은 서로 무관하여, 각자의 기준으로 상대를 측정하려고 할 경우에는 원가법으로 적용할 수밖에 없다. 즉, 하나의 계정이 두 종류의 가치량으로서 기록될 수 있다. 필요에 따라, 가치 종류를 잘 안배하면 된다.

까지는 명예도와 명예부채의 거래를 할 수가 없으므로 오직 그들이 사용 가능한 활동자원은 화폐에 기반한다.

둘째로, 생산요소 시장에서 명예도를 제공하고 자원을 얻어오듯, 명예도를 지출하고 물질 그 자체인 통화를 얻어오는 거래를 할 수 있다. 이 두 방식 외에도 증자 같은 방법이 존재할 수 있지만, 앞의 두 경우에 의해 지배 대체될 뿐이다.

이 두 방법 중 대체불가손실은 명예법인의 상장 시점을 기준으로 한 주주들에게 각자의 자본금만큼 설정된다. 하지만, 통화 자체를 얻어오는 거래에서는 대체불가손실이 적용되지 않는다. 먼저, 대체불가손실은 명예주권에 대한 차감 계정이기 때문이며, 명예법인이 얻은 통화는 결국 의미가 없기 때문이다.

명예법인이 얻는 통화의 뜻은 중요하다. 명예법인은 통화를 목적으로 하지 않는다. 통화를 얻더라도, 이는 결국 정부에 환수될 뿐, 명예의 주주들은 물질의 배당 기능을 사용할 수 없다. 그럼에도, 자원의 원활한 모집을 위해 통화를 얻고자 할 유인이 있다. 권력의 무분별한 유출을 막기 위하여, 공공사회를 위한 기부거래자들이 모인 자본 집합에 대해서만 해당 거래가 가능하다. 단, 이 자본 집합이 명예도를 얻는다면, 그 분배는 집합에 최소 기여를 한 자의식의 분배량만큼 명예도를 모두에게 분배를 하고, 그 다음 기여자의 분배량만큼 마찬가지로 반복한다. 획득한 명예도의 잔량이 모두 소진될 때까지 해당 과정을 반복한다.

이렇게 자본모집에 대한 논의는 끝났지만, 왜 사람들은 물질의 자원으로 명예부를 얻고자 하는가? 명예법인에 자원을 제공하는 자들은 보통 경제적인 수익을 목적으로 하지 않는다. 경제적 목표를 지녔다면 기업적인 자본자산에 투자하면 된다. 그러나 명예법인의 공적 가치 공급의 판로를 개척하여, 독보적인 시장을 형성해 현금흐름을 창출하는 것은 너무도 쉬운 일이 될 수 있다. 공공성을 지닌 이름은 어떠한 힘을 가지고 있기에, 이를 활용한 수익창출은 막대할 수 있다.

수익의 목적도 있지만, 정치권력의 힘을 목표로도 명예의 부를 얻고자 한다. 이 거래는 정치선전비용을 통하여 권력을 더욱 갖고자 하는 정당정치의 한 면과 다르지 않다. 돈으로서 권력을 얻고자 하는 거래는 충분히 합리적이어서 추가적인 설명을 필요로 하지 않는다.

K. 명예법인 지배구조

기업이 직접 수익을 목적으로도 설립할 수 있는 명예법인이기에, 법인의 계정과 기업 및 개인의 계정을 넘나들며 명예법인의 복잡한 지배구조가 드러날[20] 수 있다.

누구나 명예법인의 주권에 접근할 수 있도록 하는 평가시장의 자유는, 참여자들의 선의를 지켜야 한다. 따라서 기괴한 지배구조로 파생될 소유권과 지배권의 괴리의 논리 억제의 의무를 다해야 한다.

소유권이란, 실질적으로 보유하고 있는 이익청구권의 크기와 같다고 볼 수 있으며, 지배권이란 복잡한 지배구조 속에서 실제로 영향력을 발휘할 수 있는 지분율을 의미한다. 명예법인의 주인, 다양한 목적을 가지고 시작하는 출자자에는 법인도 존재할 수 있기 때문에, 기업-기업-명예법인-기업-명예법인… 같은 지배구조로 인하여 소수 주주의 주인권이 상당히 침해를 받을 수 있게 된다.

명예법인의 지배관계는 기업이나 개인을 통해 나타나게 되는데, 개인의 경

---

20 명예법인의 상장 전에는 명예법인이 아니기에 이러한 지배구조를 갖출 수 있다.

우에는 자유의지가 존재하여 지분율에 의한 지배관계 논의를 할 필요가 없다. 하지만, 법인주주의 경우에는, 더욱 상위의 지배구조, 즉 소유의 대상으로 취급될 수 있으므로 지배권의 괴리 문제 해결을 위하여 특별한 장치가 필요하다.

사실, 명예법인의 진정한 주인이 기업이 될 수는 없다. 명예법인의 의사결정에 참여할 수 있는 진정한 주인은 오직 자연인을 대상으로 한다. 공공사업을 주장하는 사업체의 의사결정에, 공공의지 실현이 불가능한 경제적 이익집단을 참여시킬 수는 없다. 자연인과 법인의 차이는 여기서 온다. 개인은 공공이익을 위

그림 A-10. 소유권과 지배권의 괴리

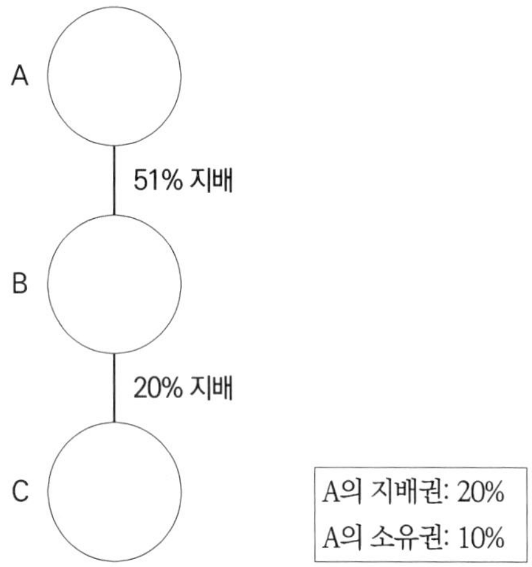

A

51% 지배

B

20% 지배

C

A의 지배권: 20%
A의 소유권: 10%

A는 B를 51%의 지분으로 지배하고 있으며, B는 C를 20%의 지분으로 지배하고 있다. C에서 10의 이익이 발생할 때, A에게로 갈 이익량은 얼마나 되는가? 그 크기는 약 1이 된다. 하지만, C의 실질적인 일반적 의사결정에서 A가 행사할 수 있는 힘의 크기는 얼마나 되는가? 최소한 20% 이상의 힘으로 그 의사결정에 개입할 수 있는 영향력이 나타나게 된다.

기업생태에서는, 이 효과로 인해, 배당성향, 투자유인, 외형확장성 같은 다양한 경우에서 기업가치에 영향을 주게 되며, 이 체계를 공적 산출체계에 반영한다면 괴리로 나타나는 폐해가 문제가 될 수 있으므로 배제하여야만 한다.

한 명예를 중시할 수 있으나, 이익집단은 언제나 그러지 못한다. 기업의 입장에서, 이익극대화를 이루지 못하는 결정은 주식가격의 하락으로 이어진다. 자연인이 아닌 자들이 명예법인의 주권을 소유하고 있을 경우, 그 주권들은 의사결정에 참여할 수 없다.

따라서 상장을 통해 공시됐거나, 기업이 명예법인에 출자하는 경우, 그들이 지닌 주주명부의 이름과 각 지분율대로 명예주식을 안분하여 각 주주 개인들에게 분배하여야 한다. 지배구조의 상위에 있어, 명예법인 출자의 대가를 얻는 기업이 있다면, 그 기업도 마찬가지로 출자의 대가로 얻어낸 명예법인 주권을 주주들에게 안분하여야 한다. 어느 지분율 이하에서는 명예주권의 수량이 부족할 수 있다. 때문에 기업이 지닌 명예주권을 주주에게 주는 것이 아닌, 시장에 매각하여야 한다. 이 대가로 얻은 명예도를 주주에게 분배 후 지배관계를 청산한다.

그렇다면 기업은 왜 이런 거래를 하는지 의문점이 생긴다. 기업은 명예법인을 설립하면서 특별한 권리를 얻어 간다.

L. 명예법인 가치분리

명예법인이 시장의 평가를 얻고 나면, 자신들의 명예적 이익을 위해 사업을 이어 나간다. 여기서 나타나는 문제점이 있는데, 그 활동의 과정에서 경제적 수익의 흐름이 나타날 수 있다는 점이다. 명예의 가치창출과 경제적 수입의 흐름이 동시에 발생하게 된다면, 명예법인의 시장평가는 어떻게 형성되는가?

먼저, 이렇게 가치를 구성하는 요소들이 동시에 나타나는 경우, 이를 가치의 평면에서 통합할 수 있음을 배웠다. 그러나, 이 둘을 분리하지 않고 같이 통합하여 평가한다면 여러 가지 문제점이 발생하게 된다. 명예법인과 기업의 구분이 희미해질 수 있으며, 명예적 가치 평가의 왜곡이 발생할 수 있으므로, 명예적 산출만 평가할 수 있는 필요성이 부각된다.

하지만 다행히도, 간단한 시스템의 설계로 인해, 각자의 이기심대로 명예법인의 주주들은 생산에 관한 물질의 영역과 명예의 영역의 분리를 희망하게 되며, 이는 **지배구조**로 나타나게 된다.

가치분리에 대한 필요성으로, 가치통합적 사업체보다, 가치분리적 통합체의 시장평가가 더욱 높게 이루어진다는 점이 있다. 이러한 유인은 기업의 경제생

그림 A-11. **명예법인 가치분리를 향한 필요성**

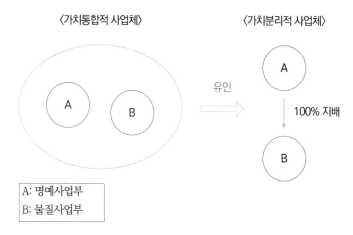

가치통합적 사업체가 각각의 사업부를 분리하여 활동하고자 하는 몇 가지 이유가 있다. 첫째로, 그렇게 하는 것이 분업 및 전문화를 거쳐 각자의 사업 목적 효율을 상승시킬 수 있다.
둘째로, 각 사업부를 모두 총괄한 평가에서, 통합평가와 분리평가 중, 분리평가가 시장에서 더욱 비싸게 인정받을 수 있기 때문이다.
셋째로, 각 사업부에 대한 특성을 증권으로 하여 다룰 수 있기 때문이다.

태에서 사업분할의 강력한 유인이 되기도 하는데, 그 근거는 경영성과와 주식

가격의 관계는 볼록성을 보인다는 점이다.

경영성과와 주식가격 관계의 볼록성

⟨매년 g만큼 성장하는 기업가치⟩

$$\frac{\text{유량 순이익}}{k-g}$$

시장은 경영성과의 결과로 기업의 성장률을 고려
한다. 성장률이 높아질수록, 기업가치는 더더욱 높
아진다.
실제로 이를 통해 시장에서 주가가 과도하게 급등
락하는 수많은 사례들을 합리적으로 설명해 낼 수
있다.

(k는 요구수익률, g는 성장률)

그림 A-12. **볼록성에 의한 가치통합적 사업체의 저평가**

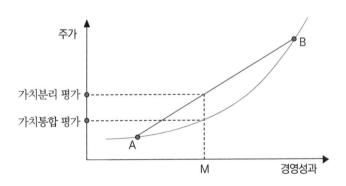

사업부 A와 B는 약간의 경영성과 차이가 존재할 수 있다. 이 두 사업부를 하나의 사업체로서
평가한다면, 볼록한 곡선을 따라, A와 B의 성과 평균인 M의 좌표에 의해 결정된다. 사업보
고서에는 이 둘의 경영성과가 통합되어 표시되기 때문이다.
하지만, 이 두 사업부를 분리한다면, A와 B의 주식평가가 각각 이루어지게 되고, 총사업의
시장가치는 붉은 선상의 M 좌표에 의해 결정되어 가치분리의 시장평가가, 가치통합의 시장
평가보다 우월할 수 있음을 보이고 있다.

가치분리를 실현하면서 명예주권은 수익권과 분리된다. 명예주권, 즉 주인권은 명예법인 내의 의사결정에 참여할 수 있는 의결권이다. 명예도를 부로서 얻을 수 있는 유일한 증권이기도 하다. 하지만, 명예법인의 활동 과정에서 창출되는 현금흐름에 대한 증권도 따로 존재할 수 있다. 현재의 세계에서도 이익배당우선권 등의 형태로 이익 종류의 분리는 쉽게 이루어낼 수 있다. 그러한 종류의 증권을 수익권이라고 하고, 명예법인의 손익계산서로 나타나는 영업현금흐름에 대한 청구권을 의미한다.

주인권과 수익권은 분리되어야 한다. 한 개인에게 주인권과 수익권이 모두 있는 경우, 창출된 경제적 수익에 대하여 가산적인 세율을 부과함으로써, 자연스러운 분리의 유도를 이루어낼 수 있다.

먼저, 두 권리가 분리되어야 하는 이유는, 공공이익을 희생하고 개인의 사익 추구를 탐할 수 있는 가능성이 나타날 수 있기 때문이다. 이에 대해 주인권을 지닌 자가 보유한 소유권의 이윤에 대해 상당한 가산적인 세율을 부과한다면,

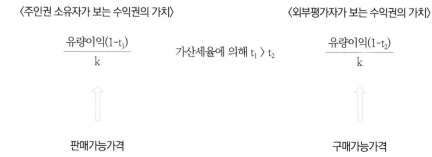

그림 A-13. **주인권과 수익권의 계정 분리**

〈주인권 소유자가 보는 수익권의 가치〉　　　　　　　〈외부평가자가 보는 수익권의 가치〉

$$\frac{\text{유량이익}(1-t_1)}{k}$$　　가산세율에 의해 $t_1 \rangle t_2$　　$$\frac{\text{유량이익}(1-t_2)}{k}$$

⇑　　　　　　　　　　　　　　　　　　⇑

판매가능가격　　　　　　　　　　　　　　　구매가능가격

'**판매가능가격 ⟨ 구매가능가격**'이 성립하므로, 주인권의 소유자는 수익권을 매도하는 것이 보유하는 것보다 경제적으로 더욱 유리하게 된다.

각자 스스로 자신들의 부에 가장 이득이 되는 방식을 채택하게끔 하여 개인으로부터의 소유와 수확의 분리를 이끌어낼 수 있게 된다.

주인권과 수익권은 하나의 자연인이라는 이름으로 통합하기 어렵다. 물질적인 부의 측면에서도 그렇지만, 정치의 측면에서도, 주인권과 수익권이 통합된 이름은 수익권의 수만큼 명예법인 의사결정에 참여할 수 없다.

이로써 주인권과 수익권의 분리가 이루어진다면, 명예법인의 의사결정 결과는 경제적 이익이 아닌 명예적 공헌을 위한 결과만을 기대하게끔 한다. 그들의 자원을 수익사업에 투입하는 것은, 공공생산에 대한 자원 공급 능력의 저하와 함께 신축적인 명예부의 조정을 가져오게 된다. 경제적 이익에 대한 유인이 없는 명예법인의 주인들은 명예 자원을 희생하여 경제 부를 획득하는 거래를 하려고 하지 않는다.

그럼에도 불구하고, 수익을 위한 의사결정은 발생한다. 발생하는 수익은 활동을 위한 자원으로 소모할 수 있다. 충분한 자원량은 명예법인의 시가총액을 더욱 높은 곳으로 평가받게 하므로 그 충분한 유인이 있다.

또한, 법인은 이 수익권을 소유할 수 있다. 명예법인 출자와 함께 계약을 하여 자연인인 주주들로부터 수익권을 양도받을 수 있다. 이 경우, 자연인이라는 하나의 계정 아래에 복잡한 지배구조가 형성되어 주인권과 수익권을 결국 동시에 소유하는 결과가 나타난다. **넓은 의미의 주인권 · 수익권 계정 통합**은 명예법인의 의사결정을 사적으로 남용할 수 있는 여지를 남긴다.

기업은 왜 명예법인에 출자하고 수익권을 얻고자 하는가? 명예 사업을 통한 현금흐름의 창출은 매력적인 투자처로도 인식될 수 있다. 공공 사업의 이름 아래에 나타날 경제적 부는 일반시장에서는 구현할 수 없는 유통경로, 사업구성,

그림 A-14. 넓은 의미의 계정 통합

〈개인 A〉

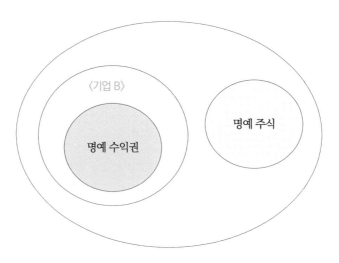

개인에게 소유된 기업이 명예의 수익권을 보유하고 있을 때, 그 개인이 명예주식을 보유한 경우, 이를 넓은 의미의 계정통합이라고 부른다.
이 경우 개인은 명예주식으로 명예법인의 의사결정에 참여할 때 사회의 비용으로 사회의 이익이 아닌, 사적인 이익을 추구할 수 있다.

상품양상 같은 성질을 갖고 특별할 수 있기 때문이다. 그 특성에 기인하여 상당한 독점성 및 확장적 마케팅 효과를 지녔다는 점에서 매력적인 투자 유인으로 다가올 수 있기 때문이다. 그러한 강점을 활용하여 수익창출을 하려는 시도는 분명 합리적이다.

하지만, 명예법인의 물질 손익계산서를 아무 조건 없이 외부로 인출하는 것은 정의에 맞지 않다. 명예법인을 통한 수익의 창출 이면에는 공공성이 반드시 포함된다. 그들이 이룩한 물질의 부 안에는 명예가 공헌한 부분이 존재한다. 그러나, 물적 자원을 투입하여 출자하고, 경제적 수익을 인출하는 함수에는 명예적 공헌이 전혀 고려되지 않는다. 기업이 명예법인에 출자하는 이유는 오로지 현금수익의 확보이며, 공공성을 기반으로 창출한 수익의 인출에는 세계의 간절함을 담은 명예의 기대가 섞여 있다. 공공 이익 달성이라는 기회비용을 희생하고 나타나는 수익은 그만한 대가를 치러야 한다.

그 원리로서, 명예법인의 주인권을 지닌 주주들은 물질사업부가 창출한 유량의 수익에 대해, **용도를 분류**하여야 한다. 명예사업을 위한 사용 용도와, 물질을 위한 용도로 분류한다. 물질로 분류된 금액은 수익권의 주주들이 재투자할지, 배당으로 분배할지 선택할 수 있다.

명예법인의 분류 의결에서, 주인권들은 물질사업부의 정상적인 운용[21]을 위한 최소한의 금액을 배정하는 것을 최선으로 본다. 아무것도 주지 않는다면, 물질사업부는 운용비용의 한계에 막혀 아무것도[22] 하지 못한다.

물질사업부의 성장률과 효율성, 그 모든 것이 명예사업부의 최대한의 자원 모집을 위해 고려되며 가능한 최소로서 투입된다. 모든 가능성이 명예사업부에 미치는 효과로 검토된 후에 비로소 물질의 사업이 고려될 수 있다.

이런 방식들로 만약 넓은 의미의 계정 분리가 이루어졌을 때, 명예법인이 할 수 있는 선택은 오로지 명예부의 극대화이며 여기서 추가로 창출되는 수익은 명예와 분리된 순수한 물질적 수익으로 여길 수 있다.

그럼에도 불구하고 나타나는 수익을 위한 투입은 공공성 개념이 배제된

---

21 정말 최소한의 물질사업부 운용비용만 주어 수익권의 가치가 0에 수렴해진다면, 수익권의 주주들은 할당된 금액을 생산요소에 투입하지 않고 모두 배당으로 분배 받고자 할 것이다. 따라서 정상적인 운용이란, 필연적으로 적절한 이윤을 포함할 수밖에 없다. 명예법인의 입장에서 물질사업부의 완전한 포기는 그들에게 불리할 수 있기 때문이다.

22 그들은 주식을 발행할 수도 없고, 명예법인에 종속되어 재무부채를 발행할 수도 없다.

수익이라고 인정된다. 이 경우, 그 금액을 배당 받지 않는다고 하여 자신의 명예부가 더 상승하지 않기 때문에 세계는 물질의 배당을 합리적으로 수긍할 수 있다.

한편, 일반적으로 명예법인의 수익권은 기업이 매입할 수 없다. 그들이 출자한 명예법인에 한해 수익권의 양도 거래가 가능하다. 이러한 제한이 필요한 이유는, 수익을 얻고자 하는 의지는 로비의 가능성마저도 열어 두기 때문이다. 멀쩡히 명예로운 사업활동을 하고 있으나, 지배권력이 취약해 보이는 명예법인의 수익권을 매집 후 로비 같은 작업을 통해 공공의 이익을 희생하여 사적 이익을 얻을 수 있다. 따라서 기업은 처음부터 주인이라고 정해진 명예법인에 대해서만 수익권 획득이 가능하다.

수익권에 대한 또 다른 문제로, 수익권은 소유권이 아니라는 점이 있다. 명예법인이 청산한다면, 잔여자산 청구권을 보장하지 못한다.

M. 명예법인의 청산

명예법인의 부채비율이 한계에 도달하고 나면, 더 이상 명예도를 발행할 수 없다. 그들이 할 수 있는 선택은 두 가지가 있는데, 청산을 하거나 시가총액 상승을 기약하여 사업을 계속 유지할 수 있다.

청산을 선택하면, 자산이 정부에 회수되면서, 명예자본을 보상받는다. 청산된 명예법인은 필요에 따라 다시 매각되어 새로운 주인을 찾게 된다. 명예법인의 주인들은 사업의 청산 시기가 다가오면서, 공적 자산 및 기타목적 자산들의 남용 유인이 발생할 수 있다.

명예법인의 주인들은 사업에서 철수하더라도, 세계가 원한다면 언제든지 동일한 사업운영이 가능하도록 준비해 두어야 한다. 원활한 사업운영에 해를 미칠 만한 자산의 처분은, 사회의 공적 자산을 사적으로 유용한 것과 같다. 그러나 기타목적 자산들의 처분 및 사외유출의 남용 의도는, 명확히 분별하기 어렵다. 예를 들면, 필요 없어진 자원을 매각하고자 하는 의도와 명예의 사업에 필수적인 자원을 매각하고자 하는 의도는 어떻게 구분하는가?

이는 간단히 청산의결로 분류해 낼 수 있다.

한편, 자산이 정부에 직접 환수된다는 것은, 명예법인의 주주들이 자산에 대

그림 A-15. 명예법인 청산 의결

의안 A

영업자산: PC 12개
기계장치1
기계장치2
…

비영업자산: 토지1
토지2
기계장치3
기계장치4
…

의안 B

영업자산: PC 5개
기계장치1
토지2
…

비영업자산: 토지1
PC 7개
기계장치2
기계장치3
기계장치4
…

의안 C

영업자산: PC 12개
기계장치2
기계장치3
…

비영업자산: 토지1
토지2
기계장치1
기계장치4
…

명예법인 청산 의결에 참여하는 사람들은 누구라도 될 수 있다. 의안 제시자 또한 누구나 될 수 있으나, 전문적인 지식 집단이 주로 제시한다.
한편, 전문적 지식이 없다고 인식될 수도 있는 의결참여자는, 도대체 무슨 유인으로 복잡한 자산 평가에 참여하여 위험을 짊어지고 청산의결에 도전하는 것인가?

한 유지 및 보수 관리를 방치할 가능성[23]을 암시한다. 따라서, 명예법인의 주주들은 명예법인이 청산 시 소유한 자산들에 대해 유지관리에 대한 수수료 청구권을 얻는다. 이는 그들에게 다음 명예법인의 주인들이 공공사업 활동을 잘 운영할 수 있도록 필요한 자원들을 유지·보수 및 관리하도록 만드는 강력한 유인이 된다.

명예법인의 주주에게 제공할 수수료적 대가의 재원은, 양도받은 자산들 중 비영업자산의 처분 대금으로서 제공한다. 만약 비영업자산의 부족으로 수수료적 대가가 미달됐다면 명예도로서 그 대금의 지급을 할 수 있다. 남은 비영업자산 처분 대금은 국고로 징수한다.

다시 본론으로 돌아와서, 청산의결은 자산의 특성 외에도 자산이 경영에 어떻게 작용하는지 아주 심도 있는 고민이 필요한 의결이다. 판단이 필요한 정보가 너무 난해하기에, 의결거래량이 보장되지 못할 수 있다. 따라서, 청산 의결의 승리자들은 아주 특별한 보상을 추가로 받아간다.

가장 합리적인 보상은 그 청산된 명예법인을 인수할 수 있는 권리를 부여하는 것이다. 청산 의결에 대한 정당한 대가는 바로 **인수권**이었다.

인수권이란, 어떠한 자산이나 대상을 인수대가를 지불하고 가져올 수 있는 권리를 의미한다. 인수권이 존재하는 자산에 대하여, 타인들이 그 거래에 참여하는 것을 막아낼 수 있다. 따라서, 인수권의 가치는 다음과 같이 정해진다.

> 청산명예법인 인수권 가치 = 명예법인 재활동의 예상 시장가 - 인수대가(행사가)

---

[23] 명예법인의 주주들은 명예부를 얻기에, 정부환수에 대한 보상을 합당하게 받아가지만, 인간의 도덕적 해이는 방치 가능성을 반드시 만든다. 따라서 필수적인 영업자산의 관리 실패는 그만큼 명예자본에서 차감 페널티로 부과될 수 있다.

인수권의 가치를 가장 극대화할 수 있는 의결권자의 고려사항은, '그들의 활동이 다시 재개되었을 때, 운영에 무리가 없을 만큼 충분한 자원을 보유하고 있는가'이다. 왜냐하면, 먼저 영업에 필수적인 자산이 존재하여야 함은 당연하기 때문이다. 또한, 너무 많은 자산을 영업자산으로 결정해 버린다면, 인수권자가 지불해야 할 인수대가가 비싸게 증가한다.

이로써 알 수 있듯, **인수대가**는 정부가 소유한 명예법인을 다시 사오는 데 발생하는 비용이며, 그 측정은 오로지 그 법인이 지닌 자산들의 물질 가치량으로 결정된다.

인수대가가 지급되고 나면, 사회는 그들에게 명예법인의 주권을 지급한다. 이렇게 인수권에 물질의 요인이 배제되었으므로, 인수권의 가치에는 오로지 명예의 가치가 담긴다. 그렇게 드러난 명예주권의 가치에는 오직 명예만 존재하게 된다.

인수대가가 모두 지급되고 나면, 새로운 명예의 주인들은 새로운 이름으로 명예법인을 설립할 수 있다. 세계에 소요량이 충분히 존재하고 있다면 초기화된 부채비율을 토대로 다시 공공사업을 실천한다.

N. 중계명예법인

명예법인이 자산을 매입하려 할 때, 특수관계인이나 특정 주주들의 이익을 위하여 불분명한 공시가로 수많은 부정의한 거래가 나타날 수 있다. 이를 방지하고자, 명예법인의 물적 자원 확보는 중계명예법인을 통해야 한다. 명예도의 유출에서 나타날 남용의 여지는 최소화되어야 한다.

중계명예법인이란, 일종의 보증기관과 같다. 명예법인과 기업과의 거래에 부정이 없음을 시장에 보고[24]하고, 매입세율의 작은 일부를 명예도 수수료로 수확한다. 이 방식은 기존의 명예법인의 시장평가를 통한 보상과 다르다. 그들의 가치 평가는 시가총액 형성의 방식이 아닌, 많은 거래대금의 발생에 존재한다. 물론, 그 위험 또한 크다. 보증한 거래가 부인될 경우, 그 거래대금의 일부를 명예도로 소각한다. 신뢰의 하락으로 인한 시장의 부정적인 평가는 돌이킬 수 없다.

이처럼 중계명예법인은 기업적 수입[25]이 가능하다. 이에 따라 제한도 필요하다. 그 활동에 필요한 전문적인 자격증이 요구되며, 따로 신용 등급을 설정하여 거래대금의 격에 맞는 중계만 가능하다.

O. 감사명예법인

명예법인은 시스템 속에서 정상적이고 청렴하고자 활동을 지속한다. 하지만, 부패의 유혹은 강력하며 은밀하고 새로운 방식으로 나타날 것이다. 로비와 거짓말, 조작, 모의 같은 수단들은 현재의 세계에서도 강력하다. 이에 대한 저항력은 한없이 시간만 소모한다. 세계의 새로운 시스템에서는 운 좋게 시장을 속이고, 명예의 부를 축적한 자들에 대항할 강력한 수단이 필요하다.

그렇게 나타나는 감사명예법인이란, 타 명예법인들의 거래의 정의로움을 판단하고 그 거래를 부인할 수 있다. 이들은 위험을 부담하는 실천을 통해 자신이

---

24 거래 물품과 거래량, 그리고 거래의 실질을 기록하여 공시하여야 한다.

25 이를 기업성이라고 하고, 공공의 영역에선 측정되지 못하던 거래량 기반의 보상 양식을 의미한다.

얻을 수익에 대한 정당성을 확보한다.

감사명예법인도 중계명예법인과 비슷한 성질을 지닌다. 바로, 명예도 수입에 기업성을 지닌다는 점이고, 그 활동에 자격이 필요한 것이다.

감사명예법인은 부정의한 거래를 확인하면, 부인할 거래대금의 일부를 명예도로 사회에 걸고 장부환원을 선 부인한다. 이때 사회에 베팅하는 금액은 거래대금에 일정한 증거금률을 곱한 금액이다. 부인대상금액이 클수록, 필요한 증거금률은 감소해야 한다. 증거금이 부족하여 부정의를 부인하지 못해서는 안 된다.

감사명예법인이 제 역할을 제대로 해내었다면, 다른 감사명예법인의 항변을 얻지 않을 것이다. 만약, 다른 감사명예법인이 동일한 증거금으로 항변을 제시한다면, 사회가 맡은 증거금을 의결프리미엄으로 활용하여 국가 의결을 진행한다. 물론 필요하다면 의결프리미엄을 더욱 설정할 수도 있다.

정의로운 결과를 확인한 감사명예법인들은 자신이 제시한 증거금에 기초손실률을 곱한 금액을 제로섬으로서 정당한 보상으로 인식한다. 물론, 이 보상은 별다른 항변이 없더라도, 부정의한 장부환원이 소각되면서 동일하게 지급된다.

명예론

초판인쇄 2024년 03월 22일
초판발행 2024년 03월 22일

지은이 아이나
펴낸이 채종준
펴낸곳 한국학술정보(주)
주 소 경기도 파주시 회동길 230(문발동)
전 화 031-908-3181(대표)
팩 스 031-908-3189
홈페이지 http://ebook.kstudy.com
E-mail 출판사업부 publish@kstudy.com
등 록 제일산-115호(2000. 6. 19)

ISBN   979-11-7217-196-4 93100